TV Digital.br

Coleção AZUL de Comunicação e Cultura

Direção
Osvando J. de Morais
Luiz C. Martino
Plinio Martins

Conselho Editorial
Ana Silvia Lopes Daví Médola (Unesp)
Antonio Hohlfeldt (PUCRS)
Afonso de Albuquerque (UFF)
Ciro Marcondes Filho (USP)
Clóvis de Barros Filho (ESPM/USP)
Giovandro Ferreira (UFBA)
Jeronimo C. S. Braga (PUCRS)
José Marques de Melo (Umesp)
Luiz C. Martino (UnB)
Olgária Matos (Uniso)
Osvando J. de Morais (Uniso)
Paulo B. C. Schettino (Uniso)
Plinio Martins (USP)
Rosana de Lima Soares (USP)
Sandra Reimão (Umesp)

S. Squirra e Valdecir Becker (orgs.)

tv Digital.br

Conceitos e Estudos sobre o ISDB-Tb

Ateliê Editorial

Copyright © 2009 by autores

Direitos reservados e protegidos pela Lei 9.610 de 19 de fevereiro de 1998. É proibida a reprodução total ou parcial sem autorização, por escrito, da editora.

Dados Internacionais de Catalogação na Publicação (CIP)
(Câmara Brasileira do Livro, SP, Brasil)

TV Digital.BR / S. Squirra e Valdecir Becker
(orgs.). – São Paulo: Ateliê Editorial, 2009.
(Coleção azul de comunicação e cultura)

ISBN: 978-85-7480-455-2
Bibliografia.

1. Comunicação e tecnologia - Políticas
públicas 2. Sistemas de computação interativos
3. Televisão - Brasil 4. Televisão digital - Brasil
I. Squirra, S. II. Becker, Valdecir. III. Série.

09-10246　　　　　　　　　　　　　CDD-384.550981

Índices para catálogo sistemático:
1. Brasil: Televisão digital: Comunicações
384.550981

Direitos reservados à

ATELIÊ EDITORIAL
Estrada da Aldeia de Carapicuíba, 897
06709-300 – Granja Viana – Cotia – SP
Telefax: (11) 4612-9666
www.atelie.com.br / atelie@atelie.com.br

Printed in Brazil 2009
Foi feito o depósito legal

Sumário

Apresentação 9
S. Squirra e *Valdecir Becker*

Aspectos Teóricos e Tecnológicos da TV Digital Interativa . . . 17
Carlos Montez

A TV Digital e as Tecnologias na Comunicação 35
S. Squirra

Televisão Digital Brasileira e Acesso Público 73
Almir Almas e *Ana Vitoria Joly*

Produção Interativa de TV e Roteiro para Novas Mídias . . . 101
Alexandre Mendonça e *Fernando Crocomo*

Ambiente para Desenvolvimento de Aplicações Declarativas
para a TV Digital Brasileira. 133
Luiz Fernando Gomes Soares

A Linguagem NCL e o Desenvolvimento de Aplicações
Declarativas para TV Interativa. 147
Günter Herweg Filho

Desenvolvimento de Conteúdo Audiovisual para
Dispositivos Móveis...............................171
Rogério Furlan e *Karla Caldas Ehrenberg*

Desenvolvimento de Conteúdo Audiovisual para Internet . . 191
Sammyr S. Freitas

A Publicidade em Novos Meios e as Perspectivas
para TV Digital no Brasil...........................221
Alia Nasim Chaudhry

Usabilidade e Interação Humano-computador
na TV Digital Interativa............................247
Valdecir Becker

Quem Fez este Livro...............................277

Apresentação

O livro *TV Digital.BR: Conceitos e Estudos sobre o ISDB-Tb* surgiu de um desafio proposto pelo grupo de estudos temático TV Digital Interativa, um dos subgrupos do Comtec (Comunicação e Tecnologias Digitais), da Universidade Metodista de São Paulo (Umesp). O grupo de TV Digital Interativa é composto pelos professores do curso de especialização Produção para TV Digital Interativa, oferecido pela instituição, desde o começo de 2007, e por especialistas nas diferentes áreas cobertas pela TV digital. Foi criado para estudar e entender melhor a dinâmica da implantação da TV digital aberta no Brasil.

Considerando a pouca literatura em português existente sobre o assunto, e que aborde de forma dinâmica e compreensível os principais temas, foi proposto o desafio de lançar um livro que sirva de base para os estudos dos interessados em entender TV digital interativa holisticamente. Por isso, este livro é, antes de mais nada, extremamente multidisciplinar. Cobre as mais variadas facetas da digitalização da radiodifusão e os ambientes convergentes frutos da mesma.

Os temas foram definidos seguindo o arcabouço de conhecimentos necessários para um profissional poder atuar plenamente nessa nova tecnologia, idealizando e implantando novos conteúdos. O perfil desse profissional passa pelo domínio de conceitos técnicos sobre TV digital, funcionamento da interatividade e transmissão do *software* em redes de televisão. Além disso, a digitalização da TV e a consequente interatividade não acontece de forma isolada ou desconexa dos demais aspectos da evolução tecnológica. Novas tecnologias são lançadas, diariamente, com repercussões tanto nas formas de distribuição, caso dos telefones celulares, agora aptos a receber sinal de TV, quanto na publicidade, que paga os custos do conteúdo e da implantação.

Baseado neste cenário, onde se exige cada vez mais conhecimento dos profissionais de televisão, este livro procura mostrar a amplitude do tema, abordando desde aspectos conceituais sobre a digitalização da televisão aberta no Brasil, até pontos teóricos do alcance e implicação dessa tecnologia.

O objetivo deste livro não é esgotar o assunto, nem ser uma referência teórica. É apresentar a TV digital interativa sem preconceitos, dentro de um contexto de produção multimídia e multifacetada, no qual o conteúdo audiovisual é acessível através de diversas fontes, além da televisão. Por isso, foram convidados especialistas em produção para dispositivos móveis e para internet, uma vez que essas duas ferramentas estão cada vez mais próximas da televisão, seja oferecendo conteúdo, seja servindo de canal de retorno para as aplicações interativas. Além disso, o livro apresenta uma parte conceitual, na qual são discutidos aspectos técnicos e teóricos sobre TV digital, interatividade e comunicação. Também é apresentado o desenvolvimento de aplicações, sob um viés prático, englobando conceitos e métodos.

Assim, o primeiro capítulo traz um texto do professor da Universidade Federal de Santa Catarina, Carlos Montez, sobre a conceituação da TV digital e os processos de digitalização do sinal televisivo. Conforme o texto, a TV digital interativa pode ser considerada como uma evolução dos seus antepassados analógicos: a TV preto e branco e a TV em cores. No entanto, esse novo tipo de TV precisa ser tratado como uma nova mídia, e não uma simples junção de tecnologias de TV com tecnologias de computador e de internet. Ainda assim, o estudo dos componentes que formam essa nova mídia pode ser feito de uma forma analítica, separando e analisando cada tecnologia e teoria que estão por trás desse sistema. Dessa forma, o texto do professor Carlos Montez apresenta uma visão geral dos componentes que formam uma TV digital interativa. Mesmo sem entrar profundamente em cada assunto, apresenta detalhadamente as teorias de cor e seu tratamento no olho humano, com acontece a formação do vídeo no cérebro humano, a teoria da conversão do analógico para o digital, compressão de dados e os componentes envolvidos na transmissão de TV digital. No final do capítulo, esses tópicos acabam convergindo na explicação do *set top box*, que tem papel fundamental durante a transição da TV analógica convencional para a TV digital interativa.

O capítulo dois traz um artigo do professor Sebastião Squirra, professor da Umesp e coordenador do Comtec. Ele parte da premissa de que a TV é o meio de comunicação popular mais consumido no Brasil, há várias décadas, mas cujo modelo atual está com os dias contados. A evolução tecnológica e os principais participantes do mundo digital atual apontam para mudanças, uma vez que o homem está profunda e irrecusavelmente integrado, miscigenado, às mídias digitais para conexões e intercâmbios em intermináveis tipos e configurações. O professor explica que a vida já é digital e esta tecnologia, onipresente. As pessoas passarão a assistir aos programas de televisão no modelo e visualização da internet, numa hibridização midiática ainda não experimentada, muito menos praticada em larga escala. A conjunção tecnológica trará para os telespectadores a interatividade, elemento nativo na *web*, mas que estará plenamente integrado aos aparelhos de TV em todos os lares, estimulando a inserção digital. Pela primeira vez na história da comunicação massiva, os telespectadores terão canais de retorno para a expressão dos seus desejos e manifestações individuais. Este é o Brasil que nasce em dezembro de 2007.

Contextualizando essa evolução, porém focando a TV digital, os pesquisadores Almir Almas e Ana Vitoria Joly debatem a televisão digital brasileira e o acesso público no capítulo três. O texto visa explorar o impacto que a introdução da tecnologia de digitalização da radiodifusão exerce na televisão brasileira, examinando as principais interações entre a criatividade e a esfera popular, dentro do contexto histórico. Ao analisar questões sobre o que pode ocorrer no Brasil, no futuro próximo, com ênfase em assuntos relacionados com a digitalização da televisão e as mídias interativas, surge o foco no acesso público, na participação comunitária e nos conteúdos gerados pelos telespectadores, visando à inclusão digital através da interatividade.

A seguir, no capítulo quatro, os jornalistas Alexandre Mendonça e Fernando Crocomo apresentam a produção interativa de televisão. Muito se fala na valorização do conteúdo na TV digital interativa, em processo de implantação no Brasil. Se, por um lado, a comunidade que lida com conteúdo de mídia aguarda com expectativa a chegada da nova tecnologia; por outro, especialistas da área tecnológica procuram entender ao máximo os recursos a serem disponibilizados. O objetivo deste capítulo é discutir a importância do trabalho multidisciplinar na produção de conteúdo para TV digital interativa; o que muda no processo de produção de programas interativos, e como um novo formato de roteiro de TV pode ajudar na integração entre todos os envolvidos na transmissão de um programa interativo. O capítulo mostra que o trabalho conjunto entre as áreas pode resultar em opções mais ricas de conteúdo, indo além do recurso técnico e permitindo que a interatividade realmente seja útil e interessante para o usuário. Experiências dos autores mostraram que aplicativos interativos, pensados na linguagem dessa nova mídia, precisam estar o mais próximo possível de um diálogo, no qual o apresentador, ou o conteúdo sendo apresentado, convida o usuário a participar.

Todo conteúdo interativo é desenvolvido e visualizado a partir de uma plataforma de interatividade, chamada tecnicamente de *middleware*. Esse suporte à interatividade foi totalmente desenvolvido no Brasil, pela Pontífica Universidade Católica do Rio de Janeiro (PUC-Rio) e pela Universidade Federal da Paraíba (UFPB). O professor Luiz Fernando Gomes Soares, da PUC-Rio, apresenta, no capítulo cinco, o ambiente para desenvolvimento de aplicações declarativas, chamado de Ginga-NCL. Ele explica que as aplicações com o foco no sincronismo de mídia e adaptabilidade devem representar a maior parte das aplicações de um sistema de TV digital. Prover um bom suporte para a execução e apresentação de tais aplicações é função do ambiente declarativo de um *middleware*. Nos *middlewares* atuais, tais funções, com exceção da interatividade, têm sido resolvidas através de *scripts* em uma linguagem procedural embutida no ambiente declarativo, e não por um suporte verdadeiramente declarativo da linguagem. Sem perder a compatibilidade com os outros padrões, ao contrário das implementações correntes, o Ginga oferece um ambiente puramente declarativo, através da linguagem NCL, para a definição e tratamento do sincronismo de mídia e da adaptabilidade, bem como para o suporte à utilização de múltiplos dispositivos de interação e exibição.

Completando o assunto, Günter Herweg Filho apresenta no capítulo seis a linguagem NCL e o desenvolvimento de aplicações declarativas para TV interativa, além do modelo conceitual NCM. O *middleware* Ginga é parte integrante do decodificador da televisão digital, sendo responsável pelo gerenciamento das aplicações feitas em NCL. Já o NCM (Nested Context Model), é um modelo conceitual para representação e manipulação de documentos hipermídia que podem ser aninhados, formando estruturas contextualizadas. É neste modelo que a linguagem NCL se baseia.

APRESENTAÇÃO 13

No capítulo sete, os pesquisadores Rogério Furlan e Karla Caldas Ehrenberg mostram como é feita a produção de conteúdo para dispositivos móveis. A união entre a TV e o celular demanda a atuação de três grandes áreas da comunicação: os fabricantes de aparelhos que colocam no mercado produtos com muitas funcionalidades; as produtoras e emissoras que buscam a melhor maneira de produzir os seus conteúdos; as empresas de telefonia que estudam a forma ideal de transmissão dos sinais. Este artigo dá ênfase ao debate sobre a produção de conteúdo audiovisual, abordando as diferenças entre a TV tradicional e o celular. Sugere opções de planos, enquadramentos e outras questões técnicas que devem ser observadas e adaptadas, quando o assunto em pauta é a produção de conteúdo para dispositivos móveis.

Dentro dessa perspectiva de abordar áreas correlatas à TV digital interativa, mas com reflexos na produção e distribuição de conteúdo, o professor Sammyr Freitas apresenta a produção audiovisual para a internet, no capítulo oito. O artigo contextualiza a comunicação audiovisual na *web*, analisando as implicações desse meio como distribuidor de conteúdo e produtor de conteúdo. Apresenta e discute de forma completa as ferramentas e profissionais envolvidos no processo, concluindo que o vídeo, na internet, ainda é incipiente, principalmente na qualidade, mas tem muito potencial com o surgimento de novas redes *peer-to--peer*, inclusive em alta definição.

No capítulo nove, a pesquisadora Alia Nasim Chaudhry discute os rumos da publicidade interativa. O texto mostra como a revolução digital está mudando o cotidiano das pessoas, principalmente na forma de comunicar. O telefone celular, a internet e uma infinidade de produtos digitais passaram a fazer parte do dia a dia das pessoas. Da mesma forma, a publicidade evoluiu, chegando ao consumidor em novos meios, com campanhas mais segmentadas e formatos cada vez mais personalizados aos perfis de público-alvo. O consumidor, por sua vez, deixa a passividade de lado, e interage com o conteúdo publicitário. Neste momento, chega a TV digital ao Brasil, trazendo desafios e novas oportunidades para a publicidade, que procura através dos formatos consolidados em outros meios digitais e de exemplos estrangeiros, um novo caminho para a TV no país.

Para finalizar, o professor e coordenador do curso de Especialização Produção em TV digital, da Umesp, Valdecir Becker, discute a usabilidade na TV digital interativa no capítulo dez. O texto introduz o contexto teórico da interatividade na TV, discutindo as mais recentes abordagens da Interação Humano-Computador, visando explicar a relação do ser humano com tecnologias digitais. Ao analisar a relação truncada entre teoria e prática na IHC, busca-se entender se as aplicações interativas, na televisão, demandam novas ferramentas e adequações teóricas para poderem ser compreendidas sob um aspecto mais amplo. Aborda-se a teoria da atividade como base para o entendimento de como o ser humano usa a tecnologia, neste caso específico, a televisão interativa, o que inclui o contexto em que acontece a interatividade, e as consequências para a usabilidade.

Fechando o livro, são apresentadas as pessoas que ajudaram a construir este trabalho. O livro pode ser lido em diversas ordens, sem comprometer a compreensão dos assuntos. No entanto, o entendimento de alguns termos técnicos usados nos primeiros capítulos pode ser necessário para o pleno entendimento dos textos sobre produção.

Boa leitura!

S. SQUIRRA e VALDECIR BECKER

Aspectos Teóricos e Tecnológicos da TV Digital Interativa

CARLOS MONTEZ

INTRODUÇÃO

Desde que a palavra televisão foi cunhada pela primeira vez, no final do século XIX, a televisão, em pouco mais de cem anos, passou por muitas transformações até ser esse meio de comunicação conhecido por quase todos os seres humanos do planeta.

A palavra *télévision* foi usada pela primeira vez em 1900, durante uma palestra em Paris. Cerca de trinta anos depois, as primeiras difusões comerciais ocorreram quase simultaneamente em diversos países. Em 1935, por exemplo, um serviço de televisão, formado com quadros de vídeo com apenas 180 linhas (a explicação técnica sobre linhas e quadros de vídeo será fornecida adiante no texto), foi inaugurado, quase ao mesmo tempo, em Berlim e em Paris. Em 1936, a BBC de Londres lançou um serviço televisivo com quadros de vídeo com 405 linhas. Em 1939, o serviço foi lançado nos EUA, em Nova York. Esse sistema era composto por quadros com 340 linhas.

A televisão digital interativa, ou simplesmente TV interativa, possui muito em comum com o seu antepassado analógico. Por esse motivo, este capítulo começa apresentando alguns princípios básicos da televisão analógica.

1. PRINCÍPIOS BÁSICOS: IMAGEM E SOM

Assistir à televisão é possível, apenas, devido aos sentidos de audição e visão humanos. As imagens e os áudios de uma TV alcançam aos olhos e ouvidos humanos, propagados pelo ar, na forma de ondas.

No sistema auditivo humano, por exemplo, as ondas sonoras são transformadas em sensações sonoras, após alcançar o cérebro, devido a estímulos gerados pela pressão do ar. De forma semelhante, um microfone convencional transforma a pressão do ar, gerada pelas ondas sonoras, em corrente elétrica.

A luz, por sua vez, é uma onda eletromagnética, cujo comprimento de onda é perceptível ao olho humano. A percepção da luz, no olho humano, começa na retina, que possui dois tipos de receptores: *cones* e *bastonetes*. Graças a esses receptores, o cérebro humano consegue separar e processar informações de luminosidade, matiz e intensidade das cores. Luminosidade, matiz e intensidade de cor (ou saturação) são três importantes atributos que permitem diferenciar informações luminosas. O matiz, por exemplo, é o atributo que permite a diferenciação entre cores de mesma luminosidade, e permite distinguir, por exemplo, um vermelho claro de um verde claro.

1.1. *Teoria das Cores*

Toda cor existente pode ser construída a partir da combinação de três cores primárias. Essa é a base da teoria tricromática. No caso da TV colorida convencional, as cores primárias são o vermelho, o verde e o azul. Devido a essa escolha de cores, esse sistema é conhecido como RGB (do inglês, Red-Green-Blue).

Em câmeras convencionais de TV, toda informação luminosa é decomposta em cores primárias através do uso de prismas. Cada cor primária, por sua vez, é uma informação (um sinal) individual. No entanto, nos sistemas de TV existentes, os sinais elétricos não são transmitidos em formato RGB. Usualmente, eles são convertidos em três outros sinais, sendo que um deles representa a luminosidade (luminância) e os outros dois representam a informação cromática (crominância) da imagem.

1.2. Quadros e Linhas

Pessoas com mais de cinquenta anos devem se lembrar de livros infantis, nos quais um personagem desenhado, no canto superior ou inferior da página, ganhava vida cada vez que as páginas eram folheadas rapidamente. Bastava, para isso, segurar as páginas entre os dedos polegar e indicador, e fazer página a página surgir em poucos segundos, aos olhos humanos. A propriedade visual que fornece uma sensação de movimento gerado por esse divertimento, é a mesma existente na TV, desde que esta foi criada: a *persistência visual*.

Um vídeo de TV também é composto por imagens apresentadas consecutivamente, com o passar do tempo, conforme pode ser visto na Figura 1. Essas imagens (ou quadros de vídeo)

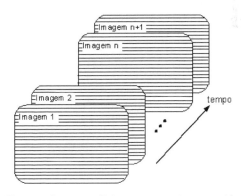

Figura 1. Imagens e linhas que compõem um vídeo.

são como fotografias visualizadas a uma taxa de apresentação (medida em quadros por segundo), de forma que a propriedade de persistência visual do olho humano não consegue distinguir como uma imagem individual, mas sim como um vídeo contínuo.

Valores usuais de taxa de apresentação são 25 quadros por segundo ou trinta quadros por segundo. Esses valores padronizados têm motivos históricos porque a frequência da energia elétrica era usada como referência, e essas frequências, na maioria dos países, são de 50 ou 60 Hz (ou seja, o dobro dessas taxas de apresentação).

Da mesma forma que cada página de texto de um livro escrito, no mundo ocidental, é escrito de cima para baixo, da esquerda para direita; conforme pode ser visto na Figura 1, cada quadro de vídeo tem sua imagem capturada e apresentada dessa forma: em linhas consecutivas.

O número de linhas que compõe cada imagem costuma ser usado como medida de qualidade de um sistema de tv. Assim, os primeiros sistemas de tv – conforme visto no início do capítulo – possuíam 180, 340 ou 405 linhas. Logo em seguida, em meados dos anos 1950, com o surgimento dos sistemas de tv em cores, valores de 525 ou 625 linhas passaram a ser usuais. Mais recentemente, sistemas de tv de alta definição (hdtv – High Definition Television) são propostos com vídeos formados por quadros de 1080 linhas.

1.3. Taxa de Aspecto

As linhas que formam um quadro de tv são formadas por pontos (ou *pixels*). Agrupar *pixels* de linhas diferentes, mas de uma mesma coluna, gera linhas verticais. Dessa forma, é possível imaginar uma imagem como sendo formada por linhas horizontais e linhas verticais.

Uma televisão convencional costuma possuir taxa de aspecto 4:3. Isso significa que, a cada quatro unidades medidas horizontalmente, no vídeo, há três unidades correspondentes medidas verticalmente.

Sistemas de TV de alta definição costumam utilizar taxas de aspecto 16:9 e, por esse motivo, recentemente começa-se a comercializar aparelhos televisores com essa taxa de aspecto. Conforme pode ser visto na Figura 2, a taxa de aspecto 16x9 torna o vídeo mais largo, ou amplo (*widescreen*), quando comparado à taxa de aspecto das televisões convencionais. O efeito é parecido com o que ocorre, quando se compara uma projeção de cinema, com a TV convencional.

Figura 2. Taxas de aspecto usuais.

2. SINAL ANALÓGICO *vs*. SINAL DIGITAL

No contexto da matemática, um *sinal* é simplesmente uma função que pode ser manipulada por operadores matemáticos com objetivo de simplificar ou demonstrar alguma propriedade. Para os nossos objetivos, um sinal é uma função representando uma quantidade física, contendo informações sobre o comportamento ou a natureza do fenômeno.

O mundo físico é repleto de sinais, os quais são quantidades físicas que usualmente mudam ao longo do tempo ou do espaço. Um exemplo de um sinal contínuo, no tempo, é o de um som produzido pela voz humana. Outro exemplo é o de um eletrocardiograma médico, que representa a variação em amplitude do sinal elétrico cardíaco ao longo do tempo.

No entanto, nem todo sinal é contínuo no tempo. É possível, portanto, classificar sinais como contínuos ou discretos. Um sinal é contínuo – e também denominado analógico – caso possa assumir qualquer valor dentro de um intervalo de valores contínuos. Por outro lado, um sinal discreto, ou digital, pode assumir apenas valores dentro de um conjunto finito de valores.

Um sinal contínuo, para ser representado na forma digital, precisa passar por uma conversão do formato analógico para o digital. Essa conversão envolve três etapas: *amostragem*, *quantificação* e *codificação*.

A etapa de amostragem implica capturar, periodicamente, valores do sinal analógico. Nessa captura, há a necessidade do emprego de um dispositivo sensor (tal como um microfone ou uma câmera de vídeo) que, ao longo do tempo, ciclicamente, mede a grandeza relativa ao sinal analógico.

Cada um dos valores medidos (ou amostrados) precisa ser armazenado em memória, antes de ser manipulado, transmitido, recebido, apresentado etc. Ou seja, esse valor precisa ser representado, digitalmente, por um número de *bits* predefinido. Essa etapa, na qual é definido o número de *bits* que representará o sinal, é denominada quantificação (ou quantização).

Finalmente, a codificação é a etapa na qual o sinal original, já em formato de informação digital, é passado por uma transformação com finalidade, geralmente, de comprimi-lo ou de cifrá-lo.

A Figura 3 apresenta um exemplo de um sinal contínuo (representado por uma curva que varia continuamente ao longo do tempo) que é amostrado e quantificado. A amostragem se dá com um período de amostragem T (observe o eixo x da figura abaixo). No entanto, como o sinal precisa ser representado com um número fixo de *bits*, o exemplo apresentado na Figura 3, a título de ilustração, utiliza apenas dois *bits* para quantificar a informação. Dessa forma, apesar dos valores medidos nos tempos T e 2T não serem exatamente iguais, eles estão próximos e acabam sendo representados pelo mesmo valor digital (no caso "10"). Essa característica demonstra que há a introdução de um

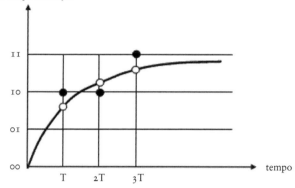

Figura 3. Erros introduzidos usando quantificação com 2-*bits*.

pequeno erro, quando uma informação digitalizada é convertida novamente para um sinal analógico. Isso costuma ser denominado de *erro de quantificação*.

A Figura 3 não ilustra a etapa de codificação. Essa etapa é muito importante na TV digital porque a informação audiovisual ocupa muito espaço e necessita ser comprimida. Como exemplo, pode-se citar que uma hora de áudio, em formato estereofônico, ocupa cerca de 600 Mbytes e que uma hora de vídeo, em formato de alta definição, ocupa cerca de 390 GB (MB significa *megabyte* e GB significa *gigabyte*; onde 1 *mega* é igual a 10^6 unidades e 1 *giga* é igual a 10^9 unidades).

Por conseguinte, a etapa de codificação, em TV digital, ocorre logo após a amostragem e quantificação, e tem como principal objetivo transformar os dados com a finalidade de comprimi-los. Padrões de codificação, como o MPEG-2, H.264 e Dolby, são alguns exemplos de formatos de compressão largamente utilizados em sistemas de TV digital. Cada um desses formatos é popularmente conhecido como um *codec* – do inglês, codificador-decodificador.

2.1. Compressão Multimídia

Os princípios por trás das técnicas de compressão multimídia são semelhantes aos do nosso dia a dia. Como exemplo, se temos de carregar diversos documentos dentro de uma pequena valise, podemos deixar de fora os documentos desnecessários e que não serão utilizados para as nossas atividades. Caso, ainda assim, não caibam na valise, podemos verificar se não há mais de um documento que trate do mesmo assunto. Caso haja redundâncias, podemos eliminá-las. Finalmente, se mesmo assim os documentos resultantes ainda não caibam na pasta, podemos ter um trabalho adicional, agrupando os documentos e fazendo pequenos resumos dos seus conteúdos.

É importante observar que essa última abordagem introduz "perdas" no conteúdo dos documentos. No final, as atividades serão efetuadas com os resumos dos documentos, em vez dos originais. Essa perda será inversamente proporcional aos tamanhos dos resumos.

A compressão de mídias digitais traz os mesmos princípios. Suas técnicas podem ser sem ou com perdas. Geralmente, utiliza-se uma combinação de técnicas que, no resultado final, apresenta perdas; mas, muitas vezes, imperceptíveis aos olhos e ouvidos humanos. Essa compressão é possível, principalmente, graças a duas características encontradas nesses tipos de dados: redundância e propriedades da percepção humana.

Um exemplo é o dos arquivos de som no formato MP3. Esse *codec*, bastante popular nos dias atuais, faz parte das especificações MPEG. Consegue transformar um som original, reduzindo em até doze vezes o tamanho de um arquivo de áudio, contudo, mantendo a sua qualidade bem próxima da de um CD original.

De uma forma geral, os algoritmos de compressão de áudio, usados nos padrões MPEG, atuam tirando vantagem do sistema auditivo humano, que apresenta a característica de não ouvir determinadas frequências na presença de outras (essa propriedade é denominada *mascaramento*). Basicamente, é feita uma conversão do áudio para uma representação no domínio da frequência, separando e removendo os componentes tonais normalmente inaudíveis pelo ouvido humano.

Técnicas de mascaramento semelhantes também são aplicadas aos vídeos, usando das propriedades da percepção humana. Como exemplo, em um local pouco iluminado, em uma penumbra, um facho direcionado de luz pode tornar outros objetos invisíveis para o olho humano. Técnicas mais sofisticadas visam analisar os espectros de cores existentes em imagens e remover (ou representar com menos *bits*) as informações que tendem a afetar pouco o resultado final.

Atualmente, existem muitos cientistas que se debruçam sobre pesquisas que tratam do sistema nervoso humano, para tentar extrair informações de arquivos de áudio e vídeo, reduzindo seu tamanho, mas que tenham pouco impacto na qualidade final. Diversas dessas técnicas já estão presentes nesses *codecs* de áudio e de vídeo existentes.

2.2. Por que Digitalizar o Sinal?

Se o processo de digitalização introduz erros de quantificação, então por que digitalizar um sinal audiovisual? Essa pergunta possui uma série de respostas, pois a digitalização de um sinal traz diversos benefícios.

O principal benefício é que este tipo de informação pode ser processado em computadores, o que as torna facilmente manipuláveis. Técnicas de processamento digital de sinais podem: comprimir os dados (durante a codificação), detectar e remover erros, cifrar informação audiovisual com fins de tratamento de direitos autorais, processar imagens ou sons etc.

O fato de poder ser tratado por computadores como uma simples sequência de números binários (sequência de o's e 1's) é uma grande vantagem da representação digital. Pois, após serem transformados em informação digital, os dados passam a ter representação universal, podendo ser manipulados por computador; armazenados em discos, CDs, DVDs ou mídias magnéticas; transmitidos pela internet, redes sem fio, ou outro tipo de rede, como qualquer outra informação digital.

O processo de cópia de informação digital, diferentemente da cópia analógica, não introduz erros (a não ser que a informação precise ser transformada novamente em analógica, durante o processo de cópia). Essa vantagem já começa a ser percebida, no dia a dia, das pessoas, quando essas copiam em seus *pen-drives*, em CDs, ou transmitem pela Internet, desde músicas (ex.: MP3), vídeos (ex.: DIVX) até uma simples planilha eletrônica, ou um arquivo de texto.

3. TRANSMISSÃO DA INFORMAÇÃO DIGITAL

Sistemas de TV digital começaram a ser padronizados, no mundo, a partir dos anos 1990, cerca de sessenta anos depois da implantação dos primeiros sistemas de TV comerciais; e quarenta anos depois dos primeiros sistemas de TV em cores.

O que caracteriza um sistema de TV digital é o fato da informação a ser transmitida e recebida, nos aparelhos televisores, de cada pessoa possuir natureza discreta (digital). Dados audiovisuais, após serem codificados, precisam ser transmitidos desde um operador de rede até alcançar as residências das pessoas.

No entanto, não são apenas dados audiovisuais que estão presentes em uma transmissão de TV digital. Um tipo de dado digital padronizado, nos diversos sistemas de TV digital, é uma aplicação Java, denominada *Xlet*.

Xlets e conteúdos audiovisuais costumam ser reunidos, formando um serviço de TV digital. Um serviço de TV digital se assemelha a um programa, na TV convencional.

3.1. *Etapa de Transmissão*

A etapa de transmissão implica etapas de *multiplexação* e de *modulação*. A Figura 4 ilustra, de forma simplificada, as

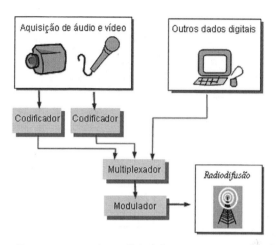

Figura 4. Etapas na transmissão digital de TV em um operador de rede.

principais etapas que ocorrem na transmissão digital terrestre (por radiodifusão).

Um dos principais atores nesse processo é o multiplexador. Nos operadores de rede de TV digital, o equipamento multiplexador é usado para reunir todos os dados digitais que precisam ser enviados em um fluxo único. Esse fluxo de transporte (do inglês, *transport stream*) gerado nos principais sistemas de TV digital existentes segue as especificações do MPEG-2 TS (MPEG-2 *Transport Stream*). Uma visão simplificada de um fluxo MPEG-2 TS com apenas dois serviços (sendo um deles composto apenas por dados, podendo ser uma aplicação *Xlet*) é apresentada na Figura 5.

Modulação é o processo de alterar alguma característica de uma onda periódica (denominada portadora) com um sinal externo. A modulação é necessária devido às características dos enlaces de comunicação, que enfrentam problemas de atenuação por perdas de energia do sinal transmitido, ruído e distorções provocados por outros sinais. Esses problemas estão fortemente relacionados à frequência usada no sistema de comunicação.

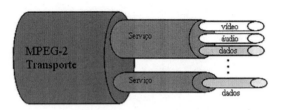

Figura 5. Um fluxo MPEG2-TS com serviços.

A onda portadora usada na modulação é o sinal que possui uma faixa de frequências controlada, de forma a sofrer menores interferências, distorções e atenuações durante uma transmissão. Uma outra grande vantagem da modulação é que esta permite compartilhar o enlace de comunicação, transmitindo simultaneamente dados oriundos da mesma fonte (mas com outro tipo de codificação, o que é denominado *modulação hierárquica*), ou mesmo, de fontes independentes.

Existem diferentes técnicas de modulação de sinais. Necessariamente, essas técnicas são baseadas em três métodos fundamentais (Figura 6): modulação por amplitude, por frequência ou por fase. Normalmente, esses métodos de modulação são combinados com o objetivo de se obter uma maior robustez na transmissão (mais imunidade a erros).

As técnicas de modulação empregadas em TV digital repercutem, fundamentalmente, na qualidade da recepção nos aparelhos televisores que estarão recebendo a informação transmitida. Esses aparelhos podem possuir antenas internas, estarem localizados em grotões afastados da cidade ou mesmo serem móveis (nesse caso, os receptores se assemelhariam a aparelhos telefônicos celulares). Assim sendo, é fácil compreender o porquê de muita gente confundir padrões de TV digital com padrões de modulação.

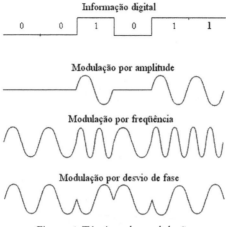

Figura 6. Técnicas de modulação.

3.2. Etapa de Recepção

O receptor de uma transmissão digital pode estar embutido em uma televisão digital ou ser um equipamento à parte. Nesse último caso, o receptor passa a ser conhecido como *set top box*. Um *set top box* é um componente agregado à televisão analógica, que converte os sinais digitais para serem assistidos nas TVs convencionais.

As principais etapas de processamento do sinal em um *set top box* na transmissão de TV digital terrestre (radiodifusão) são ilustradas na Figura 7. Após ser captada por uma antena, o primeiro elemento que processa o sinal recebido é o sintonizador. A atuação do sintonizador é semelhante à que ocorre na TV analógica atual, quando o usuário muda de canal.

Após ser sintonizada, o sinal resultante passa, então, pelo demodulador, responsável pela extração do fluxo de transporte MPEG-2. Na sequência, o fluxo passa através do demultiplexador, que extrai todos os fluxos elementares (áudio, vídeo e dados). Os fluxos de áudio e vídeo são encaminhados para os seus respecti-

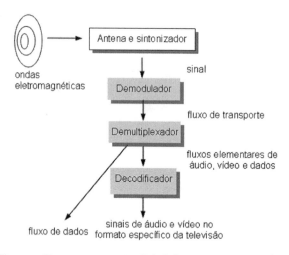

Figura 7. Etapas na recepção digital de TV em um *set top box*.

vos decodificadores, que os converte para o formato apropriado de exibição.

3.3. Set Top Box e *Serviços*

Um *set top box* pode possuir também um canal de retorno, possibilitando a interatividade entre o telespectador e os serviços oferecidos. Para permitir ao telespectador a interação com serviços (por exemplo, navegação na internet), os *set top boxes* possuem capacidade de processamento. Por isso, o *hardware* pode conter diversas tecnologias comuns ao mundo da computação, tais como CPU, memória, *modems* (para utilização de canal de retorno), discos rígidos (para armazenamento de dados), e leitores de *smart cards* (para permitir controle de acesso de telespectadores).

Aplicações que executam na TV digital interativa usam uma camada de *middleware*, que intermedeia toda a comunicação entre a aplicação e o resto dos serviços oferecidos pelas camadas inferiores. Essas aplicações, em diversos sistemas de TV digital, são compatíveis com a linguagem de programação Java, muito difundida em sistemas computacionais.

Um programa Java que executa em *set top box* recebe o nome de *Xlet*. Código Java embutido dentro de páginas *web* recebe o nome de *Applet*.

Uma *Xlet*, portanto, é uma abstração semelhante às *Applets* Java. Da mesma forma que as *Applets*, as *Xlets* são aplicações Java que têm origem remota, e são baixadas e executadas localmente.

Para executar, as *Xlets* exigem que os *middlewares* de TV digital possuam embutida uma máquina virtual Java (Figura 8). A máquina virtual Java provê, para as aplicações, a visão de uma máquina abstrata (ou virtual). Oferece um ambiente de execução padronizado e uniforme para essas aplicações, ao mesmo tempo, lida com questões importantes para essas, tal como segurança.

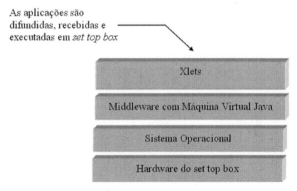

Figura 8. Visão simplificada das camadas de *software* de um *set top box*.

4. CONCLUSÕES

Neste capítulo, buscou-se dar uma visão geral dos princípios da TV digital interativa, e de seus componentes. Essa televisão permite uma melhor qualidade de som e imagem, além de oferecer novos serviços. A implantação desse novo meio de comunicação, em muitos países, ainda está em andamento. Alguns países têm enfatizado a melhor qualidade de imagem e som – através do oferecimento de TV de alta definição (HDTV) –, enquanto outros tentam enfatizar os novos serviços que essa TV deverá disponibilizar. No entanto, da mesma forma que ocorreu no desenvolvimento da TV preto e branco e, posteriormente, com a TV em cores, os sistemas, os aparelhos receptores, e as tecnologias envolvidas evoluíram com o passar do tempo. O mesmo deverá ocorrer com a TV digital interativa. Espera-se, principalmente, uma melhor consolidação da tecnologia para o canal de retorno, já que esse é um ponto crítico para a implementação de novos serviços interativos.

5. REFERÊNCIAS

BECKER, Valdecir; VARGAS, Rafael; HERWEG FILHO, Günter & MONTEZ, C. B. "Júri Virtual I2TV: Uma Aplicação para TV Digital Interativa baseada em JavaTV e HyperProp". In: WEBMEDIA & LA-WEB 2004. Ribeirão Preto: Proceedings of the WEBMEDIA & LA-WEB 2004 Joint Conference, Ribeirão Preto, pp. 12-19.

BECKER, Valdecir; PICCIONI, Carlos; MONTEZ, Carlos & HERWEG FILHO, Günter H. "Datacasting e Desenvolvimento de Serviços e Aplicações para TV Digital Interativa". In: TEIXEIRA, César Augusto Camillo; BARRÉRE, Eduardo & ABRÃO, Iran Calixto (org.). *Web e Multimídia: Desafios e Soluções*. Poços de Caldas, PUC-Minas, 2005.

BENOIT, Hervé. *Digital Telvision: MPEG-1, MPEG-2 and the Principles os DVB System*. Oxford, Focal Press, 2004.

BRIERE, Danny; HURLEY, Pat. *HDTV for Dummies*. New Jersey, Wiley, 2005.

BROWN, Allan & PICARD, Robert G. *Digital Terrestrial Television in Europe*. New Jersey, Lawrence Arlbaum Associates, 2005.

COLLINS, Gerard W. *Fundamentals of Digital Television Transmission.* New York, John Wiley, 2001.

CRÓCOMO, Fernando Antônio. "TV Digital e Produção Interativa: A Comunidade Recebe e Manda Notícias". Florianópolis, 2004, 189 f. Tese (doutorado em Engenharia de Produção) – Centro Tecnológico, Universidade Federal de Santa Catarina.

DOMINIC, Joseph; SHERMAN, Barry L. & COPELAND, Gary. *Broadcast/ cable and Beyond: an Introduction to Modern Electronic Media.* New York, McGraw-Hill, 1990.

FUNDAÇÃO CPqD. *Modelo de Referência: Sistema Brasileiro de Televisão Digital Terrestre. Projeto Sistema Brasileiro de Televisão Digital. Relatório Técnico.* Campinas, CPqD, 2006.

JACK, Keith. *Video Demystified: a Handbook for the Digital Engineer.* 3ª ed. Eagle Rock/VA, LLH Technology Publishing, 2001.

LUGMAIR, Artur; NIIRANEN, Samuli & KALLI, Seppo. *Digital Interactive TV and Metadata.* New York, Springer-Verlag, 2004.

MONTEZ, Carlos & BECKER, Valdecir. *TV Digital Interativa: Conceitos, Desafios e Perspectivas para o Brasil.* Florianópolis, Editora da UFSC, 2005.

MORRIS, Steven & SMITH-CHAIGNEAU, Anthony. *Interactive Television Standards.* United States, Elsevier Inc., 2005.

NOAM, Eli; GROEBEL, Jo & GERBARG, Darcy (Ed.). *Internet Television.* New Jersey, Lawrence Erlbaum Associates, 2004.

PAGANI, M. *Multimedia and Interactive Digital TV: Managing the Opportunities Created by Digital Convergence.* IRM Press., 2003.

POYNTON, Charles. *Digital Video and HDTV: Algorithms and Interfaces.* San Francisco/CA, Elsevier Science, 2003.

RICHARDSON, Iain E. G. *H.264 and MPEG-4 Video Compression.* London, Wiley, 2003.

ROBIN, Michael & POULIN, Michel. *Digital Television Fundamentals: Design and Installation of Video and Audio Systems.* 2ª ed. New York, McGraw-Hill, 2000.

RUIZ, Francesc Tarrés. *Sistemas Audiovisuals: Televisión Analógica y Digital.* Barcelona, UPC, 2000.

SRIVASTAVA, Hari Om. *Interactive TV Technology and Markets.* Boston, Artech House, 2002.

WATKINSON, John. *An Introduction to Digital Audio*. Oxford, Focal Press, 1994.

WHITAKER, Jerry. *Interactive Television Demystified*. New York, McGraw-Hill, 2001.

A TV Digital e as Tecnologias na Comunicação

S. SQUIRRA

> *As pessoas não se comunicam porque*
> *a tecnologia permite; elas se comunicam*
> *porque têm necessidade de*
> *partilhar informação*[1]
> DAVID SOUTER[2]

INTRODUÇÃO

A epígrafe acima emoldura bem a realidade do Brasil atual, pois o país vem experimentando inserção inédita, no universo que engloba o segmento da comunicação, devida à radical expansão e ao dinamismo deste território. Dos CDs e DVDs disponíveis em todo lugar ao celular barato e em profusão de opções. Da internet facilitada nas escolas públicas às delícias da banda larga, em que filmes estão disponíveis para recepção em alta velocidade. Do vídeo portátil onipresente à TV digital e interativa. Pelo preço acessível e infinidade de modelos, o universo comunicacional não para de crescer e de seduzir contingentes consumidores com sua abundância e *amigabilidade*. O principal êmbolo disto tem sido o processo de globalização da produção

---

1. No original: "People do not communicate because technology enables them to do so; they communicate because they have a need to share information".
2. David Souter, "Then and Now: What Would be the Remit of a Modern-day Maitland Commission?", em Gerald Milward-Oliver, *Maitland+20-Fixing the Missing Link*. Bradford on Avon, The Anima Centre Ltd, 2005, p. 5.

que, em muitas nações, vem encurtando os períodos de adoção das novíssimas tecnologias – principalmente aquelas da comunicação – e instaurando modelos de disponibilização de equipamentos em tempo semelhante em praticamente todos os mercados do planeta com alguma normalidade financeira. É óbvio que o objetivo central das empresas agentes, nesse processo, é a procura incessante por lucros seguros, sempre maiores e diversificados, mas lembramos que isso só pode ser conquistado em sociedades com razoável estabilidade político-econômica. Caso do Brasil dos últimos anos.

Mas é oportuno lembrar que nem sempre foi assim; pois, até um passado não distante, existia no país a prática de fazer inscrição para receber uma simples linha telefônica, que chegava a demorar dois anos para ser instalada e cujo valor era altíssimo. Naquela época, pagava-se adiantado e a empresa estatal se comprometia a entregar o bem comunicacional básico em futuro imprevisível, num cenário, no qual o mercado negro era muito ativo e a insegurança, desanimadora para a maioria dos brasileiros. Dessa forma, naqueles momentos analógicos e de pauperidade tecnológica, vivia-se em anêmica realidade consumista de bens de ponta e as raras alterações, nos processos comunicacionais públicos, aconteciam lentamente, evoluindo em pequenas dosagens e sem nenhuma efervescência significativa. Aqueles tempos desacelerados permitiam, entretanto, que somente privilegiados da elite usufruíssem das raridades tecnológicas, normalmente adquiridas nos países desenvolvidos ou com o traficante "da esquina". Esse processo fazia com que os avanços da comunicação humana somente fossem assimilados a partir da experimentação pelos que podiam investir enormes valores na sua aquisição, e no decorrer da familiaridade proporcionada pelo tempo de convívio com as novidades. A tecnologia era, de fato, recurso reservado para os "endinheirados" e para alguns isolados tecnófilos. Enquanto isso, à maior parte da nação restava "ver navios".

Neste antigo cenário de carência tecnológica, no território da comunicação, o conjunto massivo da sociedade brasileira contava, essencialmente, com processos de impressão – de jornais e revistas – tecnologicamente ainda emergentes e pouco modernos. A privatização das telecomunicações[3], entretanto, passou a prenunciar um cenário, no qual os sinais das emissoras de rádio alcançariam praticamente todos os cantos da nação e as imagens da televisão conseguiriam tornar-se presentes em grandes extensões do território nacional. Assim, sequencial e homeopaticamente, o capital privado e a evolução tecnológica passaram a permitir que, em determinado momento, recursos antes impensáveis pelos altos custos e não facilidades de uso começassem a ficar ao alcance dos cidadãos comuns das classes média e baixa. De repente, a miniaturização do *chip*, o barateamento dos processos de produção e a economia sem fronteiras fizeram com que os brasileiros passassem a ter acesso à câmera de vídeo pessoal, ao videocassete doméstico, ao fac-símile, ao satélite de comunicação, ao telefone sem fio, ao computador pessoal etc. E, mais recentemente, à internet e ao celular.

Dessa forma, no bojo do furacão tecnológico que a nação passou a experimentar, especificamente na última década, tem sido constatável que as múltiplas formas de opções tecnológicas estão favorecendo à inserção de contingentes sociais novos no universo do consumo integrado e dinamicamente diversificado. Decorrência natural disto, em muitas situações, alardeia-se a urgência da implantação de políticas concretas na direção da preparação, fixação, satisfação e fidelização desses novos coletivos sociais que ascendem e que, tradicionalmente, ficavam isolados das dinâmicas "plenas" da sociedade moderna.

---

3. Iniciada em 1995, com a Emenda Constitucional n. 8, a privatização se efetiva, em 1998, quando abriu o setor à participação do capital privado. O Brasil foi um dos últimos países da América Latina a privatizar sua telefonia, que arrecadou cerca de 82 bilhões de dólares. Desde então, o investimento realizado pelas empresas alcança 135 bilhões de reais.

Isso é louvável e necessário, mas tem ficado pouco claro o que a inclusão, aqui no contexto digital, de fato significa, e como as ações devem ser parametrizadas para que políticas de governo, ou fora dele, sejam esquematizadas, aplicadas e supervisionadas. Complementarmente, constata-se que mesmo a produção científica da área vem tateando na questão, demonstrando estar muito mais sensibilizada com as questões de "mercado" que aquelas de esmiuçamento formal para o enquadramento histórico e teórico das bases conceituais, abrangências e consequências desse tema.

Essas premissas projetam a necessidade de estudos mais intensivos, plurais e abrangentes, pois uma constatação emerge como embotamento metodológico: inclusão digital não quer dizer somente colocar seres humanos na frente de um aparelho de computador com acesso à internet[4]. Ou constatar o celular na mão de um operário ou catador de lixo. O termo delineia conceito muito mais abrangente e diversificado, sendo este um dos intentos desta abordagem. Outro, é a realização de um sobrevoo abrangente sobre as tecnologias da comunicação, sobretudo a interatividade da TV digital, pontuando a crucial importância dessas questões para os pesquisadores e profissionais que se formam na área.

A INCLUSÃO PARA ACESSO AO TELEFONE FIXO!

Irrecusavelmente, desponta primeiro a condição preliminar do pleno acesso ao telefone "clássico", uma vez que, de acordo com parâmetros internacionais, o país ainda não implantou linhas telefônicas em número suficiente. Todavia, nesse cenário, sucedeu uma situação típica do mundo da alta velocidade tec-

---

4. Lamentavelmente ainda só possível em 14,5% dos lares brasileiros, conforme dados do Comitê Gestor da Internet.

nológica: o número de telefones celulares acabou ultrapassando aquele de fixos, atingindo mais de 108 milhões de aparelhos, em julho de 2007, enquanto aqueles "imóveis" somavam pouco mais de 42 milhões na mesma época[5].

Ainda na questão da inclusão, é justo reconhecer que os governos devem preocupar-se com a tecnologia digital de "ponta", como deveriam fazer, aliás, nas demais formas de exclusão, sejam elas, de acesso à comida, à saúde, à moradia, à escola, ao transporte coletivo, ao medicamento popular, aos direitos humanos, à aposentadoria etc. Mas, primeiro deveriam centrar-se nos recursos de comunicação básicos e que ainda não foram condizentemente implantados como, por exemplo, a disponibilização de rede de telefone fixo em número adequado, tanto nas cidades quanto no campo. Isso ainda não foi alcançado, mas é fácil constatar que a mais recente forma de "separação" social, aqui com perfil eletrônico-informático-cibernético vem recebendo os holofotes da mídia e a atenção dos atores sociais, justamente pelo caráter de novidade fulgurante que lhe é incidente ou ao espírito de modernidade que a ela acabou sendo impregnado. Tem, também, sido o caso do celular de "última geração", do mundo sem fio, da comunicação móvel e, mais recentemente, da televisão digital de alta definição e interativa.

Justamente por essas (e outras questões) a inclusão "comunicacional" é, de fato, muito importante, merecendo ser sublinhada pelas evidências das dimensões das disparidades no acesso aos bens e informações, que integram os esforços para a cidadania plena. Por essas razões e pela inevitabilidade que apresenta, o tema vem recebendo a atenção de várias instituições ao redor do globo, entre elas, a Organização das Nações Unidas e a União Europeia. Nesse contexto, uma entidade que se destaca é a UIT – União Internacional das Telecomunicações (ITU – In-

---

5. Dado obtido no *site* da Anatel em 17 de agosto de 2007.

ternational Telecommunication Union), estabelecida como uma comissão independente da ONU para o Desenvolvimento da Rede Mundial de Telecomunicações (World Wide Telecommunications Development).

E cabe aqui um adendo, pois é importante apontar que a produção de estudos e diagnósticos propondo normas e ações específicas na área das telecomunicações não é nova: a UIT foi encarregada dessa missão, em 15 de outubro de 1947[6], logo depois da Segunda Guerra Mundial[7]. De uma forma ou de outra, essas entidades vêm conceituando que inclusão digital envolve conceitos-macro, indo desde o telefone fixo, o móvel (celulares etc.), passando pelos equipamentos de informática e seus derivados (CDs, DVDs etc.), englobando o universo do acesso à internet, no que poderia ser definido como o grande bloco das "comunicações digitais à distância".

É importante destacar que a UIT tem como alvo central o conjunto das telecomunicações, não ficando restrita à internet ou aos seus recursos constituintes ou derivados que se popularizaram na segunda metade dos anos 1990. Aliás, falando em "incluir os que estão fora", a entidade vem justamente apontando para o telefone "imóvel", uma tecnologia hoje considerada "velha", mas que décadas atrás já separava os seres humanos de acordo com seu acesso e posse dos bens sociais. Uma frase num documento da agência destacava que "não existe razão para que, ainda na primeira parte do próximo século, praticamente o conjunto da humanidade não tenha acesso fácil ao telefone e a todos os benefícios que este traz consigo"[8].

6. Conforme documentação existente no *site* www.itu.int/aboutitu/overview/history.html, acessado em 14 jan. 2006
7. De fato, a UIT havia sido fundada muito antes, quando, em 17 de maio de 1865, seus vinte membros de origem assinaram em Paris a 1ª. Convenção Telegráfica Internacional, fundando a International Telegraph Union, sua denominação original.
8. No original: "There is no good reason why, by the early part of the next century, virtually the whole of mankind should not be within easy reach of a telephone and all of the benefits this can bring", *op. cit.*

Vale destacar a UIT, pois há bom tempo a ONU vem alardeando suas conclusões quanto à importância dos índices de adoção das telecomunicações para o desenvolvimento dos países, sobretudo nas nações com chances de ascensão. A entidade advoga que as telecomunicações expressam, em si, as contradições econômico-sociais e revelam os antagonismos que muito se observa nos dias atuais: entre ricos e pobres, entre o norte e o sul, entre as nações industrializadas e as de subsistência básica, entre países desenvolvidos e em desenvolvimento etc.

Para encarar essas questões, a UIT criou a Comissão Maitland[9] em 1984 que, como afirma David Souter, era um típico produto do seu tempo, pois nascia no

[...] crepúsculo da chegada da comunicação móvel, justamente no momento que a primeira reforma neoliberal desencadeava a tendência que a partir de então impulsionou a privatização das telecomunicações no mundo inteiro, no momento em que a internet era pouco mais que um vislumbre nos olhos dos cientistas da computação[10].

Fruto dos intensos trabalhos, então realizados, ainda em 1984, a Comissão Maitland publicou um dos mais expressivos relatórios sobre o assunto, um documento que se tornou paradigmático nas reuniões atuais dos Encontros Mundiais da Sociedade da Informação (World Summit on the Information Society) chamado "A Conexão Ausente" (*The Missing Link*)[11].

9. A Comissão recebeu o nome de Sir Donald Maitland, ex-embaixador permanente da Inglaterra na ONU. Em 1983, Maitland foi indicado pelo governo britânico para a Comissão Independente para o Desenvolvimento da Rede Mundial de Telecomunicações (World Wide Telecommunications Development), tornando-se seu presidente.

10. No original: "written at the dawn of mobile communications, as the first neoliberal reforms began a trend which has since liberalised and privatized telecommunications across the globe, when the Internet was little more than a glimmer in the eye of computer scientists", *op. cit.*, p. 5.

11. Gerald Milward-Oliver, *Maitland+20-Fixing the Missing Link*, Bradford on Avon, The Anima Centre Ltd, 2005.

A partir da expressão largamente usada na língua inglesa de ICT (para Information and Communications Technology, em inglês. Em português, o acrônimo é TIC para Tecnologia da Informação e Comunicações[12] e, em francês, STIC para Sciences et Technologies de l'Information et Communication) e, apesar da sinalização de se concentrar nas questões do uso da tecnologia, a essência do Relatório da Comissão Maitland destacou outro ponto: produzira, de fato, a primeira análise que identificava a direta relação entre a força e penetração das telecomunicações e o índice de desenvolvimento das nações. Para isso, até cunharam um acrônimo novo, ICT4D, para Information Communication Technology for Development. No estudo de vinte anos atrás advogavam que "nos primórdios do próximo século virtualmente a totalidade da humanidade deveria ter fácil acesso ao telefone e, por tabela, a todos os demais serviços de telecomunicações que este meio permite". No Relatório Maitland+20, publicado em 2005, Souter constatou que "enquanto a maior parte da África e partes da Ásia estagnaram economicamente, a indústria das 'Telecoms' cresceu muito mais rápido e mudou muito mais dramaticamente que qualquer indústria antes"[13].

A Comissão Maitland constatou que apesar da mudança da base centrada somente na telefonia fixa, dos anos 1980, os dias atuais oferecem estrutura tecnológica alicerçada em segmentos de forte impacto no mercado: as telefonias fixa e móvel e a internet, somadas à convergência destas com o sinal da TV, a computação e outros setores que antes eram incompatíveis ou assíncronos e, por isso, não favoreciam aos atracamentos tecnológicos. Apesar de entender que as telecomunicações representam, concretamente, setor fundamental para o desenvolvimento das nações (aliás, revelam convicção que o desenvolvimento só se dará com o domínio e uso "amplo" e em profundidade das teleco-

---

12. As TIC movimentaram 3,13 trilhões de dólares em 2006.
13. *Op. cit.*, pp. 6-7.

municações, sobretudo aquelas de "ponta"), ela constatou que o setor empresarial das telecomunicações avançou muito mais que o desenvolvimento das nações. Todavia, alguns dos seus autores discordam contra-argumentando que, de uma forma ou outra, o avanço tecnológico trouxe transformações e avanços também para as sociedades periféricas.

Dentro desse debate e, a partir do trabalho original da Comissão Maitland, e das conclusões apresentadas no livro *A Conexão Ausente*, alguns conceitos foram amplamente divulgados para revelar e realçar as disparidades da "divisão digital" (*digital divide*, conceito usado em língua inglesa e que, no Brasil, tornou-se inclusão digital) que separa o mundo desde então. Destacamos alguns: a) anunciaram que "existem mais telefones em Tóquio do que na África inteira"; b) divulgaram que "metade da população do globo nunca fez uma ligação telefônica" e c) propagaram que "existem mais usuários de internet na Islândia que na África". Tim Kelly pontua que se, na década de 1980, quando a Comissão Maitland foi criada, a principal lacuna era a escassa presença do telefone para a maior parte dos segmentos sociais, no mundo, hoje já se fala da "morte" desse meio de comunicação, como vaticinou a edição da *The Economist* de 16 de setembro de 2005, com a chegada da ligação telefônica através da internet (VoIP – Voice Over Internet Protocol)[14]. Além disso, ele afirma que esses três "mitos" não se aplicam mais aos dias atuais, argumentando que já, em 2004, "existiam cerca de 25 milhões de linhas de telefones fixos e mais de cinquenta milhões de telefones celulares (móveis), na África, o que é muitas vezes a população de Tóquio"[15]. Discordando, também, da afirmação do segundo caso, ele revela que "estimativas da

---

14. T. Kelly, "Twenty Years of Measuring the Missing Link", em *Maitland+20 Fixing the Missing Link*, London, The Anima Centre Ltd, 2005, p. 23.

15. No original: "As of the start of 2004, there were around 25 million fixed lines and more than 50 million mobile phones in Africa, which is several times more than the total population of Tokyo", *op. cit.*, p. 26.

ITU, baseadas no número de domicílios e vilarejos que têm acesso ao telefone, sugerem que cerca de 1/5 da população mundial ainda não tem acesso ao telefone"[16]. Reagindo da mesma forma, responde à terceira afirmativa: "no início de 2004, os usuários de internet, na África, eram estimados em 12,4 milhões, o que excede em cerca de quarenta vezes o total da população da Islândia"[17].

Dados do recente relatório *Digital Life 2006*, da mesma UIT, revelam que as comunicações são cada vez mais digitalizadas, mais móveis e mais amplas, lembrando que vinte países já têm mais de uma linha telefônica por habitante, já há mais de 216 milhões de assinantes de linhas fixas de banda larga[18] e somam mais de 61 milhões de usuários móveis na telefonia de terceira geração (3G)[19]. No mesmo relato, uma evidência acachapante: para alcançar um bilhão de linhas telefônicas, a humanidade esperou 125 anos, enquanto que para chegar ao mesmo teto, a telefonia celular levou somente 21 anos.

No Brasil, o telefone ainda não cumpre papel fundamental como elemento incluidor, pois apresenta a embotada relação de 22 aparelhos fixos por cem habitantes.

A CONVERGÊNCIA TECNOLÓGICA

A *focagem* das tecnologias da comunicação revela que, nos últimos tempos, o modismo conceitual do universo digital tem

---

16. No original: "ITU estimates, based on the number of households and villages that have telephone access, suggest that close to one-fifth of the world's population currently have no telephone access", *op. cit.*, p. 26.

17. No original: "At the start of 2004, there were an estimated 12.4 million Internet users in Africa, which exceeds by around 40 times the total population of Iceland", *op. cit.*, p. 26.

18. Em 2006, a banda larga teve crescimento de 47,4% no Brasil, enquanto a TV paga aumentou sua base em 9,5% e o celular 15,9%, conforme relata Renato Cruz, no *O Estado de S. Paulo*, 25 mar. 2007, p. B7.

19. Mar Gonzalo, "Meios Digitais já Atraem mais a Atenção do que Rádio e Televisão", *O Estado de S. Paulo*, Negócios, 04 dez. 2006, p. B12.

valorizado a constante e mesmo genérica aplicação dos princípios da convergência. O termo, próprio da Matemática, foi adotado por cientistas sociais e usado para definir alguns fenômenos, apontando que, de fato, a vida em sociedade estava mudando e era imprescindível compreender as confluências tecnológicas que surgiam velozmente.

De fato, a convergência tecnológica deve ser entendida como a chegada de uma vasta proliferação de instrumentos, sobretudo digitais, que desempenham – ou podem desempenhar – funções técnicas assemelhadas, isoladamente, em conjunto ou de forma complementar. Nascido na área tecnológica, o termo logo recebeu amplitude com o linguajar deslumbrado e futurista dos tecnólogos comunicacionais e das empresas midiáticas. Encontra-se, hoje, razoavelmente assimilada nos distintos cenários científicos e comerciais pela concordância de que as tecnologias, sobretudo as da comunicação, devem se enxergar, possibilitar conexões e acoplagens e trocar dados entre si, permitindo que os consumidores tenham pleno e facilitado acesso aos enlaces digitais que passaram a ser disponibilizados. E que se tornaram fundamentais para a comunicação em todas as suas dimensões.

A convergência é entendida como a integração tecnológica em uma base comum de intercâmbios, uma vez que, apesar das formas da tecnologia serem diferentes, elas obedecem a um princípio básico que é a comunicação direta de um usuário com outro através de um conjunto invisível de conexões e sistemas de aberturas, interpretações, disponibilização a trocas de dados. Assim, possibilitam acessos e intercâmbios de gigantescos volumes de informação, a partir de grande conjunto de interfaces que, interativamente, permitem o contato com a informação, em tempo real, ou a coleta daquela estocada nos circuitos informatizados dos bancos de dados digitais. Nesse sentido, a população mundial vem dedicando mais horas semanais aos meios de comunicação digitais, que dispensa à televisão, ao rádio, aos jornais impressos ou ao cinema, conforme apontou o relatório da UIT referido anteriormente[20]. Corroborando isso, recente notícia da agência EFE destacou pesquisa feita, durante um ano, pela Universidade Harvard, que constatou aumento significativo de tráfego – cerca de 10% de acréscimo – no acesso aos *sites* dos jornais tradicionais nos EUA, indicando o *New York Times*, o *Washington Post* e o *USA Today*[21].

Fruto dos estudos contínuos de usabilidade, os equipamentos e plataformas digitais estão muito mais "amigáveis" hoje que anos atrás. Pela onipresença dos equipamentos digitais, destaca-se que é praticamente nulo imaginar que seja possível fazer opção por estar inserido ou não no "cimento tecnológico" que se constitui a experiência comunicacional contemporânea. Isto, quer seja pelos constantes apelos mercadológicos pela contínua adesão aos utensílios com a mais recente descoberta tecnológica *on board*, ou pela inevitável constatação que o entorno social, que rodeia sobretudo os seres metropolizados, encontra-se fortemente equipado com os *gadgets* do melhor que a indústria globalizada vem produzindo em ritmo frenético de criação de novas características, e de substituição das anteriores. Quer dizer, os apelos consumistas atingem indistintamente a todos, habilitados ou não, convencidos ou não, os que têm recursos financeiros folgados ou não etc. Mas a adesão requer dedicação e cultura próprias, pois os seres "inseridos no sistema" devem conquistar domínio distinto de habilidades e cultura tecnologizada para desfrutar das potencialidades desses equipamentos. E isso requer

20. A reportagem apontou que os jovens menores de dezoito anos vêm dedicando aos meios digitais uma média de catorze horas semanais, enquanto devotam à TV cerca de treze horas, seis para o rádio e somente duas horas para jornais, revistas e cinema. Entre o público de dezoito a 54 anos, os meios digitais recebem dezesseis horas, TV treze horas, rádio oito horas, jornais e revistas duas horas e cinema uma hora semanal.

21. Mas, os que desfrutaram de aumentos ainda maiores foram os *sites* das cadeias de televisão, como a CNN, ABC, CBS etc., e os provedores não tradicionais, como Google, Yahoo!, AOL, MSN etc. Tal informação está no *Boletim Comunique-se* de 17 ago. 2007.

mudanças de comportamento para a ampliação dos universos de domínio e ação, além de disposição para o treinamento, visando à absorção dos novos conceitos e competências para o domínio dos recursos disponibilizados. Nesse sentido, adverte-se que os seres que não se interessam pela atualização e aperfeiçoamento tecnológicos correm sério risco de alguma forma de "exclusão digital". Uma vez que, mesmo aqueles que diuturnamente se esforçam para entender o que a indústria produz, podem levar choques com o que deparam, pois além dos equipamentos em si, novas barreiras podem emergir, por exemplo, no enfrentamento do que significam os indecifráveis vocábulos novos que surgem e as tecnologias que se sobrepõem diariamente. Dessa forma, para se inscrever no mundo dos "alfabetizados" digitais, inescapavelmente o estudo, a disposição para a investigação e experimento tecnológicos passam a fazer parte do cotidiano de todos os seres inseridos neste "caldo" tecnológico.

Mas não se trata somente de apontar os "analfabetos" digitais, pois como imaginar que um volume expressivo de almas terá acesso e, mais complicado, conseguirá extrair algum benefício dos instrumentos tecnológicos avançados? Pontua-se que não se trata de somente ter os instrumentos em mãos, pois é fundamental indicar que o domínio desses recursos requer uma diferenciada forma de cultura e apropriação instrumental. Mas, antes disto, lembra-se que se trata de imersão num universo amplo, onde é parâmetro inicial que as pessoas irrecusavelmente dominem o código linguístico pátrio, o alfabeto. Afinal, é impossível interagir e alimentar as diferentes "portas de entrada" (os teclados) sem o conhecimento do que cada código ali inscrito significa, isoladamente ou nos seus conjuntos. Na sequência, é necessário certa dose de abstração, pois se precisa entender o que as interações carregadas, na interface, vão provocar e como decodificar os dados, quando esta devolver os significados armazenados. Por último e, por se tratar de utensílios produzidos e comercializados em mercados sem fronteiras, é saudável que os usuários tenham conhecimentos elementares de uma língua estrangeira, como o inglês, por exemplo. Esse conjunto de atributos tecnológicos e culturais vem recortando enormes contingentes sociais do deleite "pleno" dos recursos comunicacionais existentes. Pesquisas sobre o mundo das tecnologias avançadas do Departamento de Estado dos EUA descobriram que raça, renda e educação são os determinantes primários que definem e barram o acesso à internet naquele país. Essa constatação, seguramente, deverá ser válida para outras nações, inclusive o Brasil.

Muitos estão convencidos de que se vive em um mundo de comunicação abundante e disponível na "ponta dos dedos" e onde a sobreposição de instrumentos de contato com as informações eleva a condição da vida, saciando o apetite de renovação do conhecimento e de inserção na sociedade competitiva. A voracidade e a pluralidade de enfoques são tamanhas que, em reportagem de capa, de 19 de junho de 2000, a revista *Time* trazia várias questões intrigantes:

Será o cibersexo melhor que o sexo real? A TV que "emite odor" substituirá a TV normal? Continuaremos a dirigir nossos carros (ou serão os carros que nos dirigirão)? O meu computador tornar-se-á mais inteligente que eu? Será que os robôs ficarão tão independentes que requererão seus direitos? Continuaremos a folhear as páginas dos livros? Será que os cibercriminosos dominarão o mundo? etc.

São temas extremamente intrigantes a todos, sejam os estudiosos ou os simples consumidores. Os textos analisam e fazem previsões de para onde deve caminhar o futuro dos seres e suas relações com a tecnologia. Afinal, muitos querem saber o que a moderna e digital "fluência conjunta" (outra forma de dizer convergência), dos dias atuais, tem a oferecer e para onde a simbiose tecnológica está nos levando.

Longe de qualquer intenção de vidência "mágica", mas ancorado na certeza da força da comunicação pelas imagens, é seguro afirmar que tudo deve passar por algum tipo de tela, nas múltiplas interfaces digitais audiovisuais. O que já se presencia, nos dias atuais, indica que viveremos numa profusão de "canais" visuais e sonoros de acesso aos dados e às informações de todos os tipos, origens e formatos. Seguindo a tendência do mercado de miniaturização e barateamento contínuos, os consumidores passarão a adquirir específicos equipamentos de conexão e exibição, que estarão alojados nos diversos cômodos das residências e servirão para a leitura dos dados e interação a partir da explicitação das escolhas. Das simples telas inseridas nas portas das geladeiras e armários – que se destinarão ao controle e reposição dos alimentos, mas que também multiplicarão os aparelhos de TV e rádio convencionais –, às telas de quarenta ou sessenta polegadas, que difundirão dados e programas isoladamente. Estas, quando agrupadas, comporão imenso mosaico audiovisual semelhante às telas dos cinemas.

As "portas de comunicação" estarão em toda parte, seja em formatos grandes, radicalmente discretas ou mesmo dissimuladas, e serão colocadas nas mesas dos escritórios, nas empresas ou nos domicílios ou, ainda, nas paredes dos cômodos domésticos. Mas, também, nos carros, ônibus coletivos ou em partes dos instrumentos do dia a dia das pessoas (relógios, óculos etc.) e mesmo como próteses inseridas no próprio corpo humano. Alguns cientistas advogam que os microfones devem desaparecer, pois poderão ser feitas incrustações dentárias de minúsculos microfones imunes à acidez e umidade da saliva, de forma que as pessoas poderão atender e falar ao telefone celular, por exemplo, sem precisar se dirigir ao microfone do aparelho. O mesmo acontecerá com o fone de ouvido ou altofalante dos equipamentos. Aparelhos semelhantes a brincos ou minúsculos instrumentos, colocados dentro do ouvido, cumprirão essa tarefa, em formas de próteses comunicacionais, como é também o caso dos *chips* colocados sob a pele, que abrem portas, fornecem dados médicos e identificam seu portador etc., através da transmissão

RFId. Nesse sentido, experiências já foram desenvolvidas, e apresentadas publicamente, de colocação de *chips* em jóias (sobretudo colares) e todo tipo de adorno (relógios, chapéus), tendo sido criado o termo "joalheria cibernética (*cybernetic jewelry*) para designar essas possibilidades de "sistemas vestidos" (*wearable systems*). As facilidades tecnológicas permitirão – aliás, já o fazem– o comando de atividades nesses equipamentos via voz humana, sem a necessidade da inserção mecânica de dados para o atendimento do que se pretende fazer. Tudo isso, sem fios, no melhor da tecnologia Wi-Fi (Wireless Fidelity).

E o que é mais alvissareiro: não mais deveremos assistir à televisão em tempo real. Experiências vêm sendo feitas no sentido de libertar as pessoas do ato de assistir ao telejornal das 8 h da noite, às 8 h da noite! Aqueles que, por algum motivo, desejarem ver o telejornal das 20 h às duas da madrugada (ou em qualquer outro horário) na sua versão integral, ou em partes editadas de acordo com seu gosto pessoal, poderão programar isso. Afinal, nem todos gostam de política, esportes, moda ou culinária. Nesse cenário, os usuários passarão a ficar livres da "camisa de força" da programação, que hoje obriga todos a permanecer sentados esperando a decisão do programador da rede, que colocou aquele programa naquele horário (muitas vezes, o programa anunciado chega com atraso, menosprezando a vontade e a paciência da audiência) e ponto final. Além disso, a "mão única" da emissão – com a formatação unilateral dos seus estilos e conteúdos – não permite a seleção e muito menos a interação com o que está sendo transmitido. Neste mundo de autoritarismo e unidirecionamento programático-televisivo ainda existente, assiste-se ao que o dono da emissora (e seus setores de *marketing*) entende ser o adequado para todos, de forma massificada, a partir do unilateral entendimento deste.

No universo tecnológico da máxima convergência, isso não mais atrofiará os desejos já que se antevê amplas possibilidades de pleno atendimento das vontades particularizadas dos usuários. A convergência tecnológica passa, então, a permitir que o indivíduo finalmente entre em cena e assuma o comando do processo da comunicação que deseja e concretamente seleciona, com autonomia e liberdade inigualáveis e ainda não experimentadas. Isso representa uma mudança inédita e radical na arte da comunicação massiva. Justamente por causa de todas essas características, reconhece-se que esse "novo mundo" provocará transformação profunda nos hábitos sociais, pois serão disponibilizados recursos que, além de se reconhecerem, serão facilmente amigáveis e compreensíveis para os usuários. Do livro eletrônico (*e-book*) ao controle da banheira, do microondas à iluminação dimerizada, do telefone portátil ao correio digital. E, da pré-seleção dos programas favoritos nas emissoras convencionais à gravação de programas "sob encomenda" (NOD – *news on demand* ou VOD – *video on demand*) aos programas especiais com pré-pagamento (*pay per view*). Mas, também, do próprio consumo de informação. Nesse sentido, pesquisa feita, nos EUA, pela Mediamark Research[22], revela que 90% dos homens daquele país acessam somente a versão *online* das revistas impressas.

Nessa seara tecnológica, um segmento vem atraindo decididamente a atenção da população, mas também dos estudiosos pela sua importância e números: os *videogames*. Tal segmento é tão expressivo que, recentemente, foi divulgado que os norte-americanos estavam substituindo seus atos costumeiros (assistir TV, por exemplo) pela prática do *videogame*, uma vez que volume significativo de adolescentes está dedicando uma média de sete horas por semana jogando nas telas dos computadores, chegando até a substituir uma das refeições para ficar na frente das telas[23]. Dez por cento dos entrevistados reconheceram que po-

22. A Mediamark Research é uma empresa da Nielsen/NetRatings. Tal dado foi veiculado pelo IDGNow de 31 jul. 2007 e é acessível em www.idgnow.uo.com.br/internet/2007/07/31/idgnoticia.
23. Conforme relata Peter Cohen, do Macworld.com, citado pelo IDGNow de 16 de maio de 2005.

dem ser considerados viciados nesse tipo de interatividade, que já supera a indústria de Hollywood em faturamento.

A TV DIGITAL BRASILEIRA

Depois de anos de espera, a TV digital brasileira entra no ar em 2 de dezembro de 2007[24]. Colocadas à parte as simpatias e as adesões pelo ineditismo tecnológico que inaugura uma nova fase, é razoável indagar se, de fato, essa forma de comunicação representa uma inovação que preencherá os reais anseios da população e se sua adoção alterará, significativamente, a maneira como amplos segmentos da população se entretêm, divertem e têm acesso à cultura no país.

É, ainda, oportuno perguntar se na contramão deste raciocínio, sua assimilação não se dará lentamente, uma vez que a oferta de tal recurso poderá materializar-se de forma pouco atrativa às classes mais baixas. Lembramos que essas são, justamente, as mais populosas e carentes de ações sociais no aproveitamento do tempo livre e que, por isso mesmo, configuram-se como as maiores consumidoras de programação televisiva, sobretudo, aquela em sinal aberto.

Outra indagação vai na direção de pressupor se, pela sua sofisticação e custo, a mesma não atingirá prioritária e essencialmente os segmentos abastados, justamente aqueles que já dispõem de ampla oferta de opções para o atendimento dos seus desejos de consumo, informação e lazer[25]. Olhando o passado,

24. Esta data é para a cidade de São Paulo. O ministro Hélio Costa afirmou à Agência Brasil que nas cidades de Brasília, Belo Horizonte e Rio de Janeiro, a TV digital deverá chegar em janeiro de 2008. E que, em julho do mesmo ano, os sinais chegarão às demais capitais. A partir de dezembro de 2008, serão atendidas as cidades-polo e, em 2009, o resto da nação.

25. Uma possibilidade nesta direção são os altos custos iniciais da tecnologia, tanto no que diz respeito aos televisores quanto ao aparelho conversor (*set top boxes*). O governo luta para que estes últimos não ultrapassem duzentos reais, mas os

percebe-se que esses questionamentos serão acomodados com o tempo, justamente como aconteceu com outras tecnologias que, ao serem oferecidas anos ou décadas atrás, enfrentaram dificuldades na sedução de amplos segmentos sociais – sobretudo no início –, quer seja pelos altos valores necessários para sua aquisição ou pela indisposição popular para com a cultura da nova tecnologia que se concretizava.

Somando outro enfoque a essas questões, reconhece-se que, com as incríveis possibilidades de interação, a materialização da TV em configuração digital para o consumidor (lembra-se que ela vem sendo produzida na forma digital em todos os processos "internos" de realização) representa o inexorável resultado dos dinâmicos (e incessantes) avanços das convergências tecnológicas que a sociedade experimenta nas últimas décadas. Quer dizer, este inovador recurso de transmissão de informações audiovisuais explicita, claramente, um dos exemplos melhor definidos da moderna e crescente conquista da tecnologia de comunicação para "as massas"[26]. Mas a TV digital não chega sozinha, como num "passe de mágica" da indústria eletrônica de ponta. Significa, igualmente, a evolução tecnológica incessante que vem disponibilizando volume inesgotável de bens tecnológicos de acesso e conexão. Cada vez mais dinâmicos, amigáveis, sedutores e fáceis de usar.

Nesse sentido, um retrospecto rápido sobre o comportamento da indústria mostra que outros recursos emparelham esta e devem, também, ser enunciados: é o caso do telefone celular[27]

---

fabricantes destes aparelhos sinalizam com o preço em torno de setecentos reais, conforme alardeia a Eletros, a Associação Nacional de Fabricantes de Produtos Eletrônicos.

26. Estudo da UIT (União Internacional de Telecomunicações), publicado no final de 2006, revela que, no mundo, o consumo de internet já é sete vezes maior que o tempo gasto com jornais, revistas e cinema. A razão foi a rápida adoção da banda larga em muitos países, com maior concentração na Ásia (41,2%) e América (32,2%). Fonte IDGNow acessado em 06 dez. 2006.

27. Pelas suas performances, os telefones celulares configuram-se mais como apare-

(dos simples àqueles com múltiplas ações[28] nos modelos 3G)[29]; da TV por cabos na maioria das cidades[30] (com assinaturas básicas ou com *pay per view*)[31]; da internet (inclusive de banda larga[32], que já tem 25 operadoras no país) a preços razoáveis[33]; das câmeras fotográficas digitais com *performances* espetaculares (e a baixo preço)[34]; dos envolventes *home theaters*[35]; dos computadores (dos populares aos sofisticados, com WiMax e gravadores *combos*)[36]; dos aparelhos reprodutores e gravadores de CD, de DVD[37] etc.

lhos multimídia, uma vez que fazem fotos, enviam mensagens de texto em SMS, tocam músicas etc.

28. O celular já é usado até como "radinho de pilha".

29. O primeiro aparelho celular foi apresentado pela Motorola em 1973 e parecia um tijolo, pois media trinta centímetros, pesava quase um quilo e, quando começou a ser vendido (em 1983), custava cerca de quatro mil dólares. No Brasil, hoje, os celulares já ultrapassaram cem milhões de unidades vendidas. Conforme dados da Gartner, as vendas cresceram 14% no primeiro trimestre no mundo, quando foram vendidos 247,4 milhões de aparelhos. Estima-se que serão 1,15 bilhão de aparelhos no globo até o final de 2007.

30. Alguns assinantes já recebem o sinal da TV na forma digital se assinam TV por cabos via satélite.

31. As empresas de TV por cabos estão fazendo parcerias com as de telefonia e oferecem telefone pela internet (VoIP) a partir das assinaturas originais para programação televisiva.

32. No início de agosto de 2007, o IDGNow informou que o Brasil tinha atingido seis milhões de conexões de banda larga, vindo de 5,6 milhões no final de 2006. No mundo, já são trezentos milhões.

33. Pela primeira vez na história do varejo, prevê-se que a venda de PCs ultrapassará a venda de televisores no Brasil (em 2007).

34. As câmeras de fotografia se fundiram com os aparelhos celulares e, na maioria das vezes, confundem-se com estas. Elas convergiram na direção das câmeras de cinema, pois permitem a gravação de pequenos vídeos e, atualmente, oferecem saída de HDMI direto para os televisores e computadores.

35. Mal nos acostumamos com os fantásticos sistemas 5.1 e já está na praça o ainda mais completo 7.1.

36. A facilitação segue na direção das redes "sem fio" (*wireless*) domésticas, onde se conectam impressores, aparelhos de som, múltiplos computadores, aparelhos de CDs e DVDs etc.

37. São verdadeiras "centrais" multimídia. Estão disponíveis equipamentos que têm HD de 160 GB e permitem gravar até 455 horas de programação, que podem ser editadas e gravadas em mídias independentes, agora nos formatos HD-DVD e Blu-Ray. O primeiro armazena 15 GB e o segundo, 25 GB de dados, enquanto os atuais DVDs ficam nos 4,7 GB e os CDs conseguem guardar 700 MB.

Além destas, outras facilidades despontam e devem, também, ser indicadas. É o caso dos aparelhos que funcionam com comandos de voz[38]; o GPS (Global Positioning System)[39] para todos[40]; o jornal em papel eletrônico[41]; os fantásticos tocadores de música (onde se projeta os *iPods*)[42]; os arquivos "ambulantes" (comumente chamados de *pen drives*)[43]; os relógios *hi-tech*[44]; a projeção de imagens nos óculos[45]; os equipamentos para *videogames*[46]; as mobílias digitais[47]; a carteira no celular[48] etc. Vale ainda lembrar que parte da programação televisiva já está sendo enviada para aparelhos portáteis[49] (sobretudo celulares[50]), em

38. Celulares, computadores, portas de casas, de carros etc.
39. No Canadá, a operadora Rogers já disponibiliza o GPS nos celulares Blackberry.
40. A indústria prevê o radical barateamento do recurso, permitindo sua inserção em praticamente todos os aparelhos tecnológicos, sobretudo aqueles móveis.
41. Segundo a agência de notícias DPA, desde abril do ano passado, duzentos assinantes testam o *e-journal* na Bélgica. Neste sistema, em vez de comprar diariamente as versões impressas do jornal, os consumidores conectarão seus aparelhos eletrônicos à internet, que serão atualizados automaticamente durante o dia.
42. Que gravam e tocam música de alta fidelidade, sintonizam rádio, gravam mensagens pessoais etc.
43. Do tamanho de canetas, transportam volume expressivo de documentos, arquivos, fotos, gráficos etc.
44. Os modernos relógios já suportam vídeo, áudio, textos, fotos e gravação de voz, inclusive no formato MP3. Já está à venda um modelo de relógio que funciona como fone BlueTooth e que, afixado na orelha atua como microfone para outros aparelhos.
45. Os video-óculos já existem e estão sendo usados pelos militares. Em breve, chegarão para todos.
46. Vale destacar este segmento, que já movimenta volumes financeiros superiores aos de Hollywood.
47. Usando a tecnologia *touch screen a* Microsoft criou uma mesa que interage com outros equipamentos dispostos sobre ela e responde a partir de toques em sua superfície.
48. Notícia na revista *Exame* informa que o Brasil entrou definitivamente na era em que os telefones celulares se transformam em meios de pagamento, aposentando os até então imbatíveis cartões de crédito. Experiências estavam sendo feitas, no início de 2007, com clientes do Bradesco, do HSBC e ABN Amro Real.
49. Uma nota da agência de notícias Reuters informa que até o ano 2012 serão 125 milhões de consumidores com TV nos celulares.
50. O *Joost*, que vem para concorrer com o YouTube, já conseguiu anunciantes de

que são visíveis em telas coloridas de 3,1 polegadas[51]. É o caso do *streaming*[52] de vídeo para os aparelhos celulares, no qual o conteúdo das emissoras é distribuído para as operadoras de telefonia[53] e destas para os usuários[54]. Esse processo concretiza a TV Móvel (*mobile communication*), no qual o conteúdo das emissoras é enviado para todos os aparelhos com o *chip* decodificador adequado, existentes nos celulares e nas telas afixadas nos carros, trens etc. Mas a programação também poderá ser exibida nas telas dos monitores, a partir da junção dos televisores com os computadores que muitos têm em casa[55].

É importante lembrar que o que aqui se articula não são exercícios de futurologia, de pitonismo, de advinhar ou de indicar possibilidades unicamente presentes nos países avançados. Realça-se, outrossim, que isso tudo já está à disposição dos cidadãos brasileiros, sobretudo nas metrópoles. Portanto, pon-

peso, entre eles, a Coca-Cola, a Hewlett-Packard, a Intel, a Nike, a Visa, a United Airlines, a Procter&Gamble, a Sony, a Microsoft etc.

51. Evandro Guimarães, das Organizações Globo, afirmou que a emissora fará campanha para que seus telespectadores comprem celulares com a tecnologia adequada para a recepção do sinal da TV digital . A Qualcomm anunciou, em janeiro de 2007, seu *chip* UBM que permite a recepção nos aparelhos celulares e a Gradiente trabalha para definir seu modelo antes do final de 2007. Mas a oferta de programação para a TV digital móvel vai depender muito das operadoras, pois estas já oferecem serviços pagos de vídeo *on-demand*.

52. Na Wikipedia, *streaming* é definido como a tecnologia que permite o envio de informação multimídia através de pacotes, utilizando redes de computadores, sobretudo a internet.

53. O já citado estudo da UIT, *Digital Life 2006*, afirma que demoraram 21 anos para se atingir o número de um milhão de assinantes de telefones celulares, contra 125 anos para o mesmo volume na telefonia fixa.

54. Na sua coluna, no *O Estado de S. Paulo* do dia 05 maio 2007, seção "Economia", p. B16, o jornalista Ethevaldo Siqueira descrevia sua experiência e enorme prazer ao assistir a programas de televisão no seu celular. Neste caso, relatou: "Nem os futurologistas mais ousados previam que o celular se transformasse, em tão pouco tempo, em receptor móvel de TV digital".

55. A *Veja* chamou este de "o casamento do século", pois a convergência permitirá que o computador funcione como videoteca, central de locação e trazer para o televisor toda a gama de programas do YouTube, que até agora só são possíveis nos monitores destes aparelhos. O AppleTV está chegando.

tuamos que tal situação representa alteração de realidade que, até poucos anos atrás, era exclusividade de quem viajasse ao exterior ou fosse um abastado tecnófilo. E é, neste contexto, que chega para todos os estratos sociais a possibilidade de acesso à televisão de alta definição com os envolventes recursos da interatividade[56].

No intento de refrescar a memória, torna-se importante destacar que o que se denomina atualmente de "televisão digital" é, concretamente, a transmissão de sinais com pulsos elétricos precisos e eficientes, em princípio tecnológico semelhante ao do computador e aos demais aparelhos modernos como o celular etc., porém o que concretiza a comunicação são os *bits* (zeros e uns). Lembro que, nos aparelhos de televisão "clássicos" existentes na maioria dos lares brasileiros, as imagens são formadas pelo estímulo do feixe de elétrons dentro do tubo de raios catódicos dos aparelhos analógicos. É verdade que é possível encontrar, no mercado, aparelhos digitais nos formatos LCD (*liquid cristal display*) e Plasma. Mas estes ainda não exibem programas em alta definição (HD – *high definition*) e muito menos interativos, pois as transmissões ainda não estão sendo geradas abertamente, neste sistema, pelas emissoras. É justamente isso que passa a acontecer a partir de dezembro.

Quando se abordam os meios de comunicação de massa e se foca na televisão, é sempre razoável respirar fundo, pois, irrecusavelmente, este tipo de mídia tem penetração distinta e atratividade ímpar, se comparado aos demais[57]. Os números corroboram e ajudam neste sentido: de acordo com o Ibope, consome-se no Brasil, cerca de três horas e meia diárias de programação, são 95% dos domicílios com pelo menos um aparelho de recepção

---

56. Os bancos já anunciaram seus planos de usar a interatividade da TV digital quando esta estiver implantada.
57. No Brasil, até anos atrás, a TV aberta abocanhava sozinha cerca de 57% do bolo publicitário.

(num total de sessenta milhões de televisores) e para o qual 40% da população esta mídia representa a única forma de informação e entretenimento. Mas, com a viabilização da versão digital, de alta definição e interativa (que permitirá inúmeras vias para a participação individual no processo da comunicação), a televisão, como a conhecemos, tornar-se-á coisa de um passado longínquo e *demodé*, coisa de um tempo de passividade que não se justificava mais. Importante sublinhar que o modelo ainda vigente se caracteriza como aquele de "única direção", na relação da comunicação a partir da emissora para o receptor, sendo que a este só é permitido o direito de "consumir" o que é exposto, sem poder reagir à "emissão", ao que lhe é apresentado. E isso vai mudar radicalmente.

Assim, é fundamental destacar que a interatividade[58] representará um enorme, múltiplo e dinâmico canal de participação para o público assistente, acomodando suas indagações (atendimento individual, quando dúvidas surgirem a partir da exposição às mensagens), acalentando seus intentos para formas de consumo facilitado (compras de toda sorte a partir dos controles à sua mão), convergindo em uma única tela as outras conexões digitais domésticas (acesso à internet, à caixa postal eletrônica, à conta bancária, ao controle do som da casa, na supervisão de outros cômodos, onde estão os filhos etc.). Além disso, os recursos que estarão embutidos na TV digital permitirão assistir ao que se quer, onde e como se desejar, agrupando estilos de programação ao desejo de composição do telespectador, uma vez que a tecnologia permitirá que o usuário monte sua grade individual de programação e, ainda melhor, com a eliminação dos comerciais. Isto tudo sinaliza que a sociedade se prepara para viver momen-

---

58. Apesar de muito esperada, a interatividade será disponibilizada lentamente, sendo possível que a TV digital entre em funcionamento sem nenhum recurso de interatividade, pois a mesma depende da conexão do conversor a serviço de telecomunicações, que pode ser o telefone fixo, o celular ou a conexão de banda larga.

to inédito[59], justamente aquele em que criadores e consumidores "tomam a rédea" do negócio televisivo, alterando decisivamente a posição do fiel da balança. Quer dizer, o poder migra para o indivíduo, para o consumidor, para o telespectador[60]. E isso não é pouco: representa, de fato, o rompimento do modelo sólido de comando implantado, há várias décadas, e que garantiu nas mãos das emissoras o poder da programação, aquele de definir o que todos devem assistir, em suas formas, conteúdos e horários. E isso vai também mudar.

Todavia, e até que a TV digital seja totalmente implantada, a sociedade deverá conviver com os dois sistemas tecnológicos de transmissão existentes que são, de fato, dois tipos de negócio: a TV aberta[61] (aquela sem custo para a audiência e onde o negócio é mantido pelos anunciantes) e a TV por assinatura[62] (com as mensalidades dos assinantes)[63]. Neste cenário, que deverá ser preservado com a chegada da TV digital, o que diferencia um sistema do outro é que, enquanto as formas pagas já estão praticamente preparadas para a nova tecnologia[64], o sistema definido

---

59. Enquanto isto não chega, a população disponibiliza sua produção própria no YouTube e, agora na versão brasileira deste, no FizTV, uma iniciativa da Editora Abril que mira fundir radicalmente a internet com a TV (ver mais em www.fiztv.com.br) . Em iniciativa intermediária, o Joost (dos fundadores do Skype) acaba de sair da versão beta e entra no mercado, facilitando ainda mais o acesso aos vídeos independentes.

60. Uma nota do IDGNow revelou que mais da metade dos adultos nos EUA assistem ou baixam vídeos *online*, fato que se tornou rotina para 57% dos adultos *online* daquele país.
Em determinado momento, as emissoras tentaram embutir um bloqueador nos aparelhos conversores de sinais para impedir a reprodução de vídeos, mas ficou acertado que o usuário terá plena liberdade de gravar todos os programas veiculados.

61. Onde a recepção das mensagens é livre e feita através de antenas comuns.

62. Neste modelo, as formas de recepção são via cabo, antena de microondas ou satélite e são pagas.

63. Negócio ainda com resultados tímidos, no Brasil, pois são pouco mais de 3,5 milhões de residências que contratam o serviço. Nos EUA, onde o sucesso é enorme, são 92 milhões de assinantes.

64. Estima-se que no modelo pago de TV digital serão quatrocentos canais. No mo-

como "aberto" enfrenta dificuldades enormes, pois no espectro onde transmitem (6 MHZ), atualmente, cabe só um canal. Com a mudança para a plataforma digital, nesse mesmo canal, sobrará espaço expressivo, podendo ser usado para vários tipos de programas (fala-se em quatro), acomodando transmissão de som da qualidade dos DVDs, de dados e uso do telefone como canal de retorno para os serviços interativos.

Visando normatizar e definir o uso da tecnologia, a Comissão de Serviços de Infra-estrutura do Senado Federal aprovou, no final de maio do corrente ano, as regras específicas para a transição da TV digital, estabelecendo os modelos privado[65], público[66] e estatal[67] e reservando, para os dois últimos, 40% do espectro de radiofrequência. Intentam ainda assegurar a liberdade de expressão aos distintos segmentos sociais, valorizando a promoção do pluralismo político e cultural do país.

Mas implantar um sistema tecnológico novíssimo, nessa área, envolve muitos atores e recursos vultosos, atingindo tanto os simples cidadãos quanto os grandes conglomerados de mídia existentes. Dessa forma, a TV digital[68] representa a inevitável necessidade de investimento por parte do consumidor, pois para o aproveitamento pleno das condições técnicas oferecidas, o telespectador deverá, inescapavelmente, adquirir um televisor novo. Alerta-se que isso não está no planejamento da maioria dos lares

---

mento, por exemplo, a Net, que tem 64 canais analógicos e 110 digitais, passará a contar com 380 canais digitais ao eliminar as transmissões no formato antigo.

65. Sistema privado é aquele composto pelas emissoras geradoras e retransmissoras exploradas em regime comercial.

66. O sistema público é aquele composto por geradoras e retransmissoras que veiculam programação de utilidade pública e são exploradas sem finalidade lucrativa.

67. Sistema estatal é definido por ser integrado pelas emissoras e retransmissoras exploradas diretamente pela União, estados, distrito federal ou municípios e que tenham como objetivo a divulgação institucional dos seus atos, obras e campanhas.

68. Presentes em dois "formatos": a SDTV (Standard Digital Television) com resolução começando em 704 linhas e 480 *pixels* por linha e a HDTV (High Definition Television), com definição de 1080 linhas e 1920 *pixels*. Todos no formato 16:9, em substituição ao 3x4 das TVs convencionais atuais.

que, além disso, deverão pagar valores ainda altos pelos aparelhos, mesmo os mais simples. Caso opte por investir menos, a saída será ter em casa o conversor apropriado para receber os sinais digitais a serem exibidos nas TVs existentes. De uma forma ou de outra, esse espaço de negócio buliça a indústria, pois são sessenta milhões de aparelhos[69] que ou serão trocados, ou deverão ser produzidas unidades conversoras de sinais para atender ao mercado potencial. E as iniciativas já são palpáveis: como empresa mais solidamente organizada e com competências mais estruturadas, a TV Globo informou, em 29 de maio de 2007, que, naquele dia e após autorização do Ministério das Comunicações, começava os testes de emissão do sinal para a implantação do sistema, inaugurando as transmissões experimentais da TV digital, na cidade de São Paulo, no Canal 18[70]. Enquanto isto, os EUA, que começaram as suas transmissões públicas de TV de alta definição, no início de 1998[71], prevêem que as 1,7 mil emissoras de TV do país encerrem as transmissões, no formato analógico, até fevereiro de 2009[72]. Todavia, esses avanços não são únicos pois, nesse exato momento, o Japão finaliza sua U-HDTV[73], um sistema de "ultra" alta definição, com sinal 16 vezes superior à

69. No Brasil, o sinal da TV atinge 99,84% dos municípios e está presente em 91,4% dos domicílios.
70. No comunicado, informava que ficaria em testes até o dia 02 de dezembro, quando serão iniciadas as transmissões oficiais da TV digital no país. O documento, assinado por Fernando Bittencourt, Diretor da Central Globo de Engenharia, lembrava que "A TV Globo.... foi a primeira a realizar uma transmissão intercontinental em HDTV, durante a Copa do Mundo de 1998, ao vivo".
71. De fato, em 2006, o presidente George Bush sancionou lei obrigando o final da transição para três anos, no que ficou conhecido como Lei da Redução de Déficit de 2006.
72. O "dia D" é 17 de fevereiro de 2009. Mas, mesmo na maior nação do mundo, hoje são mais de 21 milhões de lares usando televisores convencionais. No fatídico dia, ligarão seus aparelhos e nada verão. Além disso, passados nove anos, a penetração da TV digital nas residências norte-americanas não chega a 30%. Para conhecer mais vale a pena consultar www.hdtvmagazine.com.
73. A TV de Ultradefinição tem imagens compostas por 4 320 linhas e 7 680 *pixels*, materializadas em telões de onze metros de diagonal!!!

já superlativa qualidade do SBTVD-T[74] que o Brasil está implantando.

Do seu lado, o complexo televisivo brasileiro deverá fazer sua parte, pois é necessário reequipar tanto as "cabeças de rede" quanto as retransmissoras de sinais de televisão país adentro. Nesse sentido, o governo federal acionou o BNDES que, em conjunto com o Japan Bank for International Cooperation, colocaram linhas de financiamento[75] para todos os segmentos envolvidos. E esse tipo de iniciativa é fundamental para que o negócio decole, uma vez que deverão ser trocados os equipamentos de cerca de quinhentas geradoras de sinais televisivos e substituídas cerca de oito mil antenas retransmissoras, em investimento aproximado de 1,6 bilhão de dólares.

Do lado das emissoras, serão ainda necessários investimentos em novos estúdios, novos equipamentos de gravação, de edição etc., todos recursos tecnológicos mais caros que os convencionais, pois gravam especificamente em alta definição. Especialistas estimam que em dez anos, a transição para a TV digital "plena", consumirá investimentos que alcançarão a incrível cifra de cem bilhões de dólares. E aqui reside o maior paradoxo na implantação da TV digital no Brasil: a indústria vai ter fôlego para investir tamanha quantia de dinheiro na renovação de seu parque tecnológico? Caso positivo, onde buscar tal montante de dinheiro? De que forma, sob quais modelos de negócio? E como planejar que esse fantástico volume retorne seguro para os investidores? Qual é o tempo ideal? Como ter segurança que a economia vai oferecer condições para que os assinantes migrem para o sistema e sejam consumidores estáveis?

Sabe-se que a TV aberta se sustenta com os valores dos comerciais, mas qual deve ser a disposição dos anunciantes para o

---

74. Sigla para Sistema Brasileiro de Televisão Digital Terrestre.
75. Para as grandes emissoras, os financiamentos começam em cinco milhões de reais e para as pequenas, quatrocentos mil reais para a compra de equipamentos digitais.

incremento no volume de peças publicitárias, tendo em vista o aumento do número de canais? São questões para as quais ainda não se têm respostas. A luz mais segura parece ser o universo de expansão que advirá com a interatividade, uma vez que esta permitirá novas formas de negócios em que novas receitas poderão oferecer saídas para a viabilização da TV digital no Brasil. Todavia, e apesar de elemento altamente diferenciador, a interatividade poderá não estar disponível no momento da apresentação da TV digital brasileira[76]. Tal decisão saiu em reunião do Comitê de Desenvolvimento da TV digital ao concluir que, justamente pela sua complexidade técnica, tal recurso deverá vir mais tarde, uma vez que isso está previsto no Decreto 5 820 do governo federal. Isto, pois, a TV digital, com múltiplos recursos de interatividade, requererá a produção de conversores complexos e caros. A adoção de conversores baratos vai demandar a substituição destes, em futuro próximo, causando o impasse na sua adoção imediata.

De uma forma ou outra, o cenário é intrigante e sedutor, representando um caminho que os grupos industriais e da produção cultural devem participar – o interesse é dominar –, se quiserem garantir sua sobrevivência no futuro. Por estarem muito atentas a isso, assiste-se, atualmente, a uma verdadeira "batalha campal" entre as operadoras de telefonia (do setor das Telecomunicações) e as concessionárias de canais de televisão (empresas de comunicação)[77]. As empresas de telefonia querem implantar a IPTV (Internet Protocol Television)[78] e estão

---

76. Informação na internet em 06 de junho de 2007 (www1.folha.uol.com.br/fsp/informat).

77. A contenda é boa, uma vez que as emissoras pretendem barrar de qualquer maneira a inserção das empresas de telefonia no mercado televisivo, dado o enorme poder das empresas de telecomunicações. Um exemplo: o faturamento da TV Globo, em 2005, no total de 5,3 bilhões de reais, representou o equivalente a 5% das receitas globais da Telefonica e pouco mais de 20% da Telemar, a maior operadora brasileira.

78. São também chamadas de WebTvs. Estima-se que até 2010 a IPTV deve movimentar dez bilhões de dólares e ter 25 milhões de assinantes.

muito dispostas a investir em banda larga[79], mas enfrentam a forte resistência das emissoras e do próprio governo, que tem sido mais sensível aos pleitos dessas últimas. De forma concreta, assiste-se a uma migração inédita, pois a Telefonica, uma companhia de telecomunicações, adquiriu, no final de 2006, a TVA, do Grupo Abril[80] e presta serviços de TV, via satélite, do tipo DTH[81], associada a uma pequena operadora, a Astralsat. O Congresso acordou para a confusão, pois inacreditavelmente, no Brasil, ainda convivem a Lei Geral das Telecomunicações, de 1997, a Lei do Cabo, de 1995 e o velho Código Brasileiro de Telecomunicações, de 1962. A confusão jurídica revela que a tecnologia foi muito mais rápida que nossos governantes e agora chama a atenção, pois as evoluções colocaram juntas e fizeram emergir as condições que viabilizam a comunicação moderna, fruto da convergência dos serviços de telecomunicações, informática, radiodifusão e todas as formas da comunicação eletrônica e da multimídia. Aliás, a especulação é tão grande e virulenta que, recentemente e em outro cenário, Bill Gates concluiu que a televisão será mesmo absorvida pela internet em cinco anos[82].

A INÉDITA E SEDUTORA INTERATIVIDADE

Estima-se que a chegada da TV digital, no Brasil, alterará substancialmente os paradigmas dos cenários da cultura e do entretenimento, especialmente aqueles massivos, pois permitirá o deleite das novas e surpreendentes qualidades estéticas do veícu-

---

79. No 1º. semestre de 2007, a Telefônica estava cabeando quatro mil residências, no bairro dos Jardins, em São Paulo, que estarão recebendo o VOD (Vídeo on Demand) em suas casas.

80. A Embratel havia também adquirido participação expressiva na NET, uma empresa de canais por cabos.

81. DTH – Direct to Home.

82. Conheça a sua próxima TV. *Veja*, 07 fev. 2007, p. 98.

lo mas, e pela primeira vez na história da comunicação popular, proporcionará extraordinário incremento na manifestação do receptor, uma vez que traz embutidos os dinâmicos e sedutores recursos da interatividade. De fato, a possibilidade da interatividade representa um dos pontos mais comemorados da TV digital.

A implantação da TV digital e interativa, no Brasil, atingirá frontalmente todos os atores que agem neste importante setor da economia: indústrias produtoras de equipamentos eletrônicos; setores do comércio de instrumentos domésticos; emissoras produtoras e difusoras de entretenimento; o segmento publicitário; o setor de fornecimento de TV por assinaturas e, principalmente, o público assistente, desde aquele que consome o sinal aberto àquele que paga pelo serviço prestado.

Por outro lado, e pelo ineditismo do padrão tecnológico a ser disponibilizado, tanto os setores acima descritos – da indústria de utensílios domésticos aos concessionários dos serviços – quanto a academia – dos cursos centrados nas ciências "duras" àqueles das humanidades – não têm definido os modelos dos novos negócios e as possibilidades de ação que substituirão os princípios de produção e difusão ora em vigor, pela radical inovação tecnológica que tal processo de comunicação aporta com sua adoção.

Do seu lado, as empresas que produzem equipamentos estão se organizando e preparando suas linhas de produção para atender à demanda e disponibilizar os novos aparatos técnicos que serão colocados no mercado para o consumo popular.

Em outra trincheira, as emissoras de televisão[83] fazem testes e revêem a constituição dos seus parques e processos tecnológicos de produção e difusão, uma vez que terão que trocar signifi-

---

83. De fato, a interatividade dependerá, em boa parte, das emissoras de televisão, pois se estas não criarem os aplicativos que se apresentarão nas telas dos televisores, os telespectadores poderão ter os aparelhos condizentes, mas não poderão usufruir o recurso.

cativa parte dos seus equipamentos e torres de transmissão. No meio disso tudo, algumas emissoras se indagam como atender às impressionantes alterações que advirão com o estonteante incremento da qualidade da imagem e do som que serão colocados no ar, a partir do final do presente ano.

Em sua seara, as universidades brasileiras – que têm áreas científicas e cursos diretamente envolvidos com isso tudo – ainda realizam investidas acanhadas nesse cenário, sendo destacáveis aquelas que participaram do esforço científico liderado pelo CPqD, quando da definição do modelo que foi adotado pelo governo federal meses atrás. Por isto, nesse recorte, é fortemente seguro afirmar que são raríssimas as iniciativas sinérgicas de pesquisas científicas entre os produtores e a academia sobre os modelos de produção e difusão de narrativas televisuais conjugadas com as possibilidades da interatividade. Esta, definitivamente, permite o revolucionário "canal de retorno" ao cidadão que, até agora, somente recebia os sinais comunicacionais gerados nas "matrizes" e que sempre se constituíram como empresas nas mãos da elite comercial do país. E isso será possível, pois está praticamente pronto o *software* que permitirá o canal de retorno, o Ginga. Desenvolvido pelos professores Luiz Fernando Soares da PUC-RJ e Guido Lemos da UFPB, o Ginga é um *middleware*, na forma de *software* livre que faz com que os aplicações interativas funcionem perfeitamente nos aparelhos e conversores de todos os fabricantes.

É nesse contexto que se apresenta um novo modelo de pesquisa e produção intelectual: a plural e responsável junção das competências do mercado com aquelas da academia, visando estudar e definir conjuntos de procedimentos seguros, dinâmicos e modernos, tendo em vista as gigantescas oportunidades de modernização dos processos comunicacionais e de inclusão social que as novas bases tecnológicas proporcionarão.

Sabe-se que os atrativos da TV digital e interativa são inúmeros e, por isso, imagina-se que ela representará inovação que, um dia, preencherá anseios da população, alterando significativamente a maneira como amplos segmentos da população se entretêm, divertem-se e têm acesso à cultura no país. Porém, tudo dependerá das políticas públicas envolvidas (barateamento do *set top box*, por exemplo) e da capacidade dos entes produtores no convencimento dos segmentos consumidores.

Em todo caso, pode-se adiantar que muito dependerá da forma como os programas serão produzidos e das características da interação que será disponibilizada aos telespectadores. Solidamente, acreditamos que, ainda mais importante que o aumento radical na qualidade da imagem e da comunicação sonora que será ofertada, um elemento distinguidor se destaca: a materialização do canal de retorno que será colocado à disposição da audiência através dos recursos da interatividade que a tecnologia digital possibilitará.

Por mais decidida que se encontre sua adoção – e seus pressupostos técnicos –, sabe-se que, irrecusavelmente, estes recursos e potenciais tecnológicos alterarão todo o processo da produção de programas na televisão brasileira, requerendo novos padrões na própria confecção de programas (novelas, coberturas esportivas, *talk shows* etc.), pois estes demandarão novas competências estéticas (maquiagem, iluminação, indumentária, cenografia diferenciadas e muito mais sofisticadas) mas, também, clamarão por novas habilidades técnicas no domínio e operação dos complexos aparatos tecnológicos que deverão ser adquiridos para a produção e interatividade. O conjunto disso tudo indica a necessidade de todos os envolvidos envidarem enormes esforços no treinamento para a qualificação da produção nos seus aspectos estético-artísticos; mas, sobretudo, para a operação de todo um novo arcabouço tecnológico que advirá com a TV digital interativa a ser implantada.

No Brasil, a fase embrionária dessa tecnologia justifica as poucas iniciativas existentes, nas quais pesquisadores isolados têm se dedicado a pensar e prospectar os formatos e as linguagens que o meio deverá adotar, concernentes com a nova base tecnológica e que pressupõe a interatividade durante a exibição dos programas. Isso, mesmo que o Decreto Presidencial (nº 4901, de 26 de novembro de 2003) tenha sinalizado que a transição para esse dinâmico cenário deverá ser mais abrangente que o simplesmente contemplar de uma mudança tecnológica devendo, explicitamente, promover a inclusão digital dos amplos segmentos, ainda colocados à margem dos processos da modernidade.

Pela constatação de que a inclusão digital pressupõe outras formas de ações para a inserção dos excluídos em estratos sociais mais abrangentes, indica-se que a interatividade da TV digital permitirá reforço no atendimento de outras políticas de inclusão social, inclusive de reforço da cidadania. Além dos setores industriais e comerciais envolvidos, essa mobilização também deve estimular segmentos acadêmicos e sociais, uma vez que, mais que possibilitar iniciativas focadas na alfabetização tecnológica dos segmentos ainda excluídos dos bens de consumo atuais, a TV digital poderá, destacadamente, contribuir expressivamente nos intentos da alfabetização formal através de uma pedagogia diferenciada e que atue com os recursos audiovisuais interativos que a mesma disponibilizará. Tal modelo vai na direção de uma educação à distância, não somente centrada na tecnologia computacional, como nos dias atuais, mas naquela efetivamente de massa, através dos cerca de sessenta milhões de aparelhos de televisão, que estão presentes em 90% dos lares brasileiros. E nos aparelhos móveis de comunicação.

A base lógica dos argumentos, aqui apresentados, indica que a convergência tecnológica está cada dia mais palpável e perto de todos os segmentos da população, deixando de ser algo abstrato, distante, para começar a se tornar parte do cotidiano da maioria das pessoas. A crescente oferta de produtos, fruto da junção entre a informática e as redes de telecomunicações, vem trazendo novas possibilidades tanto para quem compra produtos como para quem os produz. Essa forma de consumo está atrelada à posse de tecnologias até poucos anos não possíveis às classes sociais menos favorecidas, redirecionando o foco da indústria. Justamente pela mudança neste paradigma de acesso ao bem material, que abriu o mercado, a produção passou a ser alavancada para essa demanda crescente, concretizável graças à produção em larga escala e ao barateamento dos produtos ao consumidor.

A televisão digital representa um novo salto no que tange à evolução tecnológica. No melhor exemplo da convergência, além de fortalecer a radiodifusão, a TV digital interativa agrega a informática com as redes de telecomunicações, tornando possível equipamentos com imagem e som (a TV propriamente dita), que têm recursos de telefonia e computação, em rede e em tempo real. Nas mais recentes feiras de tecnologia em radiodifusão e telecomunicações, a evolução anuncia um novo período chamado de "pós" TV digital, apontando para o IPTV, ou seja, a transmissão do sinal de televisão por redes IP.

Esse conjunto de realidades justifica o expressivo aumento e a fantástica diversificação da oferta, tanto no volume de temas que podem ser produzidos quanto na diversidade de abordagens dos conteúdos para os múltiplos formatos audiovisuais, uma vez que agora se abrem novas possibilidades de veiculação midiática "em árvore" (um só produto, diversos formatos de exibição), tanto tecnológicas quanto informacionais. Se por um lado o usuário passa a ter, num único aparelho, mais opções de conexão – televisão, internet, *e-mail*, câmeras conectadas – por outro, a audiência se pautará pela configuração do tipo de informação desejado, permitindo que seu consumo seja desatrelado do tempo e do espaço.

Assim, e delineada por essa inovadora e diferenciada base produtiva, diagnostica-se que o novo cenário midiático demandará modelos exclusivos e inéditos de comunicação para o oferecimento de conteúdos reconfigurados e convergentes, e que usem plenamente os recursos e possibilidades das novas tecnologias. Para isso, propõe superar, responsavelmente, os paradigmas da televisão "clássica", inserindo os conceitos delineadores de uma televisão "inteligente", conforme propõe o jornalista Ricardo Mucci em suas reflexões sobre tal inovação.

No modelo da TV inteligente, tudo é possível aos telespectadores. Não só possível, facilitado, amigável, permitido; mas sobretudo estimulado, uma vez que, nos novíssimos processos de convergência e comunicação em tempo real, nas "pontas dos dedos", não se justificam mais os impedimentos ao pleno acesso aos arquivos das emissoras, pois tais conjuntos de informação poderiam estar à disposição da sociedade. Na estonteante velocidade da moderníssima sociedade, é fundamental – e socialmente justo – o acesso à memória cultural, artística e social das emissoras, pois os programas foram eficaz e brilhantemente produzidos e exaustivamente pesquisados. O não acesso a estes dados é, isso sim, injusto.

A realidade revela que a internet revolucionou a arte da pesquisa e do acesso ao conhecimento com o recurso do hipertexto. Propõe-se para a televisão brasileira o modelo do hipervídeo, permitindo acesso aos gigantescos – e extremamente importantes – conteúdos, realidades, análises etc. estocados nos arquivos e bancos de dados digitais das emissoras. Quer dizer, fala-se de hiperconteúdos, que revelarão os hipersignificados úteis e que é louvável que sejam colocados à disposição da população. E isso requer, definitivamente, a convergência também na pesquisa, congregando pesquisadores acadêmicos e profissionais do setor televisivo, numa conjunção de esforços, pois muito há para ser definido e experimentado, justificando plenamente a união destes dois importantes segmentos da sociedade.

Nesta direção, em abril de 2007, a Fapesp (Fundação de Amparo à Pesquisa no Estado de São Paulo) firmou convênio e criou o Instituto Virtual Microsoft/Fapesp de Pesquisa em Tecnologia da Informação, visando fomentar pesquisas relacionadas à interface homem-máquina, governo eletrônico etc.[84] Nas palavras do professor Carlos Henrique de Brito Cruz, Diretor Científico da Fapesp, tal investida visa apoiar "projetos de pesquisa em tecnologias da informação e comunicação que contribuam para fazer avançar o conhecimento fundamental e que, ao mesmo tempo, possam apontar para aplicações de interesse econômico e social". Do seu lado, a Capes estrutura a criação de um Programa de Formação de Recursos Humanos para a Televisão Digital e, como afirmou Jorge Guimarães, presidente da instituição, "a ideia é formatar cursos mais focados, tanto na área técnica quanto de conteúdo"[85]. É nessa filosofia acadêmica que atua o ComTec, Grupo de Pesquisa sediado no Programa de Pós-graduação em Comunicação da Universidade Metodista de São Paulo e que tem como foco as características e intersecções da Comunicação com as Tecnologias Digitais, especificamente nas questões da eminente TV Digital Interativa Brasileira[86].

---

84. Cláudia Izique, "Inclusão Digital", *Revista Fapesp*, 134, abril de 2007, pp. 23-24.
85. Conforme *Boletim Universia* de 31 jan. 2007.
86. Acessível em www.comtec.pro.br/TVD/tvd.htm.

Televisão Digital Brasileira e Acesso Público

ALMIR ALMAS e ANA VITORIA JOLY

I. INTRODUÇÃO

No Brasil, as pesquisas em televisão digital têm sido conduzidas para além dos aspectos puramente técnicos e da esfera das políticas públicas. O Presidente Luiz Inácio Lula da Silva, o atual e os ex-Ministros das Comunicações de seu governo e, também, vários membros do executivo federal têm externado que as novas tecnologias de comunicação são ferramentas que deveriam ser usadas para promover a democratização do acesso à informação, a promoção social e para a redução da desigualdade digital existentes entre as classes sociais hoje em dia. O conceito mais difundido e conhecido, dessa opinião, é o de *inclusão digital*.

A passagem para a digitalização do sinal de televisão, especificamente, tem o potencial de transformar a radiodifusão, trazendo ao meio características tais como a melhora da qualidade da imagem e do som, novos serviços interativos e um aumento considerável na eficiência do espectro de radiofrequência, promovendo, assim, uma maior oferta de conteúdo e opções de serviços para os telespectadores. O que se verifica, no Brasil, é que, além das mudanças que se preveem evidentes, na questão técnica, espera-se que existam também mudanças no modelo de radiodifusão em operação no país. E, em outros aspectos, também mudanças na linguagem da mídia televisão.

Tal qual aconteceu em outros momentos de grandes mudanças tecnológicas da radiodifusão, entendemos que a introdução de novos padrões técnicos de geração, transmissão e recepção de sinal de televisão, advinda com a televisão digital não se configura numa quebra de paradigma. Haja vista alguns exemplos: passagem para o padrão de "televisão de alta definição", de 405 linhas, da BBC/EMI, em Londres, em 1935; ou para o de 819 linhas da França, em 1949; ou mesmo para o de 525 linhas, em 1941, do NTSC, ou o do Secam, da França, em 1963. Além desses momentos, também a introdução da cor, com o NTSC, em 1953, nos Estados Unidos e com o PAL, 1960, na Alemanha, por exemplo[1]. Isto é, não há uma ruptura em relação à tecnologia anterior; há, sim, uma evolução dos mesmos paradigmas, possibilitando que a tecnologia se renove e se apresente em novas roupagens. O cerne técnico, o paradigma mestre do que seja radiodifusão continua a existir, embora a partir desse momento ele passe a operar em outra escala.

Da mesma forma que se preconiza em relação ao aparato tecnológico, mudanças que venham a ocorrer, no modelo, não deverão acarretar ruptura do seu paradigma, mas, simplesmente, um passo a mais na linha evolutiva do modelo de radiodifusão.

Num país em que a televisão é a maior fonte de entretenimento, informação e cultura para a maior parte da população, atingindo mais de 90% dos lares, como no Brasil, qualquer mecanismo que promova mudanças, no modelo de radiodifusão,

---

1. Almir Antonio Rosa, *Televisão Digital Terrestre: Sistemas, Padrões e Modelos*.

acaba tendo um valor potencializado. Dessa forma, a expectativa em torno da primeira transmissão comercial de televisão digital terrestre, prevista para entrar em operação, no Brasil, a partir de 02 de dezembro de 2007, é muito grande. Espera-se que com essa nova tecnologia, mudanças ocorram em toda a cadeia operacional da radiodifusão.

Por um lado, de acordo com o decreto 5.820, do Governo Federal do Brasil, publicado em 30 de junho de 2006, o governo brasileiro pretende que através da televisão digital terrestre seja possível dar condições para a implementação de acesso público para a redução da desigualdade digital. Por outro lado, para as grandes redes de televisão brasileiras, a implantação da televisão digital terrestre proporcionará, com certeza, grande impacto sobre a produção televisa e seu modelo de negócios. A nosso ver, durante o momento de transição entre a transmissão do sinal analógico e a transmissão do sinal digital, conceitos como acesso público e participação popular podem ser retomados e associados a conceitos próprios do mundo digital, tais como inclusão digital e interatividade.

Analisaremos, neste capítulo, as mudanças no modelo brasileiro de radiodifusão e as possibilidades de que os telespectadores possam produzir e transmitir conteúdos audiovisuais próprios.

2. CENÁRIO BRASILEIRO E PERSPECTIVAS

Os principais decretos governamentais que estabelecem e implementam o Sistema Brasileiro de Televisão Digital Terrestre são: a) Decreto 4.901, de 26 de novembro de 2003; e b) Decreto 5.820, de 29 de junho de 2006 (publicado em 30 de junho de 2006). Entre diversos pontos contidos nesses documentos, dois conceitos chamam a atenção e merecem destaque: interatividade e inclusão digital.

Por outro lado, pretendemos trazer, também, para a discussão atual em torno da televisão digital dois outros conceitos, presentes em um outro contexto da história da radiodifusão: acesso público e participação comunitária. Entendemos que esses conceitos foram essenciais na definição do modelo de negócio, quando da implantação da televisão por assinatura, principalmente no quesito da legislação. Não vemos diferenças substanciais entre os conceitos de acesso público e participação comunitária, dessa época, e os conceitos interatividade e inclusão digital, da discussão atual de televisão digital.

Entendemos que esses quatro conceitos juntos tendem a provocar uma boa embaralhada no que se acostumou chamar de *broadcasting* (um emissor e vários receptores). Sem nos esquecermos do que foi dito acima (de que embora possam ser mudanças substanciais no todo, o paradigma ainda continua o mesmo), vimos que esses quatro conceitos permitem, também, a entrada em cena de outros atores no jogo de poder instituído pela comunicação. Porém, longe de "pulverizarem" o emissor, significam, antes de tudo, apenas o "acesso" aos meios de produção para se tomar o (ou estar no) lugar do ponto de emissão. Ou seja, interatividade, inclusão digital, acesso público e participação popular são apenas conceitos que visam a uma melhor assimilação do telespectador no modelo de negócio da radiodifusão e não conceitos que efetivamente quebram o paradigma televisivo atual.

Entendemos que é preciso lembrar que a assinatura do decreto 5.820, em 29 de junho de 2006, não é, em definitivo, o ponto final no que diz respeito a esses dois conceitos que são caros ao governo federal: inclusão digital e interatividade. E muito menos no que diz respeito à televisão digital como um todo, seja técnica, política, econômica ou culturalmente. A importância desse decreto está, a nosso ver, em abrir uma nova etapa na implantação da televisão digital no Brasil. O referido decreto, que trata da implantação do SBTVD-T (Sistema Brasileiro de Televisão Digital-Terrestre) e que estabelece as diretrizes a serem tomadas para a efetivação da transição da televisão analógica para a digital, no Brasil, foi a tão esperada peça governamental, desde que as pesquisas brasileiras na área receberam atenção e financiamento do governo, o que aconteceu efetivamente a partir de 2003[2]. No entanto, a assinatura do decreto em si não resolve tudo. Nem sua publicação. O que se definiu foi a base em que se assenta a digitalização da transmissão de televisão terrestre no Brasil, preconizando a incorporação das inovações tecnológicas brasileiras ao padrão de sinais do ISDB-T japonês. O decreto preconiza também a fixação de "diretrizes para elaboração das especificações técnicas a serem adotadas no SBTVD-T, inclusive para reconhecimento dos organismos internacionais competentes" e "a criação de um Fórum do SBTVD-T" para assessorar o Comitê de Desenvolvimento "acerca de políticas e assuntos técnicos referentes à aprovação de inovações tecnológicas, especificações, desenvolvimento e implantação do SBTVD-T". Posteriormente, foi efetivada a atuação do Fórum. Mas, não entraremos nesse mérito aqui neste capítulo.

Dois caminhos foram claramente definidos nessa etapa: a) a continuidade das pesquisas e decisões das questões técnicas, em direção às especificações necessárias para a caracterização de um sistema brasileiro (ou internacional, a partir das inovações brasileiras), bem como o intercâmbio entre Brasil e Japão e outros países; b) uma maior atenção às discussões que, até então, não tiveram grande destaques, como modelo de negócios, produção de conteúdo, legislação, estética, programação e cultura televisiva.

Se, por um lado a televisão digital terrestre brasileira poderá ser a ferramenta que venha reduzir a desigualdade digital e promover o acesso público aos meios de comunicação, por outro, essa ferramenta poderá ser de alcance bastante limitado se não

---

2. Almir Antonio Rosa, *op. cit.*

houver a implementação de um canal de retorno realmente democrático. Ou seja, se a televisão digital terrestre brasileira permitir apenas uma interatividade local, seu poder de transformação nos aspectos sociais ficará bastante restrito.

3. ACESSO PÚBLICO

Gostaríamos de retomar aqui o conceito de acesso público que, inicialmente criado nos Estados Unidos, serviu de parâmetros para diversas experiências de produção em mídia televisiva em outros países[3]. Seu uso geral começa a se efetivar, no final dos anos de 1960, e começo dos anos de 1970, quando se estabelecem importantes movimentos de democratização dos meios de comunicação. Curiosamente, uma das principais ferramentas que proporcionaram o nascimento desses movimentos foi fruto de um sucesso tecnológico, qual seja, o lançamento do primeiro equipamento leve de gravação de vídeo, de meia polegada, colocado no mercado pela empresa Sony (câmara Portapak).

Esses equipamentos permitiram que se pudesse sair dos estúdios das redes de televisão sem uma grande parafernália técnica. Inicialmente, quem entendeu a eficácia e aplicabilidade dessa ferramenta foram os videoartistas e videoativistas (grupos que unem arte e ativismo social), como o Top Value Television (TVTV) e Guerrilla Television, por exemplo[4]. Dentre os videoartistas que mais usaram desses recursos estão Ira Scheinder, Nam June Paik, Paul Ryan e o grupo Raindance. Posteriormente, esse uso se estendeu aos grupos de ativismos sociais e tanto esses quanto os artistas passaram a fazer uso dessa ferramenta como meio de expressarem opiniões e discutirem conceitos[5]. "O vídeo portátil

3. Ralph Engelman, "The Origins of Public Access Cable Television 1966-1972".
4. A. D. Boyle, "Brief History of American Documentary Video".
5. Almir Antonio Rosa, *Videohaiku.*

serviu como um agente de ligação entre os indivíduos que estavam em busca de uma nova maneira de se posicionarem na comunidade e de trocar valores e experiência"[6].

Formalmente, o conceito de acesso público foi incorporado à legislação norte-americana, por meio de dispositivo promulgado pelo FCC (Federal Communications Commission – Conselho Federal de Comunicação), em 1972, que regulamenta os serviços de cabodifusão naquele país e institui os Canais de Acesso Público (Public Access Channels). Esse dispositivo permite que a comunidade local, onde se instala a operadora de serviços de televisão a cabo possa contar com três tipos de canais de uso livre e gratuito: um canal governamental, um de acesso educacional e um de uso comunitário.

As próprias empresas de cabodifusão mantêm esses canais, financiando sua operação, produção e até *workshops* de formação técnica para a comunidade. Em 1993, para a realização do documentário *Acesso/Access/Akusesu*, foram realizadas visitas de pesquisas a algumas dessas televisões de acesso público, dentre elas a Cuny TV e a Staten Sland Community Television, ambas de Nova York, e entrevistas com seus dirigentes[7].

No Brasil, esse movimento de acesso público aconteceu de forma um pouco diferente do que lá fora. Se pelo lado dos artistas, principalmente entre os artistas plásticos, o vídeo se transformou em uma ferramenta de expressão da criatividade para uso performático, pelo lado dos movimentos sociais, o vídeo se tornou ferramenta de expressão política. Nos anos de 1980, esses dois polos se juntam, artistas e movimentos sociopolíticos, e se expressam em procedimentos que serão nomeados de "TV de Rua". A experiência de "TV de Rua", no Brasil, caracteriza um momento bastante interessante e de grande criatividade em que se

---

6. A. D. Boyle, *op. cit.*
7. Almir Almas, *Acesso/Access/Akusisu.*

juntam procedimentos artísticos e políticos, usando a ferramenta "vídeo" como meio de expressão[8].

Grupos alternativos, ONGs, fundações e entidades ligadas ao poder público tomam as ruas e realizam programas de televisão, de caráter local, dando abertura à participação popular. Alguns grupos se situavam em regiões periféricas e outros atuavam em regiões mais centrais, ou mesmo sem uma localização específica. O importante era estar na rua, no local, vivenciando a cidade e seus problemas. Uma das condições dessas experiências era ter a participação da comunidade, seja na produção do conteúdo, seja durante a exibição dos mesmos. A comunidade é quem ditava os temas e acabava construindo a pauta dessas televisões comunitárias de rua. A comunidade se sentia incluída uma vez que podia ver a si própria na tela da televisão.

Essa característica de *performance* em espaço urbano e na esfera pública é predominantemente brasileira. Entendemos que a TV comunitária, no Brasil, ganhou essa característica peculiar por questões culturais nossas, que, diante de uma deficiência do modelo televisivo (por exemplo, não havia TV a cabo ou outro tipo de televisão por assinatura) encontrou saídas criativas para a expressão político-artística desses grupos[9].

Numa mistura de política, sociologia, estética e conhecimento tecnológico de ponta, essas experiências buscaram, enfim, realizar um tipo de "inclusão", ou através de programas de televisão feito com e para a comunidade local, ou através de oficinas e *workshop* de treinamento técnico que davam à população capacitação para o exercício dos meios de produção de conteúdo audiovisual. Ou seja, entendia-se que o domínio técnico dos meios de produção poderia gerar a democratização da comunicação social e, consequentemente, a inclusão da população local que se via excluída da produção audiovisual existente.

---

8. Brian Goldfarb, *Visual Pedagogy – Media Culture in and beyond the Classsroom*.
9. Christine Mello, *Extremidades do Vídeo*.

Esse movimento era a mais pura manifestação de uma expressão bastante em voga, nos anos de 1980, que era "pense globalmente e aja localmente" (*think globally and act locally*). Quer dizer, pensando globalmente, tentar-se-ia agir no seio da comunidade; e a produção que a comunidade geraria, iria, por sua vez, afetar o global via televisão. Tendo esse pressuposto em mente, os videoativistas brasileiros atuaram nessa forma peculiar de televisão de rua que só se viu por aqui.

Nessa seara, nos anos de 1980 e 1990, destacam-se as experiências da TV Viva, de Olinda, da TV Maxambomba, da Baixada Fluminense, da TV Anhembi, de São Paulo (experiência encerrada em janeiro de 1993, após a saída de Luíza Erundina, da administração do PT, da prefeitura da cidade); e da TV Pinel, do Rio de Janeiro. Em todas essas TVs comunitárias, a participação real da população local, a intervenção no espaço público e urbano, o domínio de uma tecnologia de ponta e seu compartilhamento entre a comunidade se fizeram presentes.

Outra experiência bastante interessante e com uma particularidade inédita, por atuar na região ribeirinha da Amazônia, foi a da TV Mexe com Tudo, do Projeto Saúde e Alegria, fundado em 1987. Ali, a tecnologia, embora pudesse aparecer como de ponta para a população da floresta, era bastante simples e amadora. Seu aparato tecnológico se baseava em aparelhos de videocassetes e câmeras amadoras de vídeo que, embarcados em um pequeno navio chegavam às mãos das populações locais. Mas a participação das populações ribeirinhas na produção dos vídeos, desde a pauta até a realização técnica, a atuação no espaço público da aldeia ou da vila, e a exibição aberta e coletiva como espaço de discussão estavam presentes.

Como já sinalizamos acima, essa particularidade da televisão comunitária brasileira, a de ter se expandido no espaço urbano e na esfera pública, se deve, em grande parte, acreditamos, ao fato de que até o começo dos anos de 1990 ainda não termos, em nosso modelo de radiodifusão, a plataforma de televisão a cabo. Essa plataforma se dissemina comercialmente, no Brasil, a partir do começo dos anos de 1990. Embora, tecnologicamente (e mesmo com pequenas aparições na legislação) já tenha havido os chamados prestadores de serviços de radiodifusão, via antenas comunitárias ou cabeamento[10].

O fato é que apenas, em 06 de janeiro de 1995, com a Lei 8.977/95 (a Lei de TV a Cabo), que o serviço de cabodifusão passa a ser legislado no Brasil. Nessa lei, foram instituídos os Canais de Livre Acesso, inspirados nos mecanismos dos Canais de Acesso Público dos Estados Unidos; mas com um detalhe crucial, que interferiu no seu desenvolvimento por aqui, o financiamento da produção e da operação dos canais estavam por conta das entidades usuárias e não por conta das empresas de televisão a cabo. Segundo essa lei, as empresas de radiodifusão têm apenas a obrigatoriedade de "carregar" os canais, fazendo-os chegar sem custo aos assinantes[11].

Se a produção em vídeo era usada, nessa época, como ferramenta de luta pela democratização das comunicações, hoje ela toma outro viés. Atualmente, qualquer um tem acesso a diversas ferramentas leves e baratas de produção audiovisual e, não apenas isso, também tem acesso a canais de distribuição. Quer dizer, são outros canais, evidentemente, como os espaços virtuais criados com o advento da internet e a distribuição de vídeo pela *web*. Mas o fato é que qualquer um hoje pode criar e distribuir seus próprios conteúdos audiovisuais.

E lógico, também, que em outra escala. Nem melhor nem pior do que preconizava a mídia comunitária dos anos de 1980 e 1990; nem pior nem melhor do que os canais das tradicionais mídias de comunicação social. São outros canais, portanto, outras maneiras de utilizá-los e, consequentemente, outras bandeiras a serem levantadas. Dessa forma, entendemos que, hoje, o vídeo

---

10. Almir Antonio Rosa, *Televisão Digital Terrestre: Sistemas, Padrões e Modelos.*
11. *Idem.*

Figura 1: Página da CBeebies / BBC – http://www.bbc.co.uk/cbeebies.

Figura 2: Página da CITV – http://www.citv.co.uk/page.asp?partid=1.

TELEVISÃO DIGITAL BRASILEIRA E ACESSO PÚBLICO 83

é visto mais como uma ferramenta de entretenimento do que de protesto. Mas, mesmo assim, sem perder seu caráter de ativismo.

A cadeia de distribuição de televisão que, originalmente era composta por produtores de conteúdo, redes de televisão e operadoras de canais numa ponta e aparelhos de recepção de televisão na outra ponta, hoje tem mudado drasticamente. Na ponta da recepção chegaram novos *players*, como telefones celulares, i-Pods, internet e i-Phone; do lado da distribuição, a grande mudança é a entrada nessa cadeia dos telespectadores/usuários[12] como produtores de conteúdo. O telespectador/usuário como produtor de conteúdos audiovisuais é um elemento de "personalização" que se torna possível graças à digitalização. Ainda que em sua grande parte restrita ao mundo da internet, tem dado seus primeiros passos no mundo da radiodifusão.

A maioria dos programas de televisão tradicional tem seus *websites* e há, inclusive, alguns deles que permitem que os telespectadores possam interagir com os programas. Na Inglaterra, por exemplo, o *website* do canal CBeebies, direcionado a público de até cinco anos de idade, permite que os telespectadores criem seus próprios *sites*. Ainda lá, *website* do canal CITV, também destinado ao público infantil, permite que as crianças façam *upload* de seus conteúdos e concorram a prêmios.

Há, no Brasil, dois exemplos díspares. De um lado, a maior rede de televisão comercial, a Rede Globo de Televisão, coloca no ar o programa da apresentadora Xuxa, destinado ao público infantil, em que através de seu *website* é permitido aos telespectadores o envio de desenhos e fotos, por exemplo. Do outro, temos em Belo Horizonte (MG), programas de televisão criados e apresentados por jovens da periferia. A Associação Imagem Comunitária (AIC) exibe seus programas na Rede Minas de Televisão e também mantém um *site* e uma agência de notícias. Os

---

12. Na falta de uma denominação padronizada, usaremos a expressão "telespectadores/usuários" para designar esse novo receptor de audiovisual de hoje.

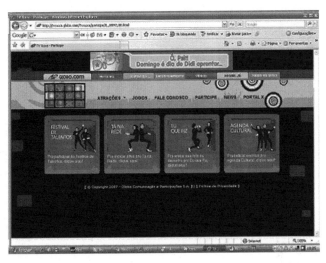

Figura 3: TV Xuxa / Rede Globo de Televisão – http://tvxuxa.globo.com/Tvxuxa/participe/0,,8597,00.html.

jovens são convidados a criarem eles mesmos as pautas, as demandas e os programas que irão ao ar.

A cadeia composta por produção, distribuição, *marketing* e vendas tem sido quebrada, a audiência tem mudado. E esta não é mais apenas composta de meros consumidores, é também constituída de produtores, distribuidores, faz *marketing* e vende seus próprios conteúdos em seus *weblogs* (*blogs, phlogs and vlogs*). Os conteúdos feitos em casa (por conta própria, do próprio bolso) marcam uma nova era, a "era da democratização do entretenimento"[13].

A aspiração das pessoas por se expressarem em público não significa um novo fenômeno, mas sim que uma nova mídia criou mudanças no papel tradicional de produtores e da audiência[14].

13. Expressão criada por Michael Fuchs, Chairman da HBO. Registrado no "Digital Entertainment World Congress" em Londres, 5 de dezembro de 2005.
14. T. A. Rasmussen e L. H. Christensen, "User Generated Content and Community Communication for Television".

Figura 4: Página da Associação Imagem Comunitária / Rede Jovem de Cidadania. http://www.aic.org.br/rede/tv/.

YouTube, MySpace e Flicker são pequenos exemplos da variedade de caminhos por onde os usuários podem distribuir seus próprios conteúdos. Embora, é claro, essa experiência ainda esteja restrita ao mundo da internet. Nesse universo, o conceito usado é o *web 2.0*. Amplamente conhecida, hoje, como a segunda geração da World Wide Web, a *web 2.0* é a efetivação de um termo criado por Tim O'Reilly em 2003, e popularizado pela primeira *web 2.0 conference*, realizada em 2004. "Nesse conceito, o que se destaca é o processo colaborativo e o uso da inteligência coletiva para gerar conteúdo e conhecimento. Os internautas trocam informações e conteúdos; e passam, de certo modo, ao comando da www.wiki, *blogs*, *videologs*, *sites* de visualização de vídeos e fotos são exemplos de web 2.0"[15].

15. Almir Almas, "Entrevista: Série Especial Comunicação Comunitária – A TV Digital em Debate: A Questão do Acesso Público".

Figura 5: Vídeo sobre *web 2.0* encontrado no YouTube
http://www.youtube.com/watch?v=6gmP4nk0EOE.

No período das televisões comunitárias, do começo da experiência de acesso público, o ciclo da participação popular se concretizava, quando o público via a si mesmo ou a alguém de seu conhecimento (seu vizinho, por exemplo) aparecendo na televisão. Hoje, na *web 2.0*, esse ciclo se concretiza quando o público vê que seu conteúdo foi acessado. Isto é, ele verifica em sua página ou nos *sites* em que disponibiliza seus conteúdos quantos visitantes ele teve assistindo a seus vídeos ou vendo suas fotos. Agora, o público pensa local, age globalmente e transforma o conteúdo local em global. Inverte-se a lógica da máxima dos anos de 1980: "pense globalmente e aja localmente".

Uma outra ferramenta que esses *sites* de vídeos na internet permitem é o *rating*. Isto é, o público que assiste aos conteúdos pode também "dar nota", avaliar e quantificar a audiência desse material. Junto com a "avaliação", há também os comentários. Esses mecanismos de avaliação e comentários fazem com que YouTube, MySpace e Flicker sejam não apenas provedores de meios de exi-

Figura 6: Vídeo de registro de Live-Imagem de Almir Almas & ZaratrutA!, disponível no YouTube: http://www.youtube.com/watch?v=qlGoowkF8Uo.

Figura 7: Página do Flickr – Espaço do usuário Interaubis/Daniel Seda. Registro fotográfico do Live-Image *Namahaiku – Cidade e Mortais*, de Almir Almas & Cheli Urban & Daniel Seda. http://www.flickr.com/photos/73435045@N00/sets/72157600204368121.

Figura 8: Página do myspacetv.com http://vids.myspace.com/index.cfm?fuseaction=vids.splash.

Figura 9: Página da current.tv – http://www.current.tv/.

bição, mas também um meio de dar voz ao público a respeito do conteúdo exibido. Um meio de expressar opinião direta a respeito do que se vê e do que se posta. Isso as torna brilhantes ferramentas de democratização. Mas há que se destacar que menos de 15% da população brasileira tem acesso à internet. E uma grande parte ainda não conta com acesso por banda larga. Então, o efeito de democratização da mídia acaba ficando muito restrito.

Ainda, na Europa, Unicef, European Cultural Foundation e The One Minutes Foundation têm um projeto que encoraja jovens a se expressarem, fornece capacitação em comunicação, estimula entendimento entre os jovens e faz com que suas vozes sejam ouvidas pela audiência. Constrói pontes que unem arte, mídia, público jovem e jovens marginalizados. Mais de mil jovens participam do projeto. Novecentos vídeos, de sessenta países, estão disponíveis *online*. Isto tem crescido e tem gerado interesse entre as empresas de radiodifusão que estão perdendo audiência entre os jovens e valorizando conteúdos gerados pelos telespectadores. É um meio que os condutores do projeto usam para oferecer oficinas de mídia e permitir formação de jovens com diferentes conhecimentos e de diferentes locais.

Esse projeto é interativo na medida em que os jovens criam conteúdos e esses são exibidos no *site* do projeto, em festivais e também transmitidos via alguma rede de televisão[16].

Outras experiências, como as que são desenvolvidas pela Telekon na Áustria, têm surgido. Nessa, o público pode fazer parte de um grupo virtual e pode não somente ter acesso a ferramentas como Voip e outros serviços em apenas uma aplicação, mas também fazer *upload* de seus próprios vídeos para a rede de televisão que outros usuários podem acessar sob demanda.

O aumento do número de usuários que criam e exibem seus próprios conteúdos tem crescido bastante, causando um grande

16. Cf. *One Minute*, disponível em www.oneminutesjr.org.

impacto na mídia. A tecnologia permite que essa geração cresça de forma exponencial. Os conhecimentos sobre mídias e ferramentas fazem com que esse público tenha a exata noção do uso que pretende e da sua criatividade, além de abancar um forte desejo de explorar tudo isso.

A televisão continua ainda a ser essa fantástica mídia que é, mas o seu modelo de negócio deve ser repensado. Diferentes caminhos de envolver os telespectadores na produção devem expandir seus conteúdos.

A tecnologia chegará lá. Nós sabemos que o público usa isso. A questão colocada é se as redes de televisão deixarão de lado seu modelo tradicional de programação e farão produtos interativos que o atenda ou, ao contrário, elas se acomodarão, atrasadas e se escorregando para esse ambiente irrelevante[17].

Pensando nas possibilidades de interatividade proporcionadas pela televisão digital, destacamos alguns aspectos que têm a ver com as pesquisas desenvolvidas no Brasil. Tem-se que os níveis de interatividade podem ser divididos em: a) programas interativos, nos quais o telespectador pode navegar por opções produzidas e distribuídas pelo radiodifusor; b) serviços interativos em que o usuário pode interagir de maneira mais personalizada; e c) conteúdos gerados por usuários. As pesquisas conduzidas para implementar o, então, SBTVD-T[18] (Sistema Brasileiro de Televisão Digital Terrestre) estavam focadas nos primeiros dois níveis de interatividade, com o objetivo de atingir a um nível de interação que permita que o telespectador possa marcar consultas médicas através do televisor, mas que não permita que o telespectador envie qualquer outra informação além de detalhes pessoais. Porém, o potencial da TV digital pode possibilitar ex-

17. M. Gawlinski, *Interactive Television Production*.
18. O SBTVD agora é o sistema internacional ISDB-TB.

Figura 10: Página do *Cinekid Festival*.
http://www.cinekid.nl/joomla/index.php?option=com_content&task=view&id=60&Itemid=84.

Figura 11: Página do *Cinekid*. http://www.mediamatic.net/article-13267-nl.html.

periências como o projeto One Minute Jr e incentivar minorias a produzir conteúdo.

A questão talvez seja mais de saber se haverá espaço disponível no espectro para ser utilizado na transmissão desse formato de conteúdo do que na preocupação com o fato de se haverá ou não uma audiência para esse conteúdo gerado por usuários. Soma-se a isso a dificuldade de se concretizar o terceiro nível de interatividade, em que os usuários fazem o *upload* dos próprios conteúdos. O canal de retorno teria de ser capaz de transportar muita informação e a última milha é um problema difícil de ser resolvido num país de tamanhas dimensões e população como o Brasil. Fora a questão econômica do pagamento da conta desse canal de retorno.

4. CONCLUSÕES

Neste capítulo, pretendemos construir uma ponte entre as experiências de acesso público e participação comunitária advindas dos anos de 1960, 1970 e 1980 com as experiências de usuários geradores de conteúdos da *web 2.0* e interatividade da televisão digital. Ao discorrer sobre o fenômeno do *blog* (*webblogs*), em 2002, Almir Almas, um dos autores deste capítulo, já apontava nessa direção[19]. Já naquele momento, identificava-se

---

19. Sobre os congressos:
– Seminário Brasil–Reino Unido Comunidades Locais e Comunicação, Porto Alegre (RS), Brasil, de 04 a 06 de dezembro de 2002. Organizado por: Pós-Graduação em Ciências Sociais (PUC/RS) / British Council – Brasil, Procempa, Prefeitura de Porto Alegre – Painel: "Tecnologias de Informação e Comunicação e Desenvolvimento Comunitário".
– Gestão de Mídias Digitais – Cultura Digital – Cidade do Conhecimento – Universidade de São Paulo – São Paulo (SP), Brasil, 27 e 28 de setembro de 2002. Organização: Cidade do Conhecimento. Palestrante aula do Módulo 4, sob o tema "Conceito de Acesso Público na Cultura Digital – *blogs*, grupos, listas, governo eletrônico e Comunidades" (disponibilizado na internet em: http://www.cidade.usp.br/multimidia/gmd/mo4/a1.php).

que a possibilidade de que o usuário publicasse ele mesmo seus próprios conteúdos fosse gerar, na *web*, uma atualização do conceito de acesso público. O que se verificou, depois disso, é que não apenas o fenômeno dos *blogs* explodiu, como o mecanismo de geração e troca de conteúdos pelos usuários ganhou novas ferramentas. Atualmente, os usuários não postam apenas textos; geram e trocam arquivos multimídia.

A questão colocada hoje é de como esses mecanismos podem ser aproveitados pela televisão digital interativa para se criar novos arranjos no modelo de radiodifusão. A potencialidade de convergência de plataformas da televisão digital pode apontar para o que os autores Evangelia Mantzari e Adam Vrechopoulos chamam de TV Blog[20]. Esse conceito aproveitaria, sobretudo, as experiências de comunidades virtuais introduzidas pela internet, principalmente no que diz respeito aos interesses comuns de um dado grupo de usuários e na troca de informações e conhecimento[21].

Para Mantzari e Vrechopoulos, dois fatores são importantes nesse contexto: a importância que o conteúdo gerado pelos usuários ganhou, na sociedade atual, e o potencial de prover serviços que atendem às necessidades dos telespectadores numa interatividade completa que televisão digital traz. Dessa forma, saindo da blogosfera[22] e migrando para o aparelho de TV, o conceito que norteou a explosão dos *webblogs* pode ser transposto para o ambiente da televisão digital interativa[23].

Talvez, o que diferencia o fenômeno dos *blogs* em textos para a nova *web 2.0*, experiência baseada em troca de arquivos

---

20. Evangelia Mantzari e Adam Vrechopoulos, *My Social Tube: User Generated Content and Communication on Interactive Digital Television*.

21. H. Rheingold, *Mobile Virtual Communities*.

22. Cunhado em 1999, por Brad L. Graham e disseminado em 2002, por William Quick, "blogosfera" diz respeito ao coletivos de *"weblogs* (ou *blogs*) como uma comunidade ou rede social". Cf. Wikipédia: http://pt.wikipedia.org/wiki/Blogosfera.

23. E. Mantzari e A. Vrechopoulos, *op. cit.*

multimídia, sejam os custos na produção dos conteúdos. Conteúdos multimídias demandam investimentos maiores do que a postagem de textos num *blog*. Levando para a televisão digital interativa, sabemos que para permitir mecanismos de troca e geração de conteúdo, por parte dos telespectadores, o sistema deverá ser um pouco mais sofisticado. Isto é, além de produção do conteúdo em si, que pode ser feito com os recursos mais diversos, desde pequenas câmeras amadoras a aparatos profissionais, há ainda a interface com o sistema e o próprio funcionamento técnico deste.

O preço de equipamentos de gravação e edição atingiu um ponto que possibilita a sua aquisição. No entanto, em um país como o Brasil, é muito difícil que grande parte da população tenha condições de adquiri-los e passe a produzir e distribuir conteúdo. Isso envolveria custos de produção que a grande maioria dos brasileiros não poderia arcar. Além da questão econômica da conta do canal de retorno, há ainda a questão técnica da sua capacidade de suportar tamanho tráfego. Se não há apenas um emissor e vários receptores, mas vários receptores e vários emissores, a demanda aumenta e o sistema pode não ter a capacidade de atender a tudo isso.

Num ambiente ideal, podemos pensar na superação desses obstáculos. Imaginemos que o primeiro obstáculo fosse superado, por exemplo, com a disseminação de telefones celulares com câmeras e baratos (que, de certa forma, já foi iniciada), ou a popularização de centros de inclusão digital e produção de conteúdo audiovisual com equipamentos baratos e disponibilização de oficinas de treinamento para a população; e que o segundo fosse superado com um canal de retorno com grande capacidade e também de baixo custo, como por exemplo o WiMax ou outro dispositivo baseado em radiodifusão e não em telecomunicações. Então, poderíamos ter, no Brasil, conteúdos gerados por telespectadores transmitidos pela televisão.

Não estamos aqui discutindo a qualidade técnica de uma imagem de baixa resolução de um aparelho de um celular ou de uma pequena câmara digital de vídeo. Estamos falando de apropriação de uso dos bens de produção de conteúdo audiovisual. Não falamos também da "qualidade" do ponto de vista estético da linguagem audiovisual. Nesse particular, novas linguagens, ou novas apropriações estéticas se formam a partir da entrada de novos parâmetros de produção de conteúdo.

Mas, se for necessário se ater aos paradigmas hoje existentes, tanto no aparato técnico quanto na manifestação estética, existe a possibilidade de que as redes ou centros de produção disponibilizem equipamentos mais profissionais para uso e conduzam oficinas para capacitar técnica e esteticamente a população. O resultado disso é o incentivo à participação comunitária e a implantação do mecanismo de tornar o uso das ferramentas de produção e meios de distribuição mais acessíveis.

Com a chegada em cena da televisão digital interativa, o que se espera é que o telespectador tenha condições de não apenas decidir sobre

o que quer ver e quando ver um programa distribuído por um emissor, mas também que tenha acesso a conteúdos gerados por outros telespectadores independentes e até mesmo interagir com eles através da introdução de seu próprio material[24].

Diante disso, podemos começar a falar do surgimento de uma nova linguagem. A nova linguagem que surgirá a partir das transformações no uso e na produção de conteúdos audiovisuais. O conceito de linguagem de uso e linguagem de produção se refere à maneira de abordar a mídia televisão[25]. Com a introdução da televisão digital interativa, um novo aprendizado se faz necessário, tanto do lado do telespectador, em sua linguagem de

---

24. K. S. Thorson e S. Rodgers, "Relationships between Blogs as EWOM and Interactivity".
25. Almir Antonio Rosa, *Televisão Digital Terrestre: Sistemas, Padrões e Modelos*.

uso da mídia, quanto do lado do produtor, em sua linguagem de produção para o meio. E num ambiente em que o usuário passa a produzir seu próprio conteúdo e a trocá-lo com terceiros (que também se tornam produtores), as linguagens de uso e de produção se misturam. E é dessa mistura que sairá a linguagem da televisão digital interativa.

Conteúdos gerados por usuários e a sua transmissão e recepção por meio de sistemas flexíveis e acessíveis possibilitariam maior interação no modelo de radiodifusão. E com isso, uma grande transformação desse modelo. Dessa forma, teríamos efetivamente implantados dentro do sistema brasileiro de televisão digital os quatro conceitos tratados no começo deste capítulo: acesso público, participação comunitária, inclusão digital e interatividade.

REFERÊNCIAS

ALMAS, Almir [Almir Antonio Rosa]. "Acesso Público". *Comunicação e Comunidade*. Edição especial, Encontro de TVs Comunitárias. Rio de Janeiro, Faculdades Integradas Hélio Alonso, out. 2002, pp. 12-19.

ALMAS, Almir [Almir Antonio Rosa]. "Conceito de Acesso Público na Cultura Digital – *Blogs*, Grupos, Listas, Governo Eletrônico e Comunidades". Disponibilizado em Áudio e texto em: http://www. cidade.usp.br/multimidia/gmd/m04/a1.php. Website da Cidade do Conhecimento – Universidade de São Paulo. A partir de 2002.

ALMAS, Almir [Almir Antonio Rosa]. "Entrevista. Série Especial Comunicação Comunitária – A TV Digital em Debate: A Questão do Acesso Público". *Boletim Informativo – Rede Jovem da Cidadania*. Belo Horizonte, Associação Imagem Comunitária, 27 jul. 2007 – Ano 04 #15. Disponível em: http://www.aic.org.br:80/boletim/boletim_conteudo_15.html.

ALMAS, Almir [Almir Antonio Rosa]. *Acesso/Access/Akusesu*. Videodocumentário, U-matic, 27'45", Brasil/Estados Unidos/Japão, 1993.

ALMAS, Almir [Almir Antonio Rosa]. *Videohaiku*. São Paulo, Pontifícia Universidade Católica de São Paulo, 2000 (Dissertação de Mestrado)

ALMAS, Almir [Almir Antonio Rosa]. *Televisão Digital Terrestre: Sistemas, Padrões e Modelos*. São Paulo, Pontifícia Universidade Católica de São Paulo, 2005 (Tese de Doutorado).

BOYLE, D. "A Brief History of American Documentary Video". In: HALL, Doug & FIFER, Sally Jo (ed.). *Illuminating Video – An Essential Guide to Video Art*. New York, Aperture/BAVC, 1990.

CBEEBIES Website. Acessado em 8 jan. 2006 http://www.bbc.co.uk/cbeebies .

CITV Website. Acessado em 8 jan. 2006 http://www.citv.co.uk.

ENGELMAN, Ralph. "The Origins of Public Access Cable Television 1966-1972". In: TANKARD JR., James W. (ed.) *Journalism Monographs*, 123, oct. 1990, pp. 1-47.

GAWLINSKI, M. *Interactive Television Production*. Great Britain, Focal Press, 2003, p. 247.

GOLDFARB, Brian. *Visual Pedagogy – Media Culture in and beyond the Classroom*. Durham, Duke University Press, 2002.

GOVERNO FEDERAL DO BRASIL. Decreto n° 5.820, de 30 jul. 2006. Disponível em http://www.mc.gov.br. Acessado em 30 jun. 2006 – 01h17.

GOVERNO FEDERAL DO BRASIL. Decreto n° 4.901, de 26 nov. 2003. Disponível em http://www.mc.gov.br/tv_digital_decreto490127112003. htm. Acessado em 28 nov. 2003 – 03h03.

MANTZARI, Evangelia & VRECHOPOULOS, Adam. *My Social Tube: User Generated Content and Communication on Interactive Digital Television*. Atenas, Athens University of Economics and Business, 2007. Disponível em http://www.cs.tut.fi/~lartur/euroitv07_ajp/WIP8.htm – acesso em: 20 ago. 2007 – 18h52.

MELLO, Christine. *Extremidades do Vídeo*. São Paulo, Pontifícia Universidade Católica de São Paulo, 2004 (Tese de Doutorado).

ONE MINUTE: www.oneminutesjr.org.

Tommi Laitio, coordenador do projeto OneMinutesJR e Nienke Eijsink, videoartista que conduz OneMinutesJR workshops. Registrada na palestra "The one minute Jr". *Cinekid Interactive Children's Television workshop*. Amsterdam, 24 out. 2006.

RASMUSSEN, T. A. & CHRISTENSEN, L. H. "User Generated Content and

Community Communication for Television". In: *Proceedings of the 4° Euro iTV Conference*, 2006, pp. 27-31.

RHEINGOLD, H. "Mobile Virtual Communities". *The Feature*, July 2001. Available: http://www.thefeature.com/index.jsp?url=article.jsp?page id=12070, Tapscott, 2000 *Apud*: MANTZARI, Evangelia & VRECHOPOULOS, Adam. *My Social Tube: User Generated Content and Communication on Interactive Digital Television*. Atenas, Athens University of Economics and Business, 2007. Disponível em http://www.cs.tut.fi/~lartur/euroitv07_ajp/WIP8.htm – acesso em: 20 ago. 2007 – 18h52.

TELEKOM: Armin Sumesgutner, "Head of Strategic Portfolio Management & Innovation, Telekom Austria". Registrado na palestra "Lessons from Austria". *IPTV World Forum*. Londres, 6 a 8 mar. 2006. http://www.telekom.at.

THORSON, K. S. & RODGERS, S. "Relationships between Blogs as eWOM and Interactivity, Perceived Interactivity and Parasocial Ineraction". *Journal of InteractiveAdvertising*, vol. 6(2), pp. 39-50, Spring Eds., 2006. Published at: http://jad.org/vol6/no2/thorson. *Apud*, MANTZARI, Evangelia & VRECHOPOULOS, Adam. *My Social Tube: User Generated Content and Communication on Interactive Digital Television*. Atenas, Athens University of Economics and Business, 2007. Disponível em http://www.cs.tut.fi/~lartur/euroitv07_ajp/WIP8.htm – acesso em: 20 ago. 2007 – 18h52.

http://tvxuxa.globo.com/Tvxuxa/participe/0,,8597,00.html.

http://vids.myspace.com/index.cfm?fuseaction=vids.splash.

http://www.aic.org.br/.

http://www.cinekid.nl/joomla/index.php?option=com_content&task=view&id=60&Itemid=84.

http://www.current.tv/.

http://www.flickr.com/photos/73435045@N00/sets/72157600204368121.

http://www.mediamatic.net/article-13267-nl.html.

http://www.youtube.com/watch?v=6gmP4nk0EOE.

http://www.youtube.com/watch?v=qlGoowkF8Uo.

Produção Interativa de TV e Roteiro para Novas Mídias

ALEXANDRE MENDONÇA e FERNANDO CROCOMO

INTRODUÇÃO

Todos devem ter ouvido falar que na TV digital vai haver interatividade. Mas, você sabe qual será o impacto dessa palavra no nosso dia a dia? Certo, você vai participar da programação. Mas, como? O que isso muda no programa que você gosta de ver?

Quando falamos em interatividade na televisão, a primeira referência que temos é a internet. Por ser um meio mais recente, acaba influenciando na transição para a interatividade televisiva, uma vez que, na rede, as informações estão disponibilizadas à espera do usuário. É claro que esse modelo pode ser utilizado para a TV em alguns momentos. Em outros, porém, tais recursos não entram em sintonia com a linguagem da TV, que é elaborada num fluxo de áudio e vídeo, e cuja principal característica é a fala coloquial. Considerando que a grande maioria da população ainda não teve contato com a internet, a TV digital brasileira deve levar em conta o que o grande público pode alcançar, uma vez que o formato de TV que temos hoje já está consolidado há mais de cinquenta anos.

Fala-se muito hoje em codificação, *middleware* e até numa caixinha chamada *set top box,* aparelho que transforma o sinal digital em analógico, compatível com os televisores que os brasileiros têm hoje. Essa tecnologia vem para melhorar a qualidade da imagem e do som e, também, para trazer algo mais: essa interatividade, de que ainda pouco se fala.

Atualmente, vários programas de TV já tentam encontrar a fórmula da interatividade com o telespectador, nem que seja mesmo por telefone, ou *e-mail. Reality shows* como Big Brother, por exemplo, consultam o público de casa, por telefone, para saber quem deve deixar o programa. Com a TV digital interativa, isso será muito mais fácil e um público muito maior poderá escolher quem deve permanecer na casa, só usando o controle remoto da TV. Mas, você concorda que, se for somente essa a mudança, não há o porquê de tanto trabalho, tanta pesquisa para mudar todo um sistema, só para votar no Big Brother! A interatividade que se busca não é a que encontramos em programas como esse:

[...] o dado novo é a *interatividade,* a possibilidade de responder ao e de dialogar com o sistema de expressão. Mas, o termo *interatividade* se presta hoje às utilizações mais desencontradas e estapafúrdias, abrangendo um campo semântico dos mais vastos, que compreende desde salas de cinema em que as cadeiras se movem até novelas de televisão em que os espectadores escolhem (por telefone) o final da história. Um termo tão elástico corre o risco de abarcar tamanha gama de fenômenos a ponto de não poder exprimir mais coisa alguma[1].

Esta é a questão prática para produtores de TV e para o público: como pensar a produção de um programa interativo e como fazer o telespectador participar? Claro que, sozinhos, os engenheiros e técnicos não podem resolver esse pepino. Até porque eles já têm muita parafernália eletrônica com que lidar. A TV

1. Arlindo Machado, "Hipermídia: O Labirinto como Metáfora", p. 144.

digital interativa brasileira deve ser o resultado da técnica e da criatividade, juntas.

Em recente livro publicado nos Estados Unidos, e já traduzido no Brasil, Matthew E. May, conselheiro da Universidade da Toyota, fala da maior fábrica de automóveis do mundo e mostra como a empresa se tornou uma das melhores do planeta para se trabalhar. Ele afirma que o sistema e a criatividade, juntos, formam a base para que a transformação e a inovação sejam geradas em um novo negócio. Os estudos da TV digital no Brasil seguiram e ainda seguem a mesma linha de raciocínio. De um lado, temos o sistema digital, a tecnologia que vai permitir melhor qualidade de imagem e som. E, de outro, a criatividade dos pesquisadores para gerar algo inovador dentro das possibilidades ilimitadas que a tecnologia digital oferece.

A experiência pioneira no Brasil revelou aos pesquisadores do país que o trabalho conjunto de técnicos e engenheiros com jornalistas e produtores de conteúdo foi o primeiro passo para mostrar que é possível levar às TVs de todo o país uma programação digital de qualidade. Digital, pela tecnologia, e de qualidade, pelo conteúdo interativo criado.

A TV COMO ELA É

Não dá para falar de programa de TV no Brasil sem mencionar o fator entretenimento. Prova disso é a novela, gênero de maior sucesso no Brasil e até mesmo em outros países do mundo. É nela que o brasileiro se espelha e consegue se identificar com seu próprio país, com seu próprio povo. Claro que nem sempre as novelas retratam a realidade da população. Às vezes é difícil saber se o país é o reflexo de sua televisão ou se a televisão é o reflexo do seu país. Em um congresso internacional de telejornalismo, realizado em São Paulo, em 1999, a jornalista Sandra Passarinho disse que "a televisão reflete a nossa deseducação". Isso nos faz concluir que a programação das emissoras é feita com base naquilo que as pessoas querem ver, que atende ao interesse do público. Silvio Santos, em entrevista à revista *Veja*, no mesmo ano, afirmou: "Se o povo quer pagode, ele vai ter pagode; se quer ver mulher com pouca roupa, vai ver mulher com pouca roupa". A lógica parece simples. Afinal, é a lógica do mercado, por mais desconsertante que seja a realidade.

É engraçado, mas quando a televisão surgiu no país, não se sabia qual seria o impacto diante da população. O produtor e diretor João Loredo, um dos pioneiros da TV brasileira, diz em um de seus livros que, no início da televisão, havia muita vontade, mas pouca experiência para se fazer TV no Brasil. E que muitos nem acreditavam que a experiência daria certo. E foi justamente esse entusiasmo pela novidade que fez surgir o padrão de TV que temos hoje, basicamente com uma mistura de novela, *shows* de auditório e telejornalismo. Ao contrário do que muitos pensavam, a televisão tornou-se tão íntima que, em pouquíssimo tempo, já havia milhões de televisores espalhados pelo Brasil. O aparelho de TV se tornou um bem durável de grande importância dentro das casas.

Até mesmo países que proibiam a TV, agora se rendem a essa paixão. Recentemente, uma pesquisa feita no Afeganistão mostrou que 19% dos domicílios já possuem aparelhos de TV. Isso, depois da recente queda do governo Talibã, em 2001, que proibia a televisão naquele país. É um sucesso estrondoso, uma vez que apenas 7% dos lares daquele país têm vaso sanitário. Essa é a melhor demonstração da força que a televisão exerce sobre as pessoas. Uma "janela mágica" que enfeitiça e encanta pelo dinamismo de imagens, pelas histórias reais, mostradas nos telejornais, e pelas histórias fictícias, contadas nas novelas (exato, o maior sucesso no Afeganistão são as novelas, seguidas pelos programas de auditório).

E enquanto os afegãos se divertem com o que, para nós, não é mais novidade, aqui, no Brasil, vivemos um período semelhante ao do início das transmissões de TV na década de 1950. Novamente, muita vontade por parte de pesquisadores e entusiastas da tecnologia digital, mas pouca experiência em programação interativa. Sim, porque a grande novidade não é a qualidade superior de imagem e som, mas a possibilidade de participação nos programas, sem sair de casa. Como diz o jornalista Ethevaldo Siqueira:

> Qual é o grande salto da TV digital? É a interatividade, que é assegurada por um canal de retorno (linha telefônica fixa ou celular) e nos permitirá responder a questionários e pesquisas, votar em eleições virtuais, obter informações e serviços públicos (governo eletrônico) e, no futuro, fazer comércio eletrônico e acessar à internet em banda larga[2].

Nunca alguém fez um programa em que os telespectadores participassem em tempo real, sem precisar ligar para o programa de um telefone fixo ou celular. Agora, apenas com o controle remoto, será possível votar, responder às perguntas dos apresentadores, ser ouvido... Enfim, vai ser possível interagir. E você vai saber mais sobre isso no decorrer deste capítulo.

Mas como isso vai acontecer diante da lógica do mercado? Bom, essa é apenas uma das mudanças que a TV digital interativa traz. A produção dos programas também vai ter que mudar. E essa talvez seja a melhor novidade.

Como podemos mudar o jeito de produzir programas na TV brasileira? A experiência pioneira de vários pesquisadores do país mostra como isso vai acontecer.

O PRIMEIRO PASSO: ENTENDER COMO UM PROGRAMA É FEITO HOJE

É preciso fazer aqui uma advertência: a televisão só existe porque existem pessoas para assisti-la. Parece óbvio, mas vamos

---

2. Ethevaldo Siqueira, "Mais de 80% Não Sabem o que É TV Digital".

esclarecer esse fenômeno. Uma pessoa só liga a televisão por um motivo: interesse. Pode parecer bobagem, mas essa palavrinha é preciosa para os produtores de TV, porque eles precisam atender a esse interesse para sobreviver. Sem audiência, não há anunciantes. Sem anunciantes não há receita. Sem receita não há salário. E sem salário não há como trabalhar numa emissora. E ela fecha. Por isso, a televisão só existe porque existe você do outro lado da tela. É interessante entender bem isso porque a TV digital vai seguir por uma lógica um pouco diferente. Quer dizer, não vai mais ser assim tão óbvio tudo isso que estou dizendo.

O interesse vai ser de outra natureza. E para entendermos bem isso, vamos entrar na produção de um programa hoje. Qual o ponto de partida para que um programa seja produzido? Esse ponto de partida é a chave para entendermos o significado da expressão "TV Digital Interativa".

UM DIA NA PRODUÇÃO DE UM PROGRAMA DE TV

Mal começa o expediente e os pauteiros e produtores já estão nas salas de produção e nas redações de telejornais, ligando para as "praças" (filiais, no jargão das TVs), para as polícias rodoviárias, para os bombeiros... O motivo é saber se houve alguma ocorrência grave, até o momento, que valesse pelo menos uma nota no telejornal. Se rendesse uma matéria, ótimo – era mais um VT para fechar o jornal. Mas só valeria um VT se tivesse morte ou muitos feridos graves. Caso contrário, o fato nem seria noticiado, pois não teria tanto interesse para o telespectador. Televisão tem que ter imagem forte para chamar a atenção, tem que ter emoção, tem que ter "pegada", como diria um diretor do *Programa do Ratinho*, do SBT.

Até aqui, apenas uma checagem de rotina dos telejornais e programas policiais. Pauteiros fazem uma ronda para saber os fatos do dia; se houve muitas mortes na favela do Alemão, no

Rio, ou se algum acidente fatal poderia virar a manchete do dia. Enquanto isso, os repórteres já estão nas ruas para montar suas histórias em formato de reportagem. Você pode estar se perguntando: o que isso tem a ver com a TV digital, com o assunto deste livro? Posso assegurar que tem mais a ver com o tema do livro do que você pensa. Mas já vamos chegar lá.

Na produção daquele programa famoso de domingo, a correria deixa qualquer visitante cansado. A sala está cheia de gente falando ao mesmo tempo, gritando ao telefone e uma coordenadora louca, com um celular em cada ouvido e um produtor na sua frente, esperando para saber para onde ele deve ir com sua equipe de externa. Ela grita "espera, porra!" de uma forma tão natural que o produtor nem se abala, e ainda dá risada.

No estúdio, cenógrafos, contra-regras e maquinistas dão os últimos retoques no cenário do programa. As portas do auditório se abrem para o público, que corre para pegar os melhores lugares. A iluminação e o som são testados, e os câmeras fazem os ajustes finais da imagem com os operadores de VT.

De repente, um dos três pauteiros do programa, lá do fundo da sala, berra:

– O Ronaldinho não pode hoje... ele não conseguiu pegar o voo pra São Paulo...!

Ao que a produtora do quadro em que Ronaldinho participaria, lamenta, objetivamente:

– Puta que o pariu, fodeu!!

– Não adianta, caiu o "vivo" também (seria uma entrada ao vivo de um repórter, que mostraria a casa de Ronaldinho).

– Manda a equipe que ia "fazer o Ronaldinho" pra praça da Sé, e um repórter pra fazer um *show* de rua com quem estiver passando – ordenou o diretor do programa.

Enquanto isso, o assistente de produção, que "faria o Ronaldinho", comenta:

– Lá vem aquela bosta de *show* de rua de novo... É só cair um VT que a palhaçada começa...

O duro era ver a repórter "especial" do programa tentando decorar um texto de duas linhas, com uma cartolina enorme na sua frente. E o diretor de externas tentando manter a paciência para não bater na moça.

A banda de pagode do momento estava atrasada e, a essa altura, a produtora musical já tinha arrancado parte de seus cabelos pretos e oleosos, enquanto segurava a prancheta com o nome dos calouros convidados do programa. E o apresentador, em seu camarim, comendo as frutas da estação, aguardando a hora de entrar no palco, ao vivo.

Faltando dez minutos para o programa começar, o diretor entra correndo na *switcher* (sala onde se controla todas as operações de um programa de TV) cansado, quase tendo um infarto.

– Ele (o apresentador) não quer o VT2 porque acha que a audiência vai cair... Cacete... E agora, o que eu ponho no lugar?

O diretor, num ato de desespero, aperta um botão para falar com as produtoras pelo ponto eletrônico que todas utilizavam.

– A BANDA CHEGOU? – berrou ele, cuspindo sobre a mesa de corte.

A produtora musical prontamente respondeu:

– Chegou sim... já está na maquiagem...

– Então, apressa porque eles vão ter que entrar na abertura. Caiu o VT2...

– OK – finalizou a produtora, desligando o ponto.

O programa entra no ar exatamente às 22h02, com o apresentador chamando a banda no palco. As produtoras tinham acabado de tirar os integrantes do grupo, da sala de maquiagem, e quase nem tiveram tempo para respirar, quando uma produtora ordenou que entrassem no palco.

Em casa, a dona Lourdes, que adorava esse programa, já estava tricotando uma blusa para seu netinho de cinco anos, na frente da TV. Quando a banda subiu ao palco, ela vibrou e começou a cantar junto.

Enquanto isso, na emissora, o diretor percebeu que a audiência estava aumentando, e resolveu manter a banda por mais tempo no ar. Pelo ponto eletrônico, falou com o produtor de palco para avisar o apresentador que era para chamar mais uma música, assim que terminasse a primeira. E a participação do grupo continuava aumentando a audiência. Tanto que o diretor ordenou que fosse feita uma ficha com várias questões para o apresentador perguntar aos integrantes da banda, no intuito de fazê-los permanecer por mais tempo no ar.

Como o apresentador já não tinha mais nada a perguntar, resolveu ir ao auditório para que as fãs pudessem falar com seus ídolos, perguntando sobre suas intimidades... E assim, o tempo passou, a audiência se consolidou e a emissora ficou contente por conquistar o primeiro lugar no ibope. E, claro, porque isso rendeu mais anunciantes.

Bem, analisando essa cadeia de eventos de bastidores, típicos de um programa de auditório ao vivo, dá para perceber qual o ponto de partida da produção para levar o programa ao ar. A audiência tem que subir... e temos que mostrar aquilo que as pessoas querem ver. Nesse caso, a primeira opção foi a casa de Ronaldinho. Obviamente que, quando algo dá errado, todo o plano de alavancagem da audiência tem que ser revisto de improviso, colocando no ar o que de mais "interessante" estiver no "ponto da fita" ou na coxia (bastidores) do estúdio para que o telespectador não troque de canal e, portanto, assegure os anunciantes do programa. No caso do exemplo acima, a banda tampou o buraco que Ronaldinho deixou, e com êxito. Ah, e a equipe de externa ainda estava se dirigindo para a praça da Sé...

Resumindo: o que as pessoas gostam e querem ver? A resposta é o que vai entrar no ar. Simples. Todo o "homem" de televisão sabe disso e seria um louco se fugisse à regra. Com boa audiência, o programa conquista anunciantes e paga as despesas e os salários dos funcionários da emissora. Essa é a realidade.

Muito bem. Nesse ano, fui convidado[3] a dar aulas de produção em TV digital, no curso de pós-graduação, em uma universidade de São Paulo. E a primeira coisa que fiz quando cheguei à sala foi dividir a turma de 24 alunos em três grupos. Na certa, pensaram em algum trabalho escolar, onde um escreve e os outros ficam olhando. Alguns olhavam para mim com aquele ar de dúvida. Afinal, a sala estava bem arrumada, com todas as fileiras emparelhadas, uma carteira atrás da outra, uma grande mesa do professor sobre uma espécie de palanque e uma tela branca, onde possivelmente o docente mostraria *slides*. Tudo bem que eu nem tinha preparado nenhum *slide* em Power Point. Sem professor no quadro branco, sem *slides*, e sem aquele clima de sala de aula, onde todos olham para a nuca do colega da frente.

Os grupos foram formados e comecei dizendo:

– A partir de agora, vocês representam três núcleos de produção de programas interativos para a TV digital. Cada um deve escolher qual gênero de programa que o grupo gostaria de produzir: novela, programa de auditótio, telejornal, documentário, revista eletrônica... qualquer gênero. Depois de escolher, vocês deverão criar um programa interativo, sem se preocupar ainda com o que será possível fazer quando a TV digital for implantada. Criem o que vocês acharem mais interessante – e todos se voltaram para seus colegas de equipe.

Era preciso fazer os alunos passarem pela experiência de criar um programa com interatividade. Só assim eles descobririam qual a mudança na produção dos programas na futura TV digital. Nesse momento, as equipes começaram a falar entre si, defendendo, cada uma, seu ponto de vista. Até que todos chegaram a um acordo. O grupo A escolheu telejornal; o grupo B, programa de auditório; e o grupo C, revista eletrônica.

---

3. Participação de Alexandre Mendonça no primeiro curso de especialização em TV digital interativa, ministrando a disciplina "Digitalização da Produção", na Universidade Metodista de São Paulo/primeiro semestre de 2007.

Em seguida, nomeei os diretores de cada núcleo, que seriam responsáveis por "apresentar" o programa que as equipes desenvolveriam para todos da sala. Foram duas horas e meia de discussões, comentários, bate-boca... até que os diretores de cada núcleo prepararam suas apresentações para o fim da aula. Cada diretor iria mostrar o que a equipe criou e quais as aplicações interativas do programa. Desse jeito mesmo, sem ter o dia todo para pensar. Tinha que sair algo ali, na pressão.

Formamos um grande círculo em torno do palanque do professor, com apenas uma cadeira. Ali, o diretor apresentaria a ideia de seu grupo. Vanderlei, da equipe A, começou defendendo seu telejornal interativo. A diretora da equipe B, Denise, mostrou como seria um programa de namoro interativo na TV. Pareceu-me bastante interessante, mas não posso revelar a ideia que o grupo criou (Silvio Santos iria adorar!). Já o diretor da equipe C, Reginaldo, apresentou sua versão interativa do "Fantástico" da Rede Globo. As três ideias eram muito boas, mas havia apenas um problema na criação da turma.

– O que vocês pensaram como ponto de partida para a criação desses programas? Vanderlei? Você primeiro...

– Bom... a gente, primeiro, pensou no formato do telejornal, como seriam os blocos com as interações... Depois a gente foi criando o conteúdo de acordo com os tipos de interação que a gente definiu...

Denise foi a segunda a responder a mesma questão.

– Nós partimos da linguagem da MTV, com base naquele programa "Beija Sapo" (programa de namoro, de Daniela Cicarelli).

Por último, Reginaldo.

– Nós partimos da questão comercial mesmo... do que seria lucrativo em termos de interatividade para que o programa pudesse faturar e ser interessante ao mesmo tempo.

Depois de saber as opiniões das equipes sobre suas criações, fiz uma ressalva. As ideias foram bem elaboradas, com quadros criativos e os integrantes de cada equipe participaram ativamente da tarefa. Porém, faltava alguma coisa. O ponto de partida, no caso da TV digital, iria muito além daqueles mencionados pelos representantes dos grupos. Em seguida, perguntei:

– Vocês acham que esses programas seriam bons? Fariam sucesso?

Todos foram unânimes em dizer que sim, que eram programas que fariam sucesso na TV digital interativa. Entretanto, a sabedoria dos homens de televisão, como lembra João Loredo, diz que "programa de TV é igual a avião; só sabemos se funciona quando está no ar". Não há como afirmar se um programa será um sucesso ou um desastre. Até porque são vários elementos que estão em jogo: público-alvo, horário de veiculação, tipo de patrocinador... Uma coisa é certa: existem inúmeros pontos de partida para a produção de um programa atualmente. Às vezes, um programa é todo pensando em cima de um patrocinador em potencial. Outras vezes, um programa é criado para acompanhar uma tendência musical, como programas sertanejos que tiveram seu auge na década de 1990. Certamente, aquilo que o público espera ver na TV tem lugar cativo na grade de programação das emissoras. Os alunos continuavam em silêncio.

É importante perceber ainda que alguns programas da TV aberta brasileira – anunciados como interativos e até mesmo novos programas da TV digital interativa (por assinatura) – não apresentam uma relação de diálogo tão eficiente. São votações eletrônicas, a partir de alternativas apresentadas pelas emissoras; a compra de mercadorias pela TV; o acesso a informações adicionais sobre um determinado assunto – como o ato de acessar uma notícia de última hora na TV (através dos *links*, com o uso de hipertexto); entre outras opções. Claro que existem novidades sendo apresentadas. No entanto, podem ser consideradas mais como atrações do que necessariamente um novo canal de retorno aberto ao telespectador.

O Núcleo de TV Digital Interativa (NTDI) da UFSC, em Florianópolis, foi criado justamente para pesquisar, discutir e propor maneiras de produzir programas interativos que pudessem inserir o telespectador no diálogo com o apresentador ou com o assunto que seria apresentado. Essa experiência foi usada para fazer os alunos entenderem o que estava faltando nos programas que eles criaram.

A PRIMEIRA EXPERIÊNCIA

Um grupo de jovens pesquisadores, formado por jornalistas, *designers*, produtores, engenheiros e estudantes de jornalismo, engenharia e informática, chegava todos os dias, às 8h30 da manhã, para começar o trabalho de criação e desenvolvimento de atrações interativas. E a primeira coisa a reconhecer foi justamente o formato de TV que se conhece hoje, já incorporado pelas famílias brasileiras há mais de meio século. Nossa equipe precisava desenvolver seis aplicativos, dos quais quatro seriam produções televisivas. Para isso, várias reuniões foram feitas para mostrar aos engenheiros e pesquisadores de informática qual seria a linguagem e o formato dos programas que estávamos criando, para que eles pudessem entender a lógica do funcionamento de um programa de TV. Ao mesmo tempo, os técnicos mostravam à equipe de linguagem como a tecnologia funcionava e até aonde podíamos chegar com as atrações. Essa parceria foi decisiva para a total integração dos membros da equipe e para a qualidade dos aplicativos desenvolvidos.

Para saber como começar a criar os programas, tivemos que fazer um giro ao redor do mundo, pela internet e por meio de amigos que estavam no exterior, para conhecer a programação interativa de países que já transmitiam sinal digital de TV. A conclusão foi de que, até 2005, pouquíssimas experiências haviam sido feitas para que o telespectador interagisse com a programação, do mesmo jeito que podemos ver hoje em canais por assinatura. Se apertarmos um botão do controle remoto de uma determinada operadora (com símbolo da letra "i"), o usuário poderá ler informações na tela, como se fosse na internet.

Na Inglaterra, por exemplo, um programa sobre saúde fornecia informações adicionais dessa maneira, em telas estáticas. Esse tipo de interatividade, a mais simples, é chamada de nível I. Nela, quem assiste a um videoclipe no Multishow, por exemplo, pode apertar um botão e ler, na tela, a letra da música. É o chamado hipertexto, que já citamos. Mas programas interativos em que o telespectador pudesse receber uma resposta imediata e exclusiva, dentro do fluxo de áudio e vídeo, ainda não tinham sido feitos.

Começava, então, o pioneirismo do NTDI. O resultado de todo o trabalho da equipe foi a produção de um programa de auditório com quase duas horas de duração, com cinco momentos de interatividade diferentes, um em cada bloco do programa. Com esses aplicativos, a pessoa em casa poderia saber qual o seu grau de estresse, se estava prestes a ter uma depressão e como evitar a doença, se estava muito acima do peso e, ainda, quais as atividades que qualquer um poderia fazer em casa para se livrar de seus problemas e viver bem.

Então, relembrando a pergunta feita aos alunos de especialização em TV digital: qual o ponto de partida para a produção de um programa interativo? Ninguém dos três grupos havia pensado no fator mais importante na hora de criar um programa interativo: o telespectador. É nele em quem a produção deve pensar primeiro. Se na TV analógica um programa pode começar a ser pensado pelo formato, pela atração que todos querem ver, na TV digital, o início e o fim do processo de produção será sempre o telespectador. Por quê? Por causa da diferença básica que existe entre TV analógica e TV digital: a interatividade. Aí, perguntei aos alunos da pós-graduação:

– O que significa, na prática, a interatividade para o telespectador?

A resposta parecia fácil demais.

– O telespectador não vai só assistir à TV, vai participar também... – disse Reginaldo.

– Sim, mas o que essa participação vai trazer de mudança na vida do telespectador? – insisti.

E como não obtive resposta dessa vez, joguei uma pergunta que, muito provavelmente, alguém responderia.

– Alguém tem uma caneta vermelha para me emprestar?

Andrei, da equipe A, logo se manifestou e pegou uma caneta vermelha do seu estojo. Levantou-se e eu fui ao encontro dele para pegá-la.

– O que o Andrei acabou de fazer? – perguntei, ao voltar para o centro da sala.

Os alunos ficaram pensando, talvez para elaborar uma resposta complexa que pudesse impressionar os colegas. Mas um deles arriscou falar o óbvio.

– Ele atendeu você. Você precisou de algo e ele deu a você.

Reginaldo tinha matado a charada. Ao precisar de uma caneta vermelha, uma pessoa atendeu à minha solicitação, sem esperar que alguém fosse comprar uma caneta vermelha para trazer no dia seguinte. O Andrei atendeu minha necessidade, em tempo real, da mesma forma como vai acontecer na TV digital interativa. Ou seja, o ponto de partida para a elaboração de um programa de TV interativo é atender à necessidade do telespectador. A necessidade de se obter algo pressupõe o atendimento à solicitação. E, no caso da televisão, precisamos mostrar o que ele precisa saber de forma que ele queira ver. Está aí a grande diferença entre a internet e a TV digital interativa.

Na internet é visível que o nível de interatividade pode ser elevado e esse recurso vai estar disponível na nova TV também. Mas a internet nasceu interativa, e é caracterizada pelas visitas de seus usuários. Já a televisão, há mais de cinquenta anos, tem como característica o "convite" aos telespectadores. Kerckhove explica a diferença que existe entre ler um livro e assistir à TV. Durante a leitura, as palavras levam o mundo para a mente, onde imaginamos lugares e pessoas. Na TV, a mente entra na tela, no mundo que está sendo mostrado. Quer dizer, aceitamos o convite.

Tendo perdido o controle sobre a tela durante a era da televisão, estamos começando a recuperar o controle com o computador. *Screenagers* é um termo cunhado por Douglas Rushkoff, que tem como modelo a conhecida categoria dos *teenagers*. Os *screenagers* são meninos e meninas que estão usando a televisão como um meio interativo; eles "brincam de televisão" com *videogames*, com a internet, CD-ROMs, e assim por diante. Eles sabem como controlar a tela, ao passo que seus pais se satisfazem em apenas olhar para ela. Assim tivemos uma introdução com o controle remoto, o *mouse* e o teclado. O computador traz uma total recuperação do controle sobre a tela de modo que agora, quando usamos um computador, compartilhamos a responsabilidade de produzir significado. Produzimos significado junto com a máquina e com as pessoas[4].

Em poucas palavras, na internet, o usuário *busca* informações. Na TV digital interativa, o telespectador *é convidado* a participar.

Os alunos ficaram inquietos e a discussão começou. Alguns defendiam a tese de que a interatividade não era nenhum atrativo. Outros, acabaram entendendo que, com a participação, abre-se uma imensa gama de possibilidades.

– ...por que a interatividade... – continuei – não tem tudo a ver com o processo de educação?

– TEM! – disse, entusiasmada e bem alto, a única contadora do curso, que também era professora – Você tem que interagir com o aluno pra que ele possa, de fato, aprender – concluiu ela.

Ainda ficava difícil para alguns alunos entenderem essa mudança. Na verdade, a única mudança é a tecnologia. Podemos considerar que estamos apenas acrescentando algo na televisão, que vai dar chance a muita gente de fazer parte do seu país ativamente, através da interatividade.

No fim da aula, um dos alunos que mais duvidavam da interatividade na TV disse, antes de sair da sala:

---

4. Derrick de Kerckhove, "A Arquitetura da Inteligência: Interfaces do Corpo, da Mente e do Mundo", pp. 17-18.

– Eu entendi... se o governo fizer funcionar essa interatividade, vai ser o ideal! Mas será que isso vai acontecer mesmo?

– Bom, nós, que somos produtores de conteúdo, temos que estar preparados para isso... – finalizei.

Um casal de namorados se aproximou da minha mesa, pedindo *e-mail* e número de telefone.

– Acho que a gente tem que se unir pra isso acontecer – comentou a moça, muito simpática – ... e vamos manter contato. Quem sabe a gente ainda faça projetos juntos!

– Ótimo! Quanto mais gente defender o uso da interatividade na TV digital, mais chances as pessoas vão ter de ganhar uma televisão melhor.

TREINAMENTO

Talvez este exemplo dê a real dimensão do que pode representar a interatividade como convite à participação do público brasileiro. Durante o projeto SBTVD, a equipe do NTDI desenvolveu um aplicativo chamado Treinamento de Agentes de Saúde. Na TV digital, haverá a possibilidade de os canais disponibilizarem "portais" de informações, como aqueles canais de TV por assinatura que mostram como aproveitar melhor os serviços oferecidos pela operadora. Um portal de saúde, por exemplo, pode oferecer treinamentos para agentes comunitários melhorarem o atendimento ao público, com acesso restrito aos agentes comunitários.

O tema escolhido para esse treinamento "modelo" foi "gravidez na adolescência". Como a pesquisa é sempre uma boa forma de começar um novo projeto, nossa equipe resolveu visitar uma maternidade em Florianópolis, para conhecer a realidade de perto. Além dessa pequena experiência, os dados nacionais mostraram uma dimensão chocante da realidade brasileira. Todo ano, cerca de 15% das adolescentes engravidam no país. Os motivos variam desde o desejo de ser independente à falta de informação.

Enquanto aguardávamos para conversar com uma das médicas da maternidade, eu, que coordenava a equipe, e a produtora de externa vimos uma garota, que segurava um bebê no colo, aproximando-se da sala de espera. Era uma menina negra, de rosto arredondado, meio tímida na expressão, mas com olhos que escondiam uma história nada agradável. Não tivemos dúvida. Comecei perguntando nome e idade. Renata, de dezessete anos, já tinha um bebê de um ano de vida, e ainda frequentava a maternidade depois que o menino, Douglas, saiu da internação por problemas respiratórios.

Tentamos saber toda a história de vida daquela menina. No auge da conversa, perguntei se os pais dela trabalhavam. Ela disse que só a mãe trabalhava como doméstica. O pai estava desempregado há seis meses.

– E o seu marido, mora com você? – perguntei, curioso.

– Não, ele tá preso – respondeu ela com naturalidade.

– E por que ele foi preso?

– Drogas... E não foi só por drogas não, ele matou mesmo. Não uma, mas várias pessoas...

Da mesma forma que você, também ficamos perplexos. Ela vivia em uma favela de Florianópolis com os pais, o irmão de cinco anos e seu filho. Ela disse que já havia engravidado aos catorze anos, mas perdeu o bebê. Um ano depois, engravidou de novo. E quando perguntamos sobre o futuro, ela respondeu com um sorriso de vitória:

– Nós vamos casar, assim que ele sair da cadeia. E vamos ter dois, três, cinco filhos... E assim vai indo...

Renata não pensava em trabalhar, pois achava que era muito "cavala pra falar ao telefone". Não gostava de lidar com pessoas e pretendia ser dona de casa e ter ainda mais filhos com o marido (sem saber quando ele sairia da cadeia).

Ao conversarmos com a médica, ela afirmou que 60% das adolescentes atendidas, naquela maternidade, viviam em situação parecida com a de Renata. Pobreza, falta de informação, de sonhos... Era a realidade de meninas cujas famílias não têm sequer condições de educá-las, devido à vida que levam. Agora, imagine se, com a televisão, a gente pudesse chegar até essas adolescentes e suas famílias, com a mesma linguagem que elas estão acostumadas a ver, e mostrássemos outra realidade, a vida que elas poderiam ter se experimentassem um mundo diferente? A interatividade pode fazer isso. E outro auxílio precioso seria treinando os agentes de postos de saúde a levar informações e conhecimento às comunidades carentes de uma forma mais eficaz, que ofereça confiança e inspire motivação.

Esse é apenas um exemplo. Para o projeto SBTVD, foram produzidos ainda os programas[5]: *Viva Mais* e aplicativos como *Dica de Saúde, Ajuda!, Marcação de Consulta* e *Acesso ao Prontuário Médico.* Os programadores, roteiristas, especialistas em saúde e *designers*, participaram juntos de todas as etapas. Assistiram, juntos, a história da Renata para que todos entendessem o papel importante da interatividade. Compreenderam qual seria a "linha" do programa de TV, como seria a relação entre fluxo de áudio e vídeo e as aplicações interativas, tudo em sintonia. Como seria o "diálogo" entre o apresentador, o usuário e o momento certo de entrada dos aplicativos. Isso tudo é bem diferente de simplesmente colocar uma aplicação interativa em meio a um programa que não foi pensado e construído para ser interativo.

Com a exibição de reportagens e entrevistas com médicos e profissionais, o usuário pôde participar, fazendo testes para saber se tem que procurar um médico ou que medidas pode tomar para melhorar. E o apresentador, o tempo todo, apontava os caminhos e incentivava o usuário a interagir. Recursos que, mesmo em níveis baixos de interatividade técnica (local, nível 1), podem fazer a diferença ao oferecer mais dados que podem ser acessados em tempo diferente do fluxo de áudio e vídeo da televisão.

5. Cf. www.ntdi.ufsc.br.

Outro exemplo do que isso pode representar é uma matéria que foi veiculada pelo *Jornal Nacional* do dia 13 de agosto de 2007. A repórter Kíria Meurer, em Santa Catarina, mostrava o que as autoridades de uma cidade do interior do estado fizeram com máquinas caça níqueis apreendidas. No lugar da tela dos jogos, foram instalados programas e jogos interativos que ensinavam sobre os tipos de drogas e como elas afetavam a saúde do usuário. O objetivo do jogo era relacionar o tipo de droga com as consequências que ela trazia. O resultado foi a adesão maciça dos alunos de um colégio público. Uma das alunas disse que nem percebia que estava aprendendo, de tão divertido que era jogar naquelas máquinas. A proposta do NTDI da UFSC era justamente envolver os telespectadores de uma forma que eles pudessem aprender se divertindo. Garotas, como a Renata, devem ter a chance de descobrir que o aprendizado pode ser uma mera distração para deixar a vida mais divertida e cheia de oportunidades.

DIVERTIMENTO QUE EDUCA?

Você já ouviu pesquisadores e críticos dizendo que a televisão não educa ninguém. De fato, não educa como a escola e o ambiente familiar. Mas sabe por quê? Porque, até então, não existe interação com o telespectador. Segundo o prof. dr. Renato Sabbatini, da Unicamp, um dos maiores especialistas em educação a distância do país, "só se consegue educar com interação". Pesquisas em todo o mundo mostram que durante uma palestra, por exemplo, as pessoas conseguem reter, no máximo, de 6% a 10% daquilo que foi dito. O motivo é simples: as pessoas só ficam ouvindo o palestrante, sem interagir. Sem interação, qualquer um fica cansado, sonolento (já vi gente roncando durante a palestra de um médico).

Agora, pense naquele professor que você adorava no colegial. O que o diferenciava do professor chato? Na certa, ele era amigo, ele conversava com você e o ajudava a crescer. Bingo!

Com a TV digital interativa teremos essa chance. O apresentador que, antes, fingia conversar com você, agora vai poder até mandar uma resposta. Quem sabe teremos uma televisão com apresentadores que, de fato, conhecem aquilo que estão dizendo e possam contribuir para o crescimento pessoal de seus telespectadores... Vai ser muito mais fácil convidar o telespectador a suprir uma necessidade básica como, por exemplo, saber se está com tendência à depressão, através de um teste interativo. O interesse é muito maior do que ver uma atração em que a pessoa não possa interagir. Quer dizer, a programação da TV digital passará a atender ao interesse público de uma forma que interesse ao público. A ideia de que as emissoras precisam mostrar só aquilo que as pessoas querem ver está em contagem regressiva.

É claro que o entretenimento jamais vai ficar de fora da televisão. Afinal, foi com isso que a população brasileira se acostumou a ver TV. E esse hábito deve ser respeitado. O fato é que, com a tecnologia digital, será possível fazer uma programação de qualidade em que cultura e entretenimento possam caminhar do mesmo lado, do lado do telespectador. E será exatamente esse o grande desafio dos produtores de TV. A experiência dos pesquisadores do NTDI mostra que é possível levar às pessoas informação de interesse público em um programa de auditório divertido, que prenda a atenção, com a mesma linguagem a que elas estão acostumadas.

INTERATIVIDADE NA PRÁTICA

Alguns exemplos podem ajudar a compreender como inserir recursos interativos com maior possibilidade de acesso pelas pessoas. Entre os inúmeros programas que poderão surgir, muitos deverão ser de prestação de serviços. Se a informação pode ser útil, ela tem que gerar uma ação que significa algum benefício para a pessoa que assiste ao programa, à família ou alguém próximo. Becker e Montez citam o exemplo de uma informação que pode salvar vidas.

Um exemplo prático de como a informação pode salvar vidas é dado por Zilda Arns, coordenadora do projeto Pastoral da Criança. Com uma receita muito simples, um copo de água, uma colher de açúcar e duas de sal, a pastoral já salvou inúmeras vidas (Arns, 2003). Pode parecer inacreditável hoje, mas já morreram muitas crianças porque os pais desconheciam a receita do soro caseiro, hoje ensinado em qualquer escola pública. É um exemplo singelo de como a informação se transforma em conhecimento, pode reduzir a mortalidade infantil e melhorar a vida de muita gente[6].

Uma consulta ao sítio *web* da Pastoral da Criança[7] garante o acesso a inúmeras informações importantes, como a apontada pelos autores. São dicas de como melhorar a vida das crianças e reduzir a mortalidade infantil. As informações do *site* são, de maneira geral, dirigidas às equipes de trabalho da pastoral. Para utilizarmos essas informações na televisão, a linguagem vai ter que mudar, ou seja, vai ser necessário buscar um pouco a mesma "conversa" que o pessoal das equipes tem com os pais das crianças. Nas dicas do *site*, é dito que existe uma resistência por partes das mães de admitir que a criança é "desnutrida". A alternativa, então, é dizer que a criança "está com baixo peso para a sua idade". Esse tipo de informação tem tudo a ver com a linguagem de TV. Se for num programa em que a própria Zilda Arns conversa com os telespectadores, a possibilidade de sucesso é ainda maior. Conhecida pelo seu trabalho, isso gera segurança em quem assiste. Bem, até aqui temos possibilidades razoáveis de conquistar a audiência. As mães, sempre preocupadas com as crianças, certamente vão se interessar.

Na TV digital, como deverá ser abordado um tema como este? No início do uso de aplicações interativas, o formato já tradicional na TV deverá ser mantido. Ele pode ser aplicado a inúme-

---

6. Valdecir Becker e Carlos Montez, TV *Digital Interativa: Conceitos, Desafios e Perspectivas para o Brasil*.
7. Cf. http://www.pastoraldacrianca.org.br.

ros temas, e é a garantia de audiência e do início do processo de interatividade. Então, a tabela de peso da criança, o soro caseiro ou receitas que podem reduzir a desnutrição poderão estar disponibilizadas num portal de acesso da televisão.

O uso da "interatividade local"[8], é a primeira e mais simples forma de acesso a informações de maneira individualizada. É o nível 1 que citamos anteriormente. Este sim, é um espaço destinado à navegação de maneira não linear, a qualquer hora. Acreditamos que não será de uma hora para outra que a mãe vai lá acessar e descobrir como "baixar" a receita. É justamente nesse ponto que o apresentador, ou a Zilda Arns, poderá dar todas as explicações e alertar, "olha, se você estiver preocupada com o peso do bebê, dê uma conferida. Você pode consultar a tabela aí na tela da sua televisão. Aí tem também um telefone da sua região...". As informações adicionais chegam com o fluxo de áudio e vídeo e são acessadas na URD[9], por isso, a interatividade é local. Estão ali, no aparelho. E a vantagem é que, terminado o programa, a mãe vai ter onde consultar. Pode não se lembrar direito como fazer, mas se está preocupada com a criança, vai perguntar à vizinha, ao filho etc.

O processo de associar a informação do programa com outros dados apresentados através de hipertexto parece ser a forma mais "natural" de garantir o contato com esses novos recursos

---

8. Existem três níveis técnicos de interatividade. No primeiro, os dados transmitidos são armazenados no receptor (*set top box*). Ao acessar as informações disponíveis em hipertexto na tela, o usuário estará na verdade "navegando" dentro dos dados armazenados na URD. Por isso é chamada "interatividade local", ou interatividade de nível 1. No segundo tipo, utiliza-se um canal de retorno, geralmente via rede telefônica. Aqui é possível retornar a mensagem, mas não necessariamente no mesmo momento, em tempo real. Na interatividade nível 3 é possível enviar e receber em tempo real, como nos *chats*.
9. Unidade Receptora Decodificadora, terminal de acesso, receptor ou *set top box*. Aparelho desenvolvido para receber sinais digitais, fazer a decodificação e permitir a sintonia de canais, permitindo a reprodução em televisores analógicos. Recursos adicionais de interatividade na TV ficam disponibilizados através dessa unidade. Em aparelhos mais caros, é possível também gravar a programação em HDs internos.

que passarão a fazer parte da TV. E ao descobrir que um *link* leva a outra informação, que leva a outro *link* e, assim, sucessivamente, de acordo com o raciocínio de cada usuário, está iniciado um caminho sem volta. Começou a "navegação".

UMA LINGUAGEM PARA CONFIANÇA E MOTIVAÇÃO

Vencer a primeira barreira significa gerar confiança. Em seguida, a pessoa se sente ainda mais motivada e, quando descobre que aquilo é bom e pode ser útil, surge um processo de internalização, passando a ser automático, da mesma forma que ela muda de canal com o controle remoto, para ver a novela. É claro que todas as etapas do programa precisam ser bem pensadas e a interface tem que ser de fácil assimilação, bem como o entendimento dos ícones a serem disponibilizados.

A proposta do programa citado é apenas uma das inúmeras possibilidades que se abrem. A utilização da interatividade através dos recursos digitais poderá estar em qualquer programa. Tudo vai depender da forma como as emissoras vão utilizar essa nova tecnologia. Os outros níveis de interatividade também poderão ser disponibilizados. Neste caso, é possível fazer retornar a mensagem, escolhendo entre várias opções; votando, por exemplo. É interessante que essa possibilidade de retornar a mensagem vai significar também, para as TVs, o recebimento de informações sobre o usuário. No capítulo "A Televisão Está nos Assistindo", do livro *TV Dot COM* (*TV Ponto COM*), Phillip Swann explica que as emissoras poderão saber os *shows* a que assistimos, os produtos que encomendamos etc. Essas informações podem ajudar na definição do público consumidor e personalizar a oferta de programas e produtos[10]. De outro lado, pode significar a invasão de privacidade.

---

10. Phillip Swann, *TV Dot Com*, p. 123.

Através do mesmo recurso, no entanto, uma emissora de TV poderá fazer consultas rápidas e ter resultados instantâneos que ajudem a resolver problemas de saúde pública, por exemplo. Contando com a ajuda da população, as pessoas poderão enviar mensagens dizendo, por exemplo, se no bairro onde moram existem focos de mosquitos que podem ser da dengue ou se existem entulhos onde a água pode ficar acumulada. Informações que permitam mapear as regiões mais problemáticas, auxiliando num trabalho mais eficiente. Neste caso, o retorno dos moradores pode resultar num atendimento mais efetivo. Este é apenas mais um exemplo.

São inúmeras as possibilidades, basta saber como utilizar os recursos e como garantir informação, entretenimento e serviços para a população de maneira mais eficiente e educativa. No nível seguinte de interatividade, a possibilidade de retorno da mensagem fica sempre disponível, ou seja, se a banda for larga, até vídeo em tempo real e com boa qualidade poderá ser enviado. As pessoas poderão participar com o conteúdo.

É preciso pensar a interatividade ligada à qualidade da programação. Por mais que o comércio na televisão (*t-commerce*) seja importante para a sobrevivência financeira das TVs – assim como as novas estratégias de propaganda e venda fazem parte dessa discussão – não se pode esquecer que os bons programas é que aumentam a audiência, garantindo um público consumidor. Acrescente-se a isso a necessidade de ensinar o uso dos novos recursos. Utilizar a interatividade de maneira racional, de respeito e participação, também faz parte do negócio televisão.

O mais surpreendente é constatar que o trabalho conjunto de pesquisadores de áreas tão distantes foi fundamental para o sucesso do projeto. Pensar, escrever e executar um roteiro numa parceria entre especialistas da área de texto (jornalistas), médicos, profissionais da área de tecnologia e *designers* foi uma rica experiência que precisa ter continuidade. Foi possível trabalhar com especificidades do dia a dia do povo brasileiro. Se tivermos como disponibilizar aos brasileiros recursos tecnológicos avançados, eles precisam ser utilizados de maneira adequada; caso contrário, o recurso pode ser colocado à disposição, mas sem efetivamente ser utilizado pelos produtores de conteúdo. Ou seja, a qualidade da programação de TV não vai melhorar apenas porque os recursos tecnológicos vão ser colocados à disposição. O trabalho multidisciplinar, de desenvolvimento de soluções úteis para o Brasil, é fundamental. É preciso continuar a pesquisa na área e também na disseminação dessas informações para os futuros produtores de conteúdo que vão atuar na TV digital brasileira.

O QUE MUDA NO ROTEIRO DE UM PROGRAMA INTERATIVO?

Muita coisa. O roteiro é o principal instrumento de trabalho de quem faz programas de TV. É ele que controla o tempo e a sequência das atrações, e dá uma visão geral de como o programa irá ao ar. É o *check-list* dos produtores, que proporciona a cada integrante da equipe total domínio do que vai ser apresentado. Sem ele, é como fazer um programa no escuro. Mesmo os programas ao vivo partem de um roteiro básico. No ar, as coisas podem mudar de acordo com a conveniência, mas é preciso elaborar um roteiro mínimo para controlar aquilo que deve ser mostrado durante a transmissão.

Durante as pesquisas do Sistema Brasileiro de TV Digital, uma das preocupações foi estudar como seriam feitas as inserções de interatividade no roteiro. E as mudanças apareceram à medida que os testes em estúdio começaram.

Primeiro: estamos diante de uma nova ferramenta de comunicação com o telespectador e, portanto, isso deve constar do roteiro, já que as aplicações interativas devem ser devidamente descritas para que os técnicos da sala de controle (*switcher*) possam saber exatamente o momento em que uma interação será realizada, e também quando a mesma termina. Com base nisso, adicionamos uma coluna ao roteiro habitual de duas colunas, aquele em que são descritas as imagens, do lado esquerdo, e as especificações de som, do lado direito. Com a terceira coluna, os produtores e técnicos do programa saberão, ao mesmo tempo, quando é preciso abrir o canal de interatividade e ficar atento à participação do público, identificando o tipo de interatividade que será disponibilizada (se de nível 1 ou em tempo real, bidirecional).

Segundo ponto: para que o operador de GC (gerador de caracteres – profissional que escreve na tela informações relevantes) não confunda, por exemplo, os nomes dos entrevistados com os momentos de interação, vimos a necessidade de encaixar uma quarta coluna, com os *storyboards* das telas (imagens detalhadas, em desenho ou arte) para melhor visualização das aplicações interativas.

E terceiro ponto: para não alterar a contagem de segundos de cada linha de texto, no caso de leitura em *teleprompter* (geralmente dois segundos por linha), as páginas dos roteiros devem ser elaboradas em formato paisagem, para que cada coluna tenha seu espaço adequado e evite confusão na hora de um profissional visualizar as informações. Veja modelo de roteiro para TV digital interativa a seguir.

Tais informações serão úteis não só para organizar a produção, mas também para que os especialistas em aplicativos saibam o tempo certo para sincronização entre áudio, vídeo e os aplicativos. Num teste em que o apresentador convida o usuário a participar, por exemplo, é nesse momento que os aplicativos deverão ser colocados à disposição. E ficarão disponíveis durante o período em que tal quadro estiver no ar, o que é diferente da internet. Depois da exibição, o teste poderá estar disponível em um portal, para ser consultado por quem não pôde fazer o teste ao vivo.

SCRIPT			
Programa: *Viver Bem*	Equipe: Núcleo de Televisão Digital Interativa (NTDI) – UFSC		
Tema: Tabagismo			
Produção: Agosto/2007 – Ilustrações e roteiro: Tadeu Sposito			
Duração: aprox. 5'			
Observações: Programa interativo de nível 1			
VÍDEO	ÁUDIO	STORYBOARD	APLICATIVO
<u>Seq. 1 – VINHETA/ PROGRAMA</u> GC: Viver Bem Tempo: 5"	(Trilha)		
<u>Seq. 2 – ESTÚDIO/ABERTURA</u> Câm 1 (Apresentador no canto direito da tela)	SE VOCÊ FUMA, DEVE ESTAR CANSADO DE OUVIR QUE CIGARRO FAZ MAL PRA SAÚDE.// E PROVAVELMENTE JÁ PENSOU EM PARAR, NÃO É VERDADE?// HOJE O VIVER BEM VAI TE AJUDAR A ABANDONAR ESSE VÍCIO.// O PRIMEIRO PASSO É SABER QUAL O GRAU DO SEU VÍCIO, NÃO É, DR. MAURO?		
<u>Seq. 3 – TESTE</u> (Dr. Mauro no canto esquerdo da tela)	ISSO MESMO.// E NÓS PREPARAMOS UM TESTE PARA AVALIAR SUA DEPENDÊNCIA, VAMOS FAZER?// PEGUE SEU CONTROLE REMOTO E APERTE O BOTÃO AZUL, ESSE AQUI.// A PRIMEIRA PERGUNTA JÁ DEVE ESTAR APARECENDO NA SUA TELA.// QUANDO VOCÊ ACORDA, SENTE VONTADE DE FUMAR?// SE A RESPOSTA FOR SIM, APERTE O BOTÃO VERDE.// SE A RESPOSTA FOR NÃO, APERTE O VERMELHO.//		Se o botão Azul for apertado, exibir em *overlay* enquete com dois botões: SIM (verde) e NÃO (vermelho). SIM soma um ponto ao resultado e conduz à próxima pergunta. NÃO conduz à próxima pergunta sem acrescentar pontos.

CONCLUSÃO

Alguns exemplos de aplicativos desenvolvidos para TV digital, recentemente, assemelham-se a aplicativos da internet. Esse problema pode ser corrigido ou, pelo menos, amenizado caso o desenvolvimento leve em conta o caráter multidisciplinar do conteúdo dessa nova mídia. Além disso, na hora de projetar os aplicativos – os recursos adicionais na tela para navegação – é preciso levar em conta a forma como o brasileiro assiste a TV. O fluxo de áudio e vídeo foi direcionado para determinado público alvo e os aplicativos deverão entrar em harmonia com o conteúdo.

Esse capítulo não teve como objetivo a análise da qualidade da programação da TV, mas sim apontar que na linguagem estabelecida, há mais de cinquenta anos, pela TV brasileira, existe uma familiaridade e a busca por um diálogo. Este trabalho faz uma constatação de que os programas da televisão atual "conversam" com o telespectador (ainda que a TV atual seja apenas unidirecional), estabelecendo um diálogo simulado. Uma das características da televisão, especificamente da TV brasileira, é a proximidade com o público, atingindo a vida cotidiana dos telespectadores, seus problemas e seus momentos de lazer.

Com a TV digital esse diálogo pode ser real, mas técnica e conteúdo precisam ser trabalhados para que essa possibilidade seja bem aproveitada. Isso tudo é diferente da internet, onde existe a interatividade, mas cada pessoa participa indo em busca das informações. A TV tem a marca de convidar para que todos participem, é mais próxima do diálogo.

Nossas experiências no SBTVD permitiram a busca de soluções técnicas com base em programas reais de TV. Várias situações puderam ser vivenciadas com soluções sendo pensadas e aprimoradas a cada momento. Isso sem contar a integração com os outros consórcios, garantindo, por exemplo, testes de compatibilidade com o *middleware* adotado – o Ginga – permitindo a transmissão digital, a recepção e a possibilidade de assistir a programas e interagir em apresentações das quais participamos pelo SBTVD, na USP, no final de 2005, e na Câmara dos Deputados, no início de 2006.

O ponto de partida de qualquer programa interativo, a partir da implantação definitiva da TV digital interativa, deverá ser sempre atender à necessidade do telespectador. Com a interatividade, é possível educar, levando informações e benefícios importantes para as comunidades. Com isso, a TV digital interativa pode chegar ao ideal de um meio de comunicação de massa, como é a televisão brasileira, atendendo às necessidades de um povo que precisa de muita informação para viver melhor e desfrutar das oportunidades que o mundo oferece. Lembre-se que para aprender é preciso interagir. E a tecnologia que está vindo pode, de fato, melhorar a vida de todos.

Isso tudo ainda é o começo. Muito precisa ser feito e aprimorado. Acreditamos que esse talvez seja um dos caminhos a percorrer.

REFERÊNCIAS

ARMES, Roy. *On Video: o Significado dos Vídeos nos Meios de Comunicação*. São Paulo, Summus, 1999. 270 p. ISBN: 85-323-0581-4.

BECKER, Valdecir & MONTEZ, Carlos. *TV Digital Interativa: Conceitos, Desafios e Perspectivas para o Brasil*. Florianópolis, i2tv, 2004. 211 p.

BRIGGS, Asa & BURKE, Peter. *Uma História Social da Mídia: de Gutenberg à Internet*. Rio de Janeiro, Jorge Zahar, 2004. 377 p. ISBN: 85-7110-771-8.

CROCOMO, Fernando Antonio. *TV Digital e Produção Interativa: A Comunidade Recebe e Manda Notícias*. 2004. 189 f. Tese (Doutorado em Engenharia de Produção – Área: Mídia e Conhecimento) – Universidade Federal de Santa Catarina. Programa de Pós-graduação em Engenharia de Produção, Florianópolis, 2004.

DOMINGUES, Diana (Org.). *A Arte no Século XXI: A Humanização das Tecnologias*. São Paulo, Editora da Unesp, 1997. 375 p. ISBN: 85-7139-160-2.

DOMINGUES, Diana (Org.). *Arte e Vida no Século XXI: Tecnologia, Ciência e Criatividade.* São Paulo, Editora da Unesp, 2003. 380 p. ISBN: 85-7139-489-X.

KERCKHOVE, Derrick de. "A Arquitetura da Inteligência: Interfaces do Corpo, da Mente e do Mundo". In: DOMINGUES, Diana (Org.). *Arte e Vida no Século XXI: Tecnologia, Ciência e Criatividade.* São Paulo, Editora da Unesp, 2003, pp. 15-26. ISBN: 85-7139-489-X.

LOREDO, João. *Era Uma Vez... a Televisão.* São Paulo, Editora Alegro, 2000. 264 p. ISBN 85-87122-13-4.

MACHADO, Arlindo. *A Televisão Levada a Sério.* São Paulo, Senac, 2000. 244 p. ISBN: 85-7359-130-7.

MACHADO, Arlindo. "Hipermídia: O Labirinto como Metáfora". In: DOMINGUES, Diana (Org.). *A Arte no Século XXI: A Humanização das Tecnologias.* 4. reimpressão. São Paulo, Editora da Unesp, 1997, pp. 144-154. ISBN: 85-7139-160-2.

MAY, Matthew E. *Toyota: A Fórmula da Inovação.* Rio de Janeiro, Elsevier, Campus, 2007. ISBN: 978-85-352-244-4.

SIQUEIRA, Ethevaldo. "Mais de 80% Não Sabem o que É TV Digital". *O Estado de São Paulo*, São Paulo, 26 mar. 2006 . Disponível em: < http://sbtvd .cpqd.com.br/?obj=noticia&mtd=detalhe&q=1856>. Acesso em: 29 mar. 2006.

SWANN, Phillip. *TV Dot Com.* Nova Iorque, TV Books, 2000. 127 p. ISBN: 1-57500-177-2.

WHITAKER, Jerry. *Interactive TV Demystified.* New York, McGraw-hill, 2001. 273 p. ISBN: 0-07-136325-4.

Ambiente para Desenvolvimento de Aplicações Declarativas para a TV Digital Brasileira

LUIZ FERNANDO GOMES SOARES

1. INTRODUÇÃO

Middleware é a camada de *software* localizada entre as aplicações (programas de uso final) e o sistema operacional. Seu objetivo é oferecer às aplicações suporte necessário para seu rápido e fácil desenvolvimento, além de esconder os detalhes das camadas inferiores, bem como a heterogeneidade entre os diferentes sistemas operacionais e *hardwares*, definindo, para os que produzem conteúdo, uma visão única de aparelho. Esse papel confere à definição do "*middleware* brasileiro" grande relevo, pois, na prática, é ele quem regulará as relações entre duas indústrias de fundamental importância no país: a de produção de conteúdos e a de fabricação de aparelhos receptores. Do ponto de vista do *software*, podemos dizer, sem exagero, que, ao definir o *middleware*, estamos, de fato, definindo a "televisão brasileira". Dominar o conhecimento dessa tecnologia é estratégico para o país, pois, o não-domínio certamente acarretaria no não-domínio de seu uso.

O universo das aplicações para TV digital pode ser particionado em dois conjuntos: o das aplicações declarativas e o das aplicações procedurais. Uma aplicação declarativa é aquela em que sua entidade "inicial" é do tipo "conteúdo declarativo". Analogamente, uma aplicação procedural é aquela em que sua entidade "inicial" é do tipo "conteúdo procedural".

Um conteúdo declarativo é baseado (especificado) em uma linguagem declarativa, isto é, em uma linguagem que enfatiza a descrição declarativa do problema, ao invés da sua decomposição em uma implementação algorítmica.

Um conteúdo procedural é baseado (especificado) em uma linguagem não declarativa. Linguagens não declarativas podem seguir diferentes paradigmas. Tem-se, assim, as linguagens baseadas em módulos, orientadas a objetos etc. A literatura sobre TV digital, no entanto, cunhou o termo procedural para representar todas as linguagens que não são declarativas. Numa programação procedural, o computador deve ser informado sobre cada passo a ser executado. Pode-se afirmar que, em linguagens procedurais, o programador possui um maior poder sobre o código, sendo capaz de estabelecer todo o fluxo de controle e execução de seu programa. Entretanto, para isso, ele deve ser bem qualificado e conhecer bem os recursos de implementação. A linguagem mais usual encontrada nos ambientes procedurais de um sistema de TV digital é Java[1].

Linguagens declarativas são linguagens de mais alto nível de abstração, usualmente ligadas a um domínio ou objetivo específico. Nas linguagens declarativas, o programador fornece apenas o conjunto das tarefas a serem realizadas, não estando preocupado com os detalhes de como o executor da linguagem (interpretador, compilador ou a própria máquina real ou virtual de execução) realmente implementará essas tarefas. Linguagens declarativas resultam em uma declaração do resultado desejado, e, portanto, normalmente não necessitam de tantas linhas de código para definir uma certa tarefa. Entre as linguagens decla-

---

1. B. Eckel, *Thinking in Java*, 2a. Edição, Pearson Education, maio de 2000.

rativas mais comuns estão a NCL (Nested Context Language)[2], SMIL[3] e XHTML[4].

Aplicações para TV digital usualmente lidam com objetos (a partir de agora chamados de "objetos de mídia") que são gerados individualmente, baseados em ferramentas de terceiros, mais apropriadas à edição de cada mídia específica. Exemplos de tais ferramentas encontradas em ambientes televisivos são o Avid[5], Final Cut[6], Pro-Tools[7], ferramentas para gerações gráficas, para geração de objetos de texto etc.

Grande parte das aplicações multimídia (interativas ou não) para TV digital, é baseada na sincronização espacial e temporal entre os seus diversos objetos de mídia e, possivelmente, na escolha entre alternativas de objetos para apresentação. Uma linguagem de "cola" entre objetos que permita a definição de seus sincronismos e suas adaptabilidades se torna assim a solução ideal, para a geração desse conteúdo multimídia, ou aplicação, tipicamente declarativo.

Mesmo quando tais aplicações são suportadas por um tipo procedural (Java)[8], o que se nota é que as ferramentas de autoria tentam esconder do programador toda parte procedural, oferecendo uma interface declarativa ao gerador de aplicações (Jame

---

2. L.F.G. Soares e R.F. Rodrigues, "Nested Context Language 3.0 Part 8 – NCL Digital TV Profiles". Monografias em Ciência da Computação do Departamento de Informática da PUC-Rio, MCC 35/06, 2006.

3. World-Wide Web Consortium, "Synchronized Multimedia Integration Language (SMIL 2.1)", W3C Recommendation, dezembro de 2005.

4. World-Wide Web Consortium, "XHTML™ 1.0 The Extensible HyperText Markup Language (Second Edition)", W3C Recommendation, agosto de 2002.

5. Cf. http://www.avid.com/.

6. Cf. http://www.apple.com/finalcutstudio/.

7. Cf. http://www.digidesign.com/.

8. Por ser uma linguagem onde o programador especialista é capaz de estabelecer todo o fluxo de controle e execução de seu programa, uma linguagem procedural pode especificar de forma procedural (algorítmica) qualquer conteúdo declarativo. A recíproca não é verdadeira, visto que as linguagens declarativas não têm o foco geral, mas, ao contrário, usualmente são projetadas para facilitar o desenvolvimento de aplicações com um foco específico.

Author[9]; Cardinal Studio[10]; AltiComposer[11] etc.). A dificuldade e limitação dessas ferramentas são, porém, evidentes, por não terem como base uma linguagem declarativa eficiente.

A princípio, poder-se-ia pensar que o uso de uma linguagem declarativa é sempre mais vantajoso do que o uso de linguagens não declarativas, entretanto, como já mencionado, as linguagens declarativas têm de ser definidas com um foco específico. Quando o foco da aplicação não casa com o da linguagem, o uso de uma linguagem procedural não é apenas vantajoso, mas se faz necessário.

Uma aplicação não precisa ser puramente declarativa ou puramente procedural. Uma aplicação declarativa pura é aquela em que todas as suas entidades, e não apenas a "inicial", é do tipo conteúdo declarativo (especificado segundo uma linguagem declarativa). Analogamente, uma aplicação procedural pura é aquela em que todas as suas entidades, e não apenas a "inicial", é do tipo conteúdo procedural. Uma aplicação híbrida (procedural ou declarativa) é aquela cujo conjunto de entidades contém tanto conteúdo do tipo declarativo quanto procedural.

Frequentemente, aplicações declarativas fazem uso de conteúdos em *script*, que são de natureza procedural. Mais ainda, uma aplicação declarativa pode referenciar um código procedural embutido (no caso usual de sistemas de TV digital, um XLet JavaTV). Da mesma forma, aplicações procedurais podem referenciar conteúdos declarativos, ou até construir e iniciar a apresentação de um conteúdo declarativo.

Assim, sem erro pode-se afirmar que, nos sistemas de TV digital, os dois tipos de aplicação irão coexistir, sendo, então, con-

---

9. Fraunhofer Institute for Media Communication IMK, Jame Author 1.0 – Schloss Birlinghoven – Germany – Disponível em http://www.jame.tv. Acesso em 22 fev. 2007.
10. Cardinal Information Systems Ltd, Cardinal Studio 4.0 – Finland – Disponível em http://www.cardinal.fi. Acesso em 22 fev. 2007.
11. Alticast Inc, AltiComposer 2.0 – USA – Disponível em http://www.alticast.com. Acesso em 22 fev. 2007.

veniente que o dispositivo receptor integre o suporte aos dois tipos em seu *middleware*. Esse é o caso do *middleware* Ginga do Sistema Brasileiro de TV Digital Terrestre (ISDTV-T). Após esta rápida introdução aos paradigmas de estilos de programação utilizados nos diversos *middlewares* para sistemas de TV digital, este artigo segue, na Seção 2, apresentando um breve histórico do desenvolvimento dos *middlewares*, situando neste histórico o *middleware* padrão do sistema brasileiro Ginga. A Seção 3 aprofunda um pouco mais a discussão sobre o ambiente declarativo do Ginga, em particular sua linguagem declarativa NCL (Nested Context Language), deixando para a Seção 4 as considerações finais.

2. UM BREVE HISTÓRICO

Um dos primeiros padrões abertos, usados nos sistemas de TV digital (DTV), foi definido pelo ISO-MHEG (Multimedia and Hypermedia Experts Group) em 1997[12], conhecido como MHEG-1 (MHEG part 1), que usava a notação sintática ASN-1 para a definição de aplicações multimídia baseadas no relacionamento entre objetos. Em 1991, o modelo de contextos aninhados NCM[13], modelo conceitual de dados base da linguagem NCL, propôs uma solução para o problema então em aberto, sobre aninhamento de composições[14], de onde derivou seu nome, que foi em seguida adotada pelo MHEG como sua estrutura de composições, na reunião do grupo de trabalho em 1992.

12. ISO/IEC 13522-5. Information Technology – Coding of multimedia and hypermedia information – Part 5: Support for base-level interactive applications, *ISO Standard*, 1997.
13. L.F.G. Soares e R.F. Rodrigues, Nested Context Model 3.0: Part 1 – NCM Core, *Technical Report, Departamento de Informática PUC-Rio*. Maio de 2005, ISSN: 0103-9741. Também disponível em www.telemidia.puc-rio.br/maestro.
14. F.G. Halasz, "Reflexions on Notecards: Seven Issues for the Next Generation of Hypermedia Systems". *Communications of ACM*, Vol.31, 7, jul. 1988.

Desde o início, tanto NCM quanto o MHEG apresentavam uma linguagem declarativa que incluía o suporte a objetos procedurais, estendendo seus modelos declarativos básicos. NCM, no entanto, tinha como foco apenas apresentações na *web* e não no ambiente de TV digital.

O avanço da especificação MHEG se deu junto ao sucesso da portabilidade da linguagem Java e, assim, em 1998 MHEG incorporava o uso de Java na definição de seus objetos *scripts*, aliando sua força declarativa ao poder computacional de Java. Embora essa versão MHEG-6 nunca tenha sido implantada, ela formou a base para o padrão de TV interativa Davic (Digital Audio Visual Council), que teve várias de suas APIs adotadas pelo Multimedia Home Platform[15].

MHP foi o primeiro padrão de *middleware* puramente em Java, evoluindo posteriormente para a harmonização GEM (Globally Executable MHP)[16]. Esta mudança do paradigma declarativo em direção a Java, principalmente pela portabilidade de Java, não significou, entretanto, o abandono do paradigma declarativo. Pouco a pouco *middlewares* baseados em Java reincorporaram o ambiente declarativo. No MHP, ele foi incluído pelo uso do HTML e *plug-ins* para outros formatos. A demora na definição de um perfil padrão HTML, entretanto, levou a várias implementações diferentes, fazendo com que a maioria das aplicações que usam o HTML, no presente momento, o façam através de *browsers* HTML que devem ser obtidos por *download*, de forma a garantir a consistência da apresentação em diferentes receptores.

A tentativa de padronização de um ambiente declarativo pelo MHP, que abraçasse os diversos legados HTML, levou à complexidade excessiva do DVB-HTML[17]. Assim, embora padrão na

15. ETSI Multimedia Home Plataform (MHP) Especification 1.1.1. *ETSI Standard.* 2003.

16. ETSI. TS 102 819 V1.3.1: Digital Video Broadcasting (DVB) Globally Executable MHP version 1.0.2 (GEM 1.0.2). *ETSI Standard. 2005.*

17. ETSI – European Telecommunications Standards Institute. "Digital Video Broad-

versão MHP 1.1, o uso do DVB-HTML é questionado por inúmeras implementações, que continuam a trabalhar com *browsers* HTML obtidos por *download*.

O uso da linguagem HTML como linguagem declarativa é bastante questionável, pelo fato de ter seu foco exclusivamente na interatividade, relegando o tratamento do sincronismo temporal, em sua forma mais geral, a *scripts* procedurais, usualmente escritos em EcmaScript[18]. Tal é o caso do DVB-HTML, do padrão DVB, e do Acap-X[19], do padrão ATSC.

Reconhecendo a importância do ambiente declarativo e do suporte que deve ser dado a aplicações, com foco no sincronismo espacial e temporal de seus objetos de mídia, discussões sobre o *middleware* do padrão japonês ISDB levaram em conta a existência da linguagem SMIL, padrão W3C para sincronismo de mídia na *web*. Entretanto, abandonaram a ideia, pela simples razão que assim reportaram: "SMIL é um esquema de representação bastante estático. A linguagem está pronta para temporizações pré-programadas, mas não em tempo real. Ela é inconveniente para programas ao vivo". Na verdade, apenas recentemente, em 2006, um perfil SMIL, específico para TV digital, começou a ser estudado, em uma possível junção com a linguagem NCL. Assim, tal qual nos sistemas DVB e ATSC, o sistema ISDB adota um perfil XHTML como base de sua linguagem declarativa, chamada BML[20].

Em BML, assim como nos outros padrões, o sincronismo de mídia e a adaptabilidade são conseguidos através de entidades procedurais, escritas por meio da linguagem EcmaScript. Sincro-

---

casting (DVB); Multimedia Home Platform (MHP) Specification 1.1.1", Especificação Técnica ETSI TS 102 B12, maio 2005.

18. Ecma Standardizing Information and Communication Systems. "EcmaScript Language Specification", Standard Ecma 262, 3ª Edição, dez. 1999.

19. ATSC – Advanced Television Systems Committee "ATSC Standard: Advanced Common Application Platform (Acap)", Padrão A/101, Washington, EUA, ago. 2005.

20. Arib – Association of Radio Industries and Businesses "Data Coding and Transmission Specifications for Digital Broadcasting Volume 2: XML-Based Multimedia Coding Schema", STD-B24 Versão 4, fev. 2004.

nismo em programas gerados ao vivo é obtido através de funções EcmaScript chamadas por eventos de fluxo (*stream events*) DSM-CC[21], denominados *b-events* em BML.

O padrão ISDB também previu o uso do GEM como seu ambiente procedural, mas esse nunca foi implementado nem parece ter perspectiva de ser a médio prazo. Assim, BML, através de seus objetos EcmaScript, assume todas as funções procedurais necessárias em um *middleware*, fazendo com que uma possível futura versão com o GEM integrado seja, provavelmente, ineficiente, devido a redundâncias de funções que terá de oferecer.

Por ser mais recente, o sistema brasileiro de TV digital teve por obrigação procurar as alternativas tecnológicas mais recentes e entre elas estava a concepção de um *middleware* onde a convivência dos ambientes declarativo e procedural fosse a mais eficiente possível, em termos de custo e desempenho, além de dar suporte a aplicações declarativas de forma mais eficiente possível e, portanto, tendo como foco: o sincronismo de mídia na sua forma mais ampla, tendo a interatividade do usuário como caso particular; a adaptabilidade do conteúdo a ser apresentado; e o suporte a múltiplos dispositivos de interação e exibição. Nasce, assim, o *middleware* Ginga, incorporando o ambiente procedural GEM estendido, e o ambiente declarativo baseado na linguagem NCL-Lua. É sobre esse ambiente declarativo que trata o restante deste artigo.

3. O AMBIENTE DECLARATIVO DO MIDDLEWARE GINGA

Ginga-NCL[22] é o subsistema "lógico" do *middleware* Ginga que processa documentos NCL. Entre seus módulos-chaves está o

---

21. ISO/IEC International Organization for Standardization. *13818-6:1998, Generic Coding of Moving Pictures and Associated Audio Information – Part 6: Extensions for DSM-CC*, 1998.

22. L.F.G. Soares, *Standard 06 – ISDTV-T Data Codification and Transmission Specifications for Digital Broadcasting, Volume 2 – GINGA-NCL: Environment for the Execution of Declarative Applications*. São Paulo, ISDTV-T Forum, 2006.

Formatador NCL, que é o responsável por receber um documento NCL e controlar sua apresentação, fazendo com que as relações de sincronismo entre os objetos de mídia existentes sejam respeitadas.

Diferente do HTML, ou XHTML, a linguagem NCL não mistura a definição do conteúdo de um documento com sua estruturação, oferecendo um controle não invasivo, tanto do leiaute do documento (apresentação espacial), quanto da sua apresentação temporal. Como tal, NCL não define nenhum objeto de mídia, mas apenas a "cola" que mantém esses objetos semanticamente juntos em uma apresentação multimídia.

Objetos de vídeo (Mpeg etc.), áudio (AAC etc.), imagem (Jpeg, GIF etc.) e texto (TXT, HTML etc.) são exemplos de objetos de mídia que devem ser definidos e tratados por ferramentas de terceiros integradas (coladas) ao Ginga. Entre esses objetos ressaltam-se os objetos de vídeo e áudio Mpeg-4 que, no sistema brasileiro de TV digital, são tratados por exibidores em *hardware*.

Outro objeto importante no sistema brasileiro é aquele baseado em XHTML, tratado como um caso particular de objeto de mídia. Note assim que NCL não substitui XHTML, mas a complementa naquilo que ela é incapaz de cumprir como uma linguagem declarativa. Qual o objeto baseado em XHML terá suporte na NCL depende da implementação. De fato, depende de que *browser* XHTML será embutido no Formatador NCL. Dependendo do *browser* escolhido, teremos compatibilidade com os padrões europeu, americano ou japonês, ou então com a harmonização definida pelo ITU-T na sua recomendação J-201[23].

Note que o *browser* XHTML pode ter suporte a EcmaScript, e também a eventos de sincronismo carregados pelo fluxo DSM-CC, mantendo compatibilidade com os demais padrões. No entan-

---

23. ITU-T Recommendation J.201 Harmonization of Declarative Content Format for Interactive Television Applications, jul. 2004.

to, a definição de relacionamentos temporais usando o XHTML (*script*, *links* ou eventos de sincronismo) é desencorajada em NCL, por razões de independência de estruturação, tão bem discutidas na literatura técnica.

Além do objeto XHTML com sua linguagem procedural Ecma-Script, outros objetos de execução são permitidos em NCL como objetos de mídia. Entre eles, objetos XLet (Java TV), que fazem parte da ponte entre o ambiente declarativo e procedural do Ginga.

Outro objeto procedural que tem suporte em Ginga é o objeto LUA. Lua[24] é uma linguagem de programação poderosa e leve, projetada para estender aplicações. Lua combina sintaxe simples para programação procedural com poderosas construções para descrição de dados, baseadas em tabelas associativas e semântica extensível. Lua é tipada dinamicamente, é interpretada a partir de *bytecodes* para uma máquina virtual, e tem gerenciamento automático de memória com coleta de lixo incremental. Essas características fazem de Lua uma linguagem ideal para configuração, automação (*scripting*) e prototipagem rápida. Lua é uma máquina virtual (*engine*) acoplada ao Formatador NCL. Isso significa que, além de sintaxe e semântica, Lua fornece uma API que permite a aplicações NCL trocar dados com programas Lua. É importante também destacar a integração entre Lua e Java, através da biblioteca LuaJava, que permite o acesso a qualquer classe de Java, a partir de Lua, de forma similar ao que acontece com EcmaScript. Além disso, o LuaJava permite que a manipulação do ambiente de Lua a partir de Java, tornando-se, assim, parte da ponte entre os ambientes declarativo e procedural do *middleware* Ginga.

A máquina Lua (código livre e aberto[25]) está implementada como uma pequena biblioteca de funções C, escritas em Ansi C,

---

24. R. Ierusalimschy, L.H. Figueiredo e W. Celes, "Lua 5.0 Reference Manual". *Technical Report MCC -14/03*, Rio de Janeiro, PUC-Rio, maio de 2003. ISSN 0103--9741.

25. Cf. http://www.lua.org.

que compila sem modificações em todas as plataformas conhecidas. Os objetivos da implementação são simplicidade, eficiência, portabilidade e baixo impacto de inclusão em aplicações. Isso faz de Lua uma linguagem muitíssimo mais eficiente que EcmaScript e Java, tanto em termos de tempo de CPU quanto de utilização de memória[26].

Lua é hoje uma das linguagens mais utilizadas no mundo na área de entretenimento (LucasArts, BioWare, Microsoft, Relic Entertainment, Absolute Studios, Monkeystone Games etc.). Naturalmente, NCL-Lua se tornou o casamento ideal para o ambiente declarativo do sistema brasileiro de TV digital.

Pode-se entender agora um pouco melhor a operação do Formatador NCL. Durante a exibição dos conteúdos dos vários objetos de mídia, exibição esta efetuada pelos diversos exibidores (Mpeg, Jpeg, HTML, Lua etc.), eventos são gerados. Exemplos de eventos são: a apresentação de um segmento marcado (um trecho) de um objeto de mídia (por exemplo, um trecho de um vídeo); a seleção de um segmento marcado (por exemplo, a seleção de uma âncora em um texto, ou de um botão, uma imagem) etc. Eventos podem gerar ações (de sincronismo) em outros objetos de mídia, tais como parar, iniciar ou pausar suas apresentações.

Assim, os eventos devem ser reportados pelos diversos exibidores ao Formatador NCL que, por sua vez, gerará ações a serem aplicadas em outros objetos de mídia. O padrão Ginga define uma API padrão que todo o exibidor acoplado ao sistema deve obedecer para reportar seus eventos e serem comandados por ações geradas pelo Formatador. Exibidores de terceiros fabricantes, incluindo aí os *browsers* HTML, usualmente necessitam de um módulo adaptador para realizar essas funções e se integrarem ao Ginga. Todo relacionamento entre condições de eventos e ações é especificado usando a linguagem NCL.

---

26. Veja e teste em: http://shootout.alioth.debian.org/.

O formatador NCL está implementado em C, para integração aos diversos tipos de receptores e em Java (código livre e aberto[27]). A implementação em Java pode ser enviada por *download* para receptores que não são conformes com o Ginga, fazendo com que aplicações desenvolvidas em NCL tenham suporte em outros sistemas. Consegue-se assim o duplo sentido da interoperabilidade: tanto aplicações geradas em outros sistemas (baseadas em XHTML ou no GEM) têm suporte no Ginga, como aplicações geradas em NCL terão suporte em sistemas que não o brasileiro.

4. CONSIDERAÇÕES FINAIS

A maioria das aplicações para TV digital deverá ter como função principal o sincronismo espacial e temporal dos diversos objetos de mídia que as comporão. A adaptabilidade do conteúdo de uma aplicação e de sua apresentação ao perfil do usuário telespectador, ao local onde se encontra o usuário e ao tipo de dispositivo usado para exibição, também deverá ser o foco de grande parte das aplicações que, além disso, deverá permitir a interação simultânea a partir de vários dispositivos (controle remoto, celulares, PDAS etc.) e a exibição da resposta a esta interação em dispositivos outros que não simplesmente o aparelho de TV (o visor do celular, a tela do PDA etc.). A existência de um ambiente declarativo para dar suporte a essas funcionalidades não só permitirá uma rápida, confiável e eficiente geração de conteúdos, mas também propiciará uma execução eficiente no ambiente do receptor, tanto em termos de tempo de CPU quanto de memória. No momento atual, Ginga é o único *middleware* que provê tal suporte e, por isso, se constitui na grande inovação e contribuição do Sistema Brasileiro.

27. Cf. http://www.ncl.org.br.

NCL, a linguagem declarativa padrão do *middleware* Ginga, é uma linguagem de cola que tem como seu foco o sincronismo de mídias, a adaptabilidade e o suporte a múltiplos dispositivos. Inicialmente, a linguagem teve foco no sincronismo de objetos para documentos gerados para a *web*. Nos dois últimos anos, entretanto, estendeu seu domínio para atender também a aplicações para TV digital. Desde o início de seu desenvolvimento, NCL tem contribuído com inovações que têm sido incorporadas por outros padrões internacionais, como o caso citado do padrão MHEG.

Recentemente, em acordo firmado entre o CWI, PUC-Rio e W3C, NCL e SMIL vêm sendo estudadas no sentido de minimizar suas diferenças e tornar possível, senão sua junção em uma nova linguagem, pelo menos que exibidores de documentos NCL possam facilmente exibir documentos SMIL, sem grandes alterações em suas funções, e vice-versa. Um novo padrão internacional de *middleware* declarativo pode daí surgir, indo ao encontro do que tem sido buscado tanto no padrão europeu quanto no americano para seus *middlewares* declarativos.

Ginga-NCL é fruto de quinze anos de pesquisa no laboratório TeleMídia do Departamento de Informática da PUC-Rio, e é apenas um dos muitos exemplos do que a tecnologia nacional, gerada na academia brasileira, é capaz, se oportunidades a ela forem dadas.

Agradecimento: O autor gostaria de agradecer a toda equipe do laboratório TeleMídia, desde seu primeiro time, que deu partida à criação do modelo NCM e da linguagem NCL, até a equipe atual, pela garra e competência demonstrada na concretização do *middleware* Ginga. Ao longo dos últimos anos, o apoio recebido do laboratório SERG da PUC-Rio e da equipe Lua, também da PUC-Rio, foi fundamental e sem ele o Ginga-NCL não seria hoje uma realidade.

A Linguagem NCL e o Desenvolvimento de Aplicações Declarativas para TV Interativa

GÜNTER HERWEG FILHO

INTRODUÇÃO

A autoria de aplicativos para televisão digital através de uma linguagem fácil e abrangente, que se baseia em um modelo consistente e experimentado, eis o assunto de que trata o capítulo. A NCL, Nested Context Language, assim com o NCM, Nested Context Model, são conceitos importantes para se entender o processo de digitalização de nossa velha e conhecida televisão. Tais conceitos são partes integrantes de um dos pilares da televisão digital, a interatividade.

Para podermos usufruir da interatividade na televisão, precisamos que o decodificador de sinal incorpore o *middleware* que possa gerenciar tais aplicativos. O *middleware* Ginga gerencia aplicações feitas em NCL, e é parte integrante do decodificador do Sistema Brasileiro de Televisão Digital.

Todos os conceitos sobre o modelo e detalhes da linguagem são abordados neste capítulo, que traz exemplos práticos voltados à linguagem, assim cada parte da estrutura geral de NCL é explorada em detalhes de atributos e elementos de linguagem.

NCM – NESTED CONTEXT MODEL

NCM, Nested Context Model, é um modelo conceitual para representação e manipulação de documentos hipermídia que podem ser aninhados formando estruturas contextualizadas. É neste modelo que a linguagem NCL, Nested Context Language, se baseia.

NCM é fundamentada no conceito de *nodos* e *links*, onde os *nodos* representam toda a informação e os *links* representam a relação entre os *nodos*, ou a maneira como a informação está organizada, formando, assim, estruturas que podem ser representadas por grafos.

Os *nodos*, aqui também chamados de "nós", e *links*, também chamados de "elos", são as entidades base do modelo.

Existem dois tipo de *nós*:

- *Content node* (*nó* de conteúdo)[1] ou *media node* (*nó* de mídia): Este tipo está associado a um elemento de mídia ou conteúdo, seja o elemento um arquivo de imagem, texto ou até mesmo um fragmento de outra linguagem, como Lua ou Java.
- *Composite node* (*nó* de composição) ou *context* (contexto): Um nó de composição contém um conjunto de nós, que podem conter tanto *nós* de mídia como outros *nós* de contexto, recursivamente, formando, assim, estruturas aninhadas com vários níveis de contexto.

Outros conceitos importantes estão associados aos *nós* e serão explicados a seguir. Para se ter uma ideia mais clara, deve-se visualizar a Figura 1 da página seguinte.

Na Figura 1 pode-se observar o aninhamento de *nós*. Cada capítulo e seção representam um *nó* de informação, sendo que o

---

1. Cada elemento do modelo ou da linguagem será apresentado em sua língua nativa (inglês) e, em seguida, a palavra usual em português. No caso de *tags* da NCL, estão todos em língua nativa.

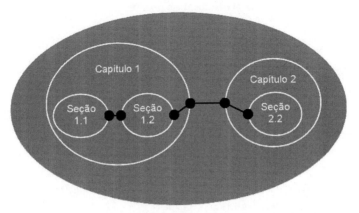

Figura 1: Nós e Elos

capítulo representa um nó de contexto e a seção nós de conteúdo. As seções estão aninhadas nos capítulos, tornando visível a diferença entre os dois tipos de nós. Também seria possível que o nó representando o capítulo 2 estivesse inserido no nó que representa o capítulo 1, formando o aninhamento de nós de contexto.

Para estabelecer o relacionamento entre nós, é necessária a criação de elos que são agrupados nas bases de elos pertencentes aos nós de composições, os elos estão representados pelas ligações entre os nós. Como veremos adiante, um elo faz referência a um conector hipermídia e a um conjunto de associações, denominados na linguagem de *binds*.

O relacionamento entre as partes internas do conteúdo de um nó é feito através de pontos de interface, que podem ser uma âncora ou uma porta.

A Figura 2 apresenta esses dois importantes conceitos:

- *Port* (Portas): São pontos de interface de um contexto, não são usadas em nós de conteúdo. Servem de acesso ao conteúdo de um contexto, especificando um mapeamento para um ponto de interface de um dos nós internos do contexto. Na figura estão representadas pelos círculos na borda dos nós de contexto (capítulos).

- *Anchor* (Âncoras): São pontos de interface para nós de mídia ou contexto representando um subconjunto marcado de unidades de informação do conteúdo. Os tipos de âncoras variam de acordo com o tipo de conteúdo do nó. No caso de um nó de mídia representado por um texto, por exemplo, uma âncora poderia ser uma palavra, e em um nó de mídia representado por um arquivo de áudio, poderia ser um determinado intervalo de tempo da música. Uma âncora também pode referenciar um atributo do nó, que veremos a seguir, permitindo que relacionamentos também sejam estabelecidos com base nas características do nó. As âncoras estão representadas pelos círculos nas bordas dos nós de mídia (seções) da Figura 1.

Também é importante notar que existem elos ligando portas com âncoras e ligando porta com porta. De uma maneira geral, as portas e âncoras são os acessos externos de cada nó.

Uma ideia mais aprofundada sobre os conceitos vistos até agora e outros é visível na Figura 2:

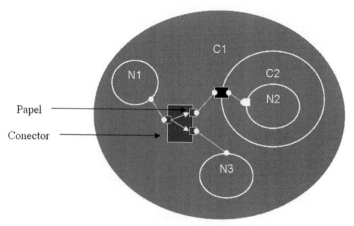

Figura 2: Conector e papéis.

Ela introduz dois novos conceitos de NCM:

- *Connector* (Conector): Um conector representa uma relação entre nós sem especificar quais nós fazem parte do relacionamento. Um conector define como os nós são ativados e que ações executam. Um conector é a peça que determina a dinâmica do modelo. Cada conector define os papéis (*roles*) que os nós de origem e de destino exercem nos elos que utilizam o conector.
No Ginga-NCL, o sincronismo é feito por mecanismos de causalidade e restrição que são definidos nos conectores.

- *Role* (Papel): Eles definem condições de ativação e as ações que devem ser realizadas com a sua ativação. O conector exporta, através de papéis, as interfaces para que os objetos tomem partido na relação, identificando, como o próprio nome sugere, o papel de cada objeto no relacionamento.

Através da figura, tem-se uma visão mais detalhada da função do elo, que, agora se pode dizer, associa nós através dos conectores, que definem a semântica da associação entre os nós.

Como exemplo, imaginemos a seguinte situação:

Deseja-se que uma figura seja exibida na tela ao se apertar o botão vermelho do controle remoto.

Um conector específico para esta situação terá de ser usado de modo que estejam definidos um papel condicional no conector que esteja vinculado ao uso do botão vermelho, que desencadeará um evento, definido por um papel causal, que por sua vez desencadeará uma ação de exibição de outro nó, no caso uma figura.

Cada papel desempenha uma função de condição ou de ação. Estas funções são pré-definidas em NCM. São alguns papéis de condição: *onBegin, onEnd, onAbort, onPause, onSelection*. Papéis de ação: *start, stop, abort, pause, resume, set*.

Portanto, um conector que define os seguintes papéis e mapeamentos entre eles: *onBegin* X *start* Y, interpretaríamos a sequência da seguinte maneira: "ao iniciar X execute Y".

De forma geral, estes são os principais conceitos do modelo conceitual de NCL. A partir deste ponto a linguagem poderá ser apresentada baseada nos conceitos descritos anteriormente.

NCL – NESTED CONTEXT LANGUAGE

Trata-se de uma linguagem escrita em XML e, como dito anteriormente, baseada em NCM. Foi concebida para a autoria de documentos hipermídia, como aplicações para televisão digital.

O seu foco está voltado ao Sistema Brasileiro de Televisão Digital – SBTVD, o qual incorpora o *middleware* Ginga, que é formado pela parte declarativa, Ginga-NCL, e a parte procedural, Ginga-J.

Organização

A estrutura da linguagem está especificada de maneira modular. Tal modularização permite diferentes combinações de seus módulos e, desta maneira, gera diferentes perfis da linguagem.

Módulos são coleções de elementos XML, atributos e valores de atributos semanticamente relacionados que representam uma unidade funcional.

Um perfil da linguagem nada mais é do que uma combinação de módulos NCL e uma variação de funcionalidades.

Os seguintes perfis são apresentados neste texto e se referem à televisão digital: BDTV (Basic Digital TV) e EDTV (Enhaced Digital TV).

Alem disso, os módulos podem ser combinados com outras linguagens como SMIL.

O uso dos módulos com seus elementos semanticamente relacionados e baseados em regras definidas pela linguagem, formam o documento NCL, tal documento define o programa, que pode ser iniciado, pausado, parado e também pode referenciar outro documento.

Modularização

O perfil completo de NCL 3.0 tem treze áreas funcionais subdivididas em módulos. Destas, doze áreas funcionais são usadas nos perfis de televisão digital, que ainda incorpora duas áreas funcionais importadas de SMIL 2.0 no perfil EDTV. Os módulos *Structure, Layout, Media, Context, MediaContentAnchor, CompositeNodeInterface, PropertyAnchor, SwitchInterface, Descriptor, Linking, CausalConnectorFunctionality, ConnectorBase, TestRule, TestRuleUse, ContentControl, DescriptorControl, Timing, Import, EntityReuse,ExtendedEntityReuse* e *KeyNavigation* compõem o perfil básico.

Cada área funcional que compõe os perfis de televisão digital de NCL será apresentada a seguir. As áreas estão divididas em módulos e cada módulo contém elementos de linguagem que serão explicados através de fragmentos de código NCL.

1. ÁREA FUNCIONAL *STRUCTURE*

Está dividida em apenas um módulo, chamado também de *Structure*. O módulo define a estrutura básica de um documento NCL. Nele estão definidos os elementos raiz, que são as *tags* NCL, *head* e *body*. O elemento *body* pode ser tratado como um nó de contexto.

Por definição, um nó na linguagem NCL é representado na linguagem por um elemento *context*, *switch* ou um elemento *media*, vistos mais adiante.

```
<ncl>
    <head>
        ... Cabeçalho do programa.
    </head>
    <body>
        ... Corpo do programa.
```

```
        <body/>
    </ncl>
```

Fragmento 1: O módulo *Structure*.

2. ÁREA FUNCIONAL *LAYOUT*:

Contém um único módulo também chamado *Layout*. Este módulo especifica elementos e atributos que definem de que maneira os objetos serão exibidos nas regiões especificadas. Cada região simboliza uma determinada área na tela.

Seus principais elementos são *regionBase* e *region*.

O elemento *regionBase* deve ser declarado dentro do elemento *head* de *Structure* e funciona como contexto do elemento *region*. Vários elementos podem ser aninhados dentro deste contexto.

Como um exemplo prático da utilidade do aninhamento, pode-se definir o primeiro nível de *region* como a representação de um dispositivo, um segundo nível como janelas dentro do dispositivo e um terceiro nível como regiões dentro das janelas.

O elemento *region* tem, entre outros, os seguintes atributos: *id*, representando a identificação da região, *left*, *right*, *top*, *bottom*, que representam a posição esquerda, direita, superior e inferior da região em relação ao ponto 0; *decorated*, que com o valor *no* ou *yes*, representa a borda da região.

Cada elemento *regionBase* está associado a um dispositivo de saída, como uma tela de televisão ou a saída de áudio. Para identificar a associação, o atributo *device* deve conter um dos seguintes valores: *systemScreen* ou *systemAudio*.

```
        <head>
            <regionBase device="device1">
                <region id="id1" left="0" top="10"
                    width="20" height="30">
```

```
</regionBase>
</head>
```

Fragmento 2: O módulo *Layout*.

3. ÁREA FUNCIONAL COMPONENTS

Esta área está dividida em dois módulos: *Media* e *Context*.

O módulo *Media* define tipos de objetos de mídia. O elemento media tem dois atributos principais além de seu *id*; O elemento src que define o caminho físico da mídia em formato URI (Universal Resource Identifier), e *type* que determina o tipo de mídia que esta sendo referenciada, seja texto, vídeo, áudio, NCLet ou outras.

Para referenciar informação, são permitidas os seguintes formatos de URIs:

- file:///file_path/#fragment_identifier

Para acessar arquivos localmente.

- http://server_identifier/file_path/#fragment_identifier

Usado para acessar arquivos via protocolo *http*.

- rstp://server_identifier/file_path/#fragment_identifier

Usado para acessar arquivos via protocolo *rstp*.

- rtp://server_identifier/file_path/#fragment_identifier

Usado para acessar arquivos via protocolo *rtp*.

- isdtv-ts://program_id

Usado para acessar fluxo de transporte de determinado programa.

```
<media id="media1"
      type="video"
```

>   src="file:///media/video1.mpeg"
>   descriptor="decriptor1"

Fragmento 3: O módulo *Media*.

NCL é uma linguagem declarativa interpretada pelo formatador *Maestro*, que incorpora o Ginga-NCL. Porém, isso não impede o uso de linguagens procedurais em um aplicativo NCL. Isso se deve ao fato de que se pode declarar fragmentos de linguagens como Java e Lua como nós no corpo NCL. Código Java em NCL é denominado NCLet e código Lua, NCLua. Tanto NCLet como NCLua serão interpretados pelas suas respectivas máquinas virtuais, que incorporam o *middleware* Ginga.

Para que os *nós* possam ser declarados no módulo *Media* da linguagem, são definidos quatro tipos especiais de mídia: application/x-ginga-NCLua, para chamadas de código procedurais em linguagem Lua, application/x-ginga-NCLet, para chamadas de código procedurais de em linguagem Java.

Além desses tipos especiais de mídia, a linguagem tem outros dois tipos: application/x-ginga-settings, que contém em suas propriedades as variáveis globais do documento e finalmente application/x-ginga-time, que contém em seu conteúdo a hora atual (GMT – Greenwich Mean Time).

O módulo *Context* é responsável pela definição de nodos de contexto, sendo que por definição o próprio contexto é um nó. Um contexto, como já dito, é formado por uma série de nós de conteúdo, outros nós de contexto e *links*.

4. ÁREA FUNCIONAL *INTERFACE*

Área onde se definem as interfaces externas dos nós, que serão usadas para se relacionar com outros nós.

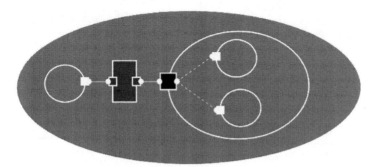

Figura 3: Portas de interface entre *nós*.

Os pontos de interface são representados na linguagem pelas *tags: area, compositeNodeArea, port, attribute* e *switchPort*, e sempre devem ter um identificador.

Esta área está dividida em quatro módulos:

1 – *MediaContentArchor*, define âncoras para elementos *media* de *Componentes* através do elemento área, pertencente a este módulo. Âncoras temporais são definidas para se executar um nó de mídia por um determinado período de tempo. A definição de âncoras temporais se da através dos atributos *begin* e *end*, e âncoras espaciais através dos atributos *coords*. Âncoras espaciais são definidas levando em conta a posição do nó na tela de exibição. Os elementos *first* e *last* podem ser usados para definir um ponto de início e fim respectivamente, baseados no número de *frames* de um vídeo ou fragmentos de áudio. Segue um exemplo de código NCL que define uma âncora temporal.

```
<media>...
    <area id=... begin=... end... />
    <area id=... begin=... end... />
</media>
```

Fragmento 4: Definição de âncora temporal.

2 – *CompositeNodeInterface*, este módulo define portas para elementos *context* e *switch*, ou seja, são os acessos para um nó de contexto. O elemento *port*, que representa a interface, é mapeado para onde aponta seu atributo interface de um de seus componentes, especificado pelo atributo *component*.

```
<context id=...>
    <port id=... component=... interface=.../>
```

Fragmento 5: Definição de uma ponte de interface em um nó de contexto.

3 – O módulo *PropertyAnchor*, define o elemento *property*, que é usado para definir uma propriedade para um nó de mídia e que funciona como interface do nodo.

```
<media>...
    <area id=... begin=... end... />
    <property id=... name=... type=... >
</media>
```

Fragmento 6: Definição de uma propriedade para um nó de mídia.

4 – O módulo *SwitchInterface* mapeia uma série de alternativas de interfaces de nodos permitindo ligar-se a uma âncora do componente escolhido. O elemento *switchPort* contém uma série de elementos mapeáveis.

```
<switch id=...>
    <switchPort id=...>
</switch>
```

Fragmento 7: Definição do módulo de *SwitchInterface*.

5. ÁREA FUNCIONAL *PRESENTATION SPECIFICATION*

Tem um único módulo chamado *Descriptor*. Ele tem o propósito de especificar a informação temporal e espacial necessária para apresentar cada componente do documento.

O módulo *Descriptor* permite a definição de elementos *descriptor* que são elementos-filhos do elemento base *descriptorBase* em *head*.

Um elemento *descriptor* pode ter atributos temporais como *explicitDur*, que define seu tempo de vida na aplicação e *freeze*, que congela o tempo de execução do componente, tais elementos são pertencentes ao módulo *Timming*, visto adiante; o atributo chamado *player* identifica a ferramenta de apresentação utilizada; o atributo *region* se refere a uma região definida no módulo *Layout*; e atributos de navegação como *moveLeft*, *moveRight*, *moveUp*, *moveDown*.

```
<descrptiorBase>
    <descriptor id=... region=...>
            <descriptorParam name="soundLevel"
            value="1"/>
    <descriptor>
</descriptorBase>
```

Fragmento 8: Definição de um módulo *Descriptor*.

Os elementos *descriptorParam*, vistos no Fragmento 8, definem parâmetros do *player*, isto é, do dispositivo de saída da aplicação, e redefinem parâmetros especificados pelo elemento *region*, como a cor de fundo, se visível ou não e a transparência, que varia de 0 a 1.

Os elementos *descriptor* são associados ao documento através de elementos *context* ou *media*.

6. ÁREA FUNCIONAL *LINKING*

Define o módulo *Linking*, responsável por definir os elos usados pelos conectores. O elemento <link> deve declarar, além de seu identificador, um atributo <xconnector> que faz a referência a um conector hipermídia.

São as formas de se referenciar um conector: alias#connector_id; documentURI_value#connector_id ou simplesmente connector_id se o conector estiver no próprio documento.

Os elementos <bind>, filhos de <link>, permitem a associação de nós com os papéis (<role>) do conector. Essa associação é feita através de quatro atributos de <bind>: o primeiro é <role>, que é usado para referenciar um papel de conector; <component> é usado para identificar um nó; <interface> é opcional e é usado para referenciar a interface de um nó; e <descriptor>, também opcional, usado para conectar um <descriptor> a um nó.

```
<link id="link1"
      xconnector="conn#conector_id">
      <bind role="onEnd" component="comp1">
</link>
```

Fragmento 9: Definição de um módulo *Linking*.

7. ÁREA FUNCIONAL *CONNECTORS*

Contém o módulo *Connector* que representa os conectores.

O elemento <causalConnector> representa a relação usada na criação de elementos <link> no documento. Numa relação de causa, uma condição (*condition expression*) deve ser satisfeita para que uma ação (*action expression*) seja acionada. Um <causalConnector> especifica uma relação independente dos relacionados, ou seja, não especifica quais nodos (<media>, <context>, <body> ou <switch>) irão interagir na relação.

Uma *condition expression* pode ser simples, <simpleCondition>, ou composta <compoundCondition>, definidos pelo módulo *ConnectorCausalExpression*.

Um elemento <link>, como já foi dito, interconecta diferentes nodos. Ele define elementos filho <bind> que se refere a um <causalConnector> ligando cada interface de nodo a um ponto de interface do *conector* <causalConnector>, representadas pelo elemento <role>.

Valores relacionados aos papéis condicionais (*conditionRole*): *onBegin, onEnd, onAbort, onPause, onResume, onSelection, onAttribution*.

Valores relacionados aos papéis de ação (*actionRole*): *start, stop, abort, pause, resume, set*.

Se o valor do tipo de evento for *selection*, a *role* deve definir para que tipo de dispositivo ele é referenciado, seja controle remoto ou teclado, através do atributo *key*. Um atributo chamado *delay* de <simpleCondition> pode ser atribuído com a função de disparar uma ação após um certo tempo.

As expressões de ação são compostas de dois ou mais elementos <simpleAction> ou <compoundAction>.

Todas as relações em NCL são baseadas em eventos, que podem ser instantâneas ou ter alguma duração. Os tipos de eventos são:

• Evento *presentation*, mostra a informação definida no elemento <area> ou nos elementos de nós de contexto, <body>, <context> ou <switch>.

• Evento *selection*, seleção de informação definida no elemento <area>.

• Evento *attribution*, atribui um valor a uma propriedade de um nodo, representado pelos elementos <media>, <body>, <context> ou <switch>.

Cada tipo de evento mantém uma máquina de estados como abaixo:

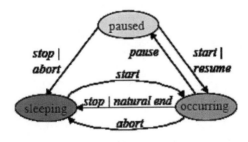

Figura 4: Máquina de estados de eventos.

Valores de ação reservados para o atributo *role* de uma <simpleAction> e seus eventos:

VALOR DE *ROLE*	TIPO DA AÇÃO	TIPO DE EVENTO
Start	*start*	*presentation*
Stop	*stop*	*presentation*
Abort	*abort*	*presentation*
Pause	*pause*	*presentation*
Resume	*resume*	*presentation*
Set	*set*	*attribution*

Tabela 1: Valores causais de gatilho, sua ação e evento correspondente.

Valores de condição reservados para o atributo *role* de uma <simpleAction> e seus eventos:

VALOR DE *ROLE*	VALOR DE TRANSIÇÃO	TIPO DE EVENTO
onBegin	*starts*	*presentation*
onEnd	*stops*	*presentation*
onAbort	*aborts*	*presentation*
onPause	*pauses*	*presentation*
onResume	*resumes*	*presentation*
onSelection	*stops*	*selection*
onAttribution	*stops*	*attribution*

Tabela 2: Valores condicionais de gatilho, sua ação e evento correspondente.

Cada evento tem associado um atributo denominado *occurrences*, que conta quantas vezes o evento transitou do estado *oc-*

curring para *sleeping* durante a apresentação. Eventos *presentation* e *attribution* mantêm um atributo chamado *repetitions*, que conta quantas vezes o evento precisa ser iniciado (*sleeping* para *occurring*). O valor *indefinite* deixa o evento em *loop* até alguma interrupção externa.

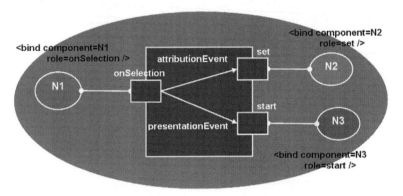

Figura 5: Funcionamento do conector hipermídia.

Através da Figura 5, podemos compreender melhor como os mecanismos de ação e condição agem sobre o conector, assim como o papel de cada elemento no contexto.

Esta figura mostra três nós, N1, N2 e N3, ligados, semanticamente, por um conector que define três papéis, *onSelection*, *set* e *start*. Em termos de linguagem, cada nó se associa ao seu papel através do elemento *bind*.

Portanto, o nó N1, ao definir um papel condicional *onSelection*, passa a ser o gatilho para os nós N2 e N3, dependendo da seleção escolhida durante a execução do conector.

O módulo *ConnectorBase* define um elemento chamado <connectorBase> que agrupa todos os conectores. Arquivos de conectores podem ser usados em diversos documentos e podem formar uma biblioteca de conectores permanentes (reuso).

8. ÁREA FUNCIONAL *PRESENTATION CONTROL*

Esta área tem o objetivo de especificar alternativas de conteúdo para o documento.

O módulo *TestRule* permite a definição de regras que, quando satisfeitas, selecionam alternativas para o documento, como, por exemplo, a escolha de qual fluxo de vídeo será exibido. O elemento <ruleBase> é quem especifica as regras e deve ser declarado dentro de <head>. As regras podem ser simples, <rule> ou compostas <compositeRules>.

O módulo *TestRuleUse* define o elemento <bindRule> que faz a associação das regras com componentes de um <switch> ou <descriptorSwitch>, através dos atributos *rule* e *constituent*.

O módulo *ContentControl* define o elemento <switch>, que especifica as alternativas de nodos que podem ser escolhidas durante a apresentação.

Para permitir a ligação à âncora do componente escolhido pelas regras de *switch*, o módulo *SwitchInterface* permite a definição de uma interface <switchPort>.

Para elementos <context> definidos dentro de elementos <switch>, serão considerados apenas se o contexto foi selecionado pelo *switch*, caso contrário, os elementos <link> de contexto não serão considerados.

9. ÁREA FUNCIONAL *TIMING*

Define o módulo *Timing* que permite a definição de atributos temporais aos componentes do documento. Dizendo o que acontece com um objeto no final de sua apresentação e a duração ideal do objeto, através do elemento *explicitDur*, atributos que são incorporados ao elemento <descriptor>.

10. ÁREA FUNCIONAL *REUSE*

Permite o reuso de elementos NCL. São três módulos: *Import, EntityReuse* e *ExtendedEntityReuse.*

O módulo *Import* permite a incorporação de bases definidas em outros documentos NCL e tem dois atributos: documentURI, que se refere a URI correspondente ao documento NCL a ser importado; e *alias* que especifica um nome a ser usado para o documento importado. A referência a um elemento do documento importado deve, então, ser no formato alias#element_id ou documentURI_value#element_id.

Definições de importação:

- O elemento <descriptorBase> deve ter um elemento filho <importBase> referindo a URI do documento a ser importado. Quando um *descriptor* é importado, a *region base* e a *rule base* são automaticamente importadas.
- O elemento <connectorBase> deve ter um elemento filho <importBase> referindo a URI do documento a ser importado.
- O elemento <transitionBase> deve ter um elemento filho <importBase> referindo a URI do documento a ser importado.
- O elemento <ruleBase> deve ter um elemento filho <importBase> referindo a URI do documento a ser importado.
- O elemento <regionBase> deve ter um elemento filho <importBase> referindo a URI do documento a ser importado. Ao importar uma <regionBase> um atributo opcional chamado *region* pode ser especificado. Quando presente, este atributo deve conter a *id* da região que esta no documento a ser importado. Com isso todos os elementos <regionBase> filhas no documento remoto serão consideradas filhas do elemento <regionBase> especificado no <importBase>.

O módulo *EntityReuse* define o atributo *refer*. Somente <media>, <context>, <body> e <switch> podem ser reusados, e nesse caso, o elemento referenciado e o elemento que faz referencia devem ser considerados os mesmos.

Usos do atributo *refer*:

- Nos elementos <media> e <switch>. Os elementos referidos devem ser respectivamente <media> e <switch>.
- No elemento <context>, o elemento referido pode ser <context> ou <body>.

Quando um elemento declara o atributo *refer*, todos seus outros atributos, exceto *id*, e elementos filho devem ser ignorados. A única exceção é com o elemento <media>, que pode adicionar novos elementos filho <area>.

11. ÁREA FUNCIONAL *NAVIGATIONAL KEY*

Define o módulo *KeyNavigation* que provê extensões necessárias para operações de movimento de foco usando dispositivos de entrada. Basicamente, o módulo define atributos que podem ser incorporados por elementos <descriptor>.

O atributo *moveUp* especifica um valor igual ao valor de *focusIndex* quando associado a um elemento ao qual o foco deve ser aplicado quando a tecla "cima" é teclada, e assim por diante com os atributos *moveDown*, *moveRight* e *moveLeft*.

O atributo *focusSrc* pode especificar uma mídia diferente, quando ela recebe o foco.

Ao receber o foco, o elemento deve ter borda destacada, o atributo *focusBorderColor* pode receber os seguintes nomes de cores reservadas: *white, black, silver, gray, red, maroon, fuchsia, purple, lime, green, yellow, olive, blue, navy, aqua,* ou *teal.*

O atributo *focusBorderWidth* define em *pixels* a espessura da borda, valores negativos a borda é pintada dentro do componente e com valor 0 não há borda.

12. ÁREA FUNCIONAL *ANIMATION*

Funcionalidade apenas suportada pelo perfil EDTV.

Seguindo as características da linguagem NCL, de "orquestrar" e manipular propriedades de objetos, a área *Animation* visa aplicar tais características em objetos animados, com a restrição de que apenas propriedades que definem valores numéricos e de definição de cores podem ser animados.

Esta área funcional define o módulo *Animation* que prove extensões que descrevem o que acontece ao se alterar o valor de uma propriedade. Tais extensões são atributos incorporados ao elemento <simpleAction> de *Connector*.

13. *SMIL TRANSITION EFFECTS*

Se divide em três módulos que definem efeitos de transição de nós do documento. Os módulos são *TransitionBase*, especificado em NCL 3.0, *BasicTransitions* e *TransitionModifiers*, especificados em SMIL 2.0.

14. *SMIL META-INFORMATION*

Meta-information contém informações sobre o conteúdo que é exibido ou usado.

Possui apenas um módulo chamado *Metainformation,* que, por sua vez, contém dois elementos que descrevem um documento NCL. Esse módulo é usado apenas no perfil EDTV.

EDIÇÃO DE COMANDOS

A máquina de apresentação de documentos NCL é formada pelo formatador NCL e pelo gerenciador de base privada.

O formatador NCL tem a função de controlar a apresentação

do documento e garantir a que a especificação da relação entre os objetos esteja correta.

O gerenciador de base privada recebe edição de comandos e contém a base de documentos NCL ativos, ou seja, os documentos que estão sendo apresentados.

Normalmente um programa para televisão digital adota o padrão DSM-CC (Digital Storage Media Command and Control) como via de armazenamento e transporte de comandos que chegam ao receptor através do fluxo de transporte, usando padrão Mpeg. Porém, a edição ao vivo é gerenciada através da base privada.

A base para edição de comandos está dividida em três áreas de comandos.

A primeira área está focada em operações para manipulação de bases privadas como ativação e desativação, possui os seguintes comandos: *openBase*, que abre uma base privada existente, *deactiveBase*, muda o estado da base para inativa, *activeBase*, muda o estado da base para ativa, *saveBase*, salva as bases presentes no dispositivo de persistência e *closeBase*, que fecha a base especificada.

A segunda área contém comandos que agem sobre documentos NCL que são inseridos em uma base. Esses documentos podem, então, ser iniciados, parados e removidos, através destes comandos.

A terceira, enfim, contém comandos para edição ao vivo dos documentos. Permitindo a inserção ou remoção de elementos da linguagem por meio da inserção de valores no elemento *property* do módulo *Interfaces*.

Pode-se, por exemplo, adicionar ou remover uma nova região no documento em tempo de execução. Para isso os comandos *addRegion* (*baseId*, *documentId*, *regionBaseId*, *regionId*, *xmlRegion*) e *removeRegion* (*baseId*, *documentId*, *regionId*), são usados. O argumento *baseId* identifica a base privada em uso, *documentId* identifica um documento da base, *regionBaseId* identifica uma *regionBase* dentro do documento e *regionId* o nome da nova base a ser inserida.

Independente da existência ou não do elemento inserido ou removido, a consistência do documento deve ser garantida pelo formatador NCL. Todos os elementos seguem a notação XML.

CONCLUSÃO

NCL é uma linguagem de autoria de fácil compreensão. Isso se deve ao fato de que se baseia em um modelo conciso de conceitos e em uma linguagem consolidada, a XML.

A modularização é de grande auxílio para compreensão organizada da estrutura do documento. Elementos são inseridos e relacionados de forma lógica. Pequenos fragmentos de código são declarados e simples estruturas como conectores são definidos para que um complexo e completo documento NCL seja formado.

Tecnologia nacional de reconhecimento internacional, faz da linguagem o principal elemento para nova televisão brasileira digital.

REFERÊNCIAS

SMIL 2.1 – *Synchronized Multimedia Integration Language* – SMIL 2.1 *Specification*, W3C *Recommendation*, dec. 2005.

SOARES, L.F.G. & RODRIGUES, R.F. *Nested Context Model 3.0: Part 1 – NCM Core, Technical Report*, Departamento de Informática PUC-Rio, maio 2005, ISSN: 0103-9741.

SOARES, L.F.G. & RODRIGUES, R.F. Nested Context Model 3.0: Part 8 – NCL Digital TV Profiles, Technical Report, Departamento de Informática PUC-Rio, out. 2006, ISSN: 0103-9741.

Desenvolvimento de Conteúdo Audiovisual para Dispositivos Móveis

ROGÉRIO FURLAN e KARLA CALDAS EHRENBERG

INTRODUÇÃO

A necessidade de comunicação é eminente nos dias atuais. A troca de *e-mails*, o acesso a portais e *sites*, o envio de mensagens pelo celular e até mesmo o consumo de meios de comunicação mais antigos como os jornais, revistas, TV ou rádio estão em constante ebulição.

No Brasil, a televisão é uma das principais, senão a principal, fonte de entretenimento e informação. Em um país em que a educação e o acesso à cultura são limitados e se concentram em alguns estados, a televisão assumiu um caráter importante de transmissor de conteúdo, indo além do entretenimento e chegando ao ponto de ser a única fonte de informação para muitas pessoas.

Por esse grande alcance, a TV é considerada um meio de comunicação de massa. Straubhaar e Larose afirmam que "comunicação de massa é geralmente definida como um-para-muitos ou ponto a multiponto. Nesse caso, uma mensagem é comunicada de uma única fonte para centenas ou milhares de receptores". De acordo com essa definição, podemos afirmar que a TV digital não mudará a característica massiva da TV. Ao contrário, a digitalização trará para esse meio de comunicação muito mais atrativos e conteúdos a serem distribuídos para o grande público.

Por sua importância global, a comunicação de massa sempre envolveu muita pesquisa e investimentos. Estudiosos e empresários da comunicação buscam, incessantemente, atualizar-se quanto às novidades tecnológicas que invadem o mercado tentando unir tecnologia e comunicação. Junto à adequação de sistemas ou *softwares* existe a necessidade de adaptação do conteúdo (em sua forma de produção, captação e finalização), é irrefutável a necessidade de uma notícia receber um tratamento diferente em cada veículo de comunicação, TV, rádio e mídia impressa, e isso não poderia ser diferente na internet ou nos celulares.

A implantação da TV digital no Brasil levantou muitos debates sobre sua forma e tecnologia. A escolha do padrão japonês de TV digital (ISDB-T / *Integrated Services Digital Broadcasting Terrestrial*) como base para a construção do padrão brasileiro (SBTVD-T – Sistema Brasileiro de Televisão Digital Terrestre) ocorreu porque esse formato (o japonês) já possibilita as transmissões para dispositivos móveis, como receptores em carros e celulares.

Mesmo após a definição de como funcionará esse sistema, ainda existe a discussão sobre a implantação efetiva. Enquanto um grupo de profissionais discute as questões técnicas, outro aborda o conteúdo a ser transmitido e aqui entram questões como a interatividade e o uso de dispositivos móveis.

Um ponto ainda obscuro sobre a TV digital é exatamente a sua versão em dispositivos móveis, sendo o principal foco o celular. A discussão sobre a entrada do vídeo (ou da própria televisão) no universo do celular é crescente e acalorada entre os radiodifusores e as empresas de telecomunicação. Os primeiros detêm a produção de conteúdo e os segundos a forma de veiculação.

Além de permitir que o usuário assista aos seus programas favoritos a qualquer hora e lugar, a união entre a TV digital e o celular possibilitará também o aprimoramento da produção de conteúdo multimídia e o aprofundamento da interatividade.

DISPOSITIVO MÓVEL EM FOCO: O CELULAR

Desde sua invenção, em 1876, por Alexander Graham Bell, o telefone passou por muitas modificações e adaptações tecnológicas que o transformaram de um aparelho fixo com fio em um parelho fixo sem fio, e hoje, em um aparelho móvel.

O primeiro aparelho de telefone digital surgiu em 1956 com um sistema capaz de carregar 24 sinais de voz ou 1.5 *megabits* de informação. Com o passar dos anos, a tecnologia foi aprimorada e, por volta de 1980, apareceram os primeiros celulares.

A mobilidade característica do celular permitiu a realização de conversas com qualquer pessoa a qualquer hora, o envio de simples mensagens ou completos *e-mails* para pessoas em trânsito e o acesso à internet sem fios (*wireless*)[1].

Essa mobilidade gerou uma série de discussões sobre o comportamento social, visto que muitas pessoas esquecem que se encontram em um local público, como *shopping*, ônibus ou parques, e mantêm conversas particulares em alto e bom som, permitindo que todas as pessoas ao seu redor participem de sua privacidade. Assim como a internet acalorou as discussões sobre a modificação dos relacionamentos sociais (com as salas de bate papo ou os *sites* de relacionamento), o celular também desperta esse tipo de discussão comportamental.

Pampanelli afirma que

nos dias de hoje, a função do celular, diferente do telefone convencional, é de monitoramento e parece não mais haver a distinção tradicional privado/público. A comunicação se faz de forma rápida e a função princi-

---

1. A palavra *wireless* significa "sem fio". Esse sistema de conexão à internet banda larga utiliza a transmissão de dados via rádio, eliminando a presença de fios.

pal é a de identificar a localização do usuário e a de trocar informações bem resumidas. O significado do telefone mudou, interferindo nos hábitos sociais[2].

Para entender como esse aparelho se tornou tão influente socialmente, é interessante abordarmos sua evolução tecnológica.

Os primeiros celulares utilizavam sinal analógico[3] (considerado a Primeira Geração de celulares) e pesavam de três a dez quilos, o que consumia muita bateria, e apresentavam baixa qualidade de voz. Contudo, o que poderia fazer com que esses aparelhos não caíssem no gosto popular, provocou um efeito contrário, despertando nos grandes fabricantes o interesse em produzir aparelhos melhores e aprimorar a tecnologia de transmissão de dados.

A Segunda Geração de celulares foi composta por três sistemas de transmissão de dados. O primeiro a ser implantado foi o TDMA. Esse sistema atua dividindo o tempo de um canal em uma determinada frequência e em uma certa quantidade de partes, designando cada uma das diversas ligações telefônicas para cada uma dessas partes. O segundo sistema é o CDMA que emprega a técnica do espalhamento espectral. Nesse sistema, o sinal é espalhado em uma faixa de espectro bastante larga, o que torna as transmissões difíceis de interceptar ou de interferir. Após cerca de uma década, os aparelhos celulares começaram a utilizar as redes digitais e, em 1997, surgiu a tecnologia GSM (Global System for Móbile Communication). O GSM é o sistema de comunicação móvel mais utilizado em todo o mundo. Neste sistema,

2. Giovana Pampanelli, "A Evolução do Telefone e uma Nova Forma de Sociabilidade: O Flash Mob".
3. No sistema analógico, os dados são enviados da mesma maneira que as palavras foram faladas. Já no sistema digital, a voz é convertida em uma série de números ou dígitos (chamados de combinação binária). Nos dois sistemas, a voz é enviada por ondas de rádio, mas o sistema analógico é muito mais suscetível a ruídos e interferências, o que o fez perder espaço para o sistema digital.

o aparelho só é liberado para o uso após o reconhecimento da senha do usuário, garantindo segurança total.

A Terceira Geração de celulares, chamada de 3G, é um sistema que integra acesso móvel aos serviços de protocolo de internet (IP). Esse sistema permite a conexão móvel para a internet e a mistura de diferentes elementos midiáticos, o que transformou o celular de um simples transmissor de voz para um aparelho multimídia, com câmeras fotográficas, placas de áudio e vídeo, *browser* com acesso à internet e correio eletrônico.

Atualmente[4], a Vivo é a única operadora de celular com uma rede 3G em operação no Brasil. Ela possui uma rede CDMA IXE-VDO operando com cobertura limitada em 24 municípios do Brasil. Todas as operadoras de celular do Brasil (SMP) devem implantar as suas redes 3G baseadas no padrão UMTS/WCDMA.

O desenvolvimento da tecnologia permitiu que os aparelhos apresentassem mais valor agregado, trazendo à tona a convergência digital. Hoje, o celular substitui vários aparelhos eletrônicos como o relógio, o despertador e as agendas eletrônicas. Hannu Nieminen, vice-presidente de inovação e *design* da Nokia, afirma que o "celular não é mais só para falar ou mandar mensagens. Ele é desenhado para facilitar a vida das pessoas e atender às suas necessidades"[5].

João Ramirez, consultor em mídias digitais, afirma que

o mercado de SVA (Serviço de Valor Agregado) vem crescendo ao longo dos anos no país, mas está longe de mercados mais maduros, como o europeu ou asiático. No Brasil, o tráfego de dados representa aproximadamente 5% da receita das operadoras de telefonia, contra 30% em outros continentes[6].

---

4. Informação retirada do *site*: www.teleco.com.br em pesquisa realizada em 28 ago. 2007.
5. Citação obtida na entrevista cedida à revista *TeleTime* de jul. 2007.
6. Citação obtida em entrevista concedida em 17/08/2007 aos autores.

O que comprova o grande potencial de crescimento que o mercado nacional apresenta.

O acúmulo de funções do celular permite que com apenas um único aparelho, e sem sair do local, consigamos fazer ligações, acessar *e-mails*, verificar as notícias, assistir TV, ouvir música, pagar contas e até mesmo organizar festas e manifestações. Lemos analisa que

de *media* de contato inter-pessoal, o celular está se transformando em um *media* massivo. O celular é hoje, efetivamente, mais do que uma máquina de contato oral e individual para ser um verdadeiro centro de comunicação, um controle remoto para diversas formas de ação no quotidiano.

Essas duas características do celular, a mobilidade e a massividade, fizeram com que esse aparelho virasse o grande foco de atuação de grandes empresas de tecnologia e dos conglomerados de comunicação.

Um exemplo dessa corrida de mercado são os chamados *smartphones*[7]. Esses aparelhos são uma espécie de computador móvel com possibilidade de navegação na internet e sincronização de *e-mails*. Dois exemplos desse tipo de aparelhos são o BlackBerry e o Open Moko. Porém, quando se fala em tecnologia, as novidades surgem rapidamente e hoje já temos uma grande novidade, considerada uma mudança de paradigmas, chamada iPhone. Com uma interface otimizada e desenvolvida para ser utilizada com os dedos, O iPhone dispensa o teclado e tem parte das funções acionadas por gestos. Morimoto explica que "por exemplo, no aplicativo de imagem, um gesto de pinça, abrindo o polegar e o indicador sobre a tela faz com que a imagem seja ampliada. Fazendo o movimento inverso ela é reduzida"[8].

7. *Smartphone* é um aparelho celular com diferentes funções como agenda telefônica, lista de tarefas, multimídia e sincronização com computador através de *bluetooth* e infra-vermelho. O princípio desse aparelho é unir o celular aos aplicativos de um computador portátil (chamados de PDA, Personal Digital Assistant).
8. Carlos Morimoto, "Uma Análise Crítica do iPhone".

Open Moko BlackBerry Iphone

PRODUÇÃO AUDIOVISUAL NO CELULAR

A produção audiovisual não é algo recente na história da comunicação, o rádio e o cinema, por exemplo, são conhecidos do grande público há muito tempo. A necessidade do público em consumir novos produtos, novas mídias e diferentes formas de acesso à informação impôs a evolução da linguagem audiovisual. Essa tendência de mercado e o desenvolvimento de novas tecnologias possibilitaram o surgimento de técnicas que aperfeiçoaram e dinamizaram a linguagem até então existente.

Ao se traçar uma linha cronológica dessa evolução, é possível relembrar todas as mudanças significativas que ocorreram nesse sentido, tanto de linguagem quanto de formatação audiovisual: Teatro, Cinema, TV ao Vivo, Videoteipe etc.

Entre as décadas de 1970 e 1980, os produtores de conteúdo perceberam que a linha narrativa utilizada, de forma linear, não tinha mais a velocidade necessária e também não prendia tanto a atenção do telespectador como antigamente, o que levou a um novo gênero televisivo, o chamado Estilo MTV. Nele, ocorre a quebra da linha narrativa tradicional e linear por meio da descontextualização, aplicando uma linguagem bem mais clipada e veloz, tanto na captação quanto na edição de imagens.

Dentre os recursos utilizados para a concretização desse novo gênero, merecem destaque os movimentos de câmera mais ousados, soltos e subjetivos. A grande variação de planos, com a frequente troca entre planos abertos e fechados para a quebra de contexto, o que possibilitou uma preocupação menor com a sequencialidade e com a continuidade das cenas, elementos até então essenciais para o desenvolvimento correto de uma linha narrativa.

Os primeiros produtos que inovaram a tradicional linha narrativa foram os musicais e os filmes, até chegar ao surgimento do formato que revolucionou a linguagem e virou referencial desse estilo: o Videoclipe. Porém, com o passar dos anos, as emissoras de TV perceberam a necessidade de uma aceleração na maneira de contar suas histórias e de passar as informações ao telespectador. Isso fez com que o Estilo MTV se tornasse presente não só em videoclipes ou no canal musical de mesmo nome, mas sim, em qualquer produto audiovisual que necessitasse de uma linguagem rápida. A função estética dessa linguagem atinge diretamente a percepção do espectador, tornando as mensagens mais claras, objetivas e dinâmicas.

A definição de como será o conteúdo audiovisual para a TV móvel ainda está em fase de discussão. Não se sabe exatamente qual linha o mercado exigirá, porém, alguns pontos já podem ser esclarecidos.

O primeiro ponto que deve ser tratado é a necessidade de adaptação na elaboração do conteúdo. A produção audiovisual para celular deve ser realizada tendo sempre em mente que será veiculada em um meio que possui características próprias, tanto tecnológicas quanto sociais.

O celular não poderá ser considerado um complemento de veiculação para as mídias já existentes, ele possui capacidade e características para ser consolidado como um novo veículo de comunicação. Essa constatação abre um leque de possibilidades que movimentarão o mercado das comunicações, envolvendo a capacitação dos profissionais da área, bem como a utilização de equipamentos e *softwares* especializados e o desenvolvimento de uma linguagem de produção específica (que vai da captação à montagem). Osaki considera que:

> Deve-se cuidar para que o poder econômico da televisão não englobe as novas mídias como o telefone celular ou transforme-as em vertentes para sua programação. A transmissão de um mesmo sinal para a televisão e para os aparelhos celulares é claramente inadequada quando falamos em termos de formato. É necessário criar novos enquadramentos, movimentos de câmera e *letterings* mais propícios para serem vistos em telas pequenas. Bem como a inserção de publicidade especificamente formatada e com mensagens objetivas[9].

Por se tratar de uma nova mídia que requer adaptações na sua produção em relação aos meios já consolidados, podemos afirmar que a transmissão direta do conteúdo das TVs abertas para os celulares não é uma opção recomendável. Não vamos entrar aqui nas questões políticas e principalmente econômicas que esse tema acarreta, focaremos a discussão na linguagem que deve ser utilizada especificamente para esse tema.

Ao iniciar qualquer debate sobre a produção de conteúdo audiovisual para o celular, o primeiro aspecto que se deve ter em mente é o formato do aparelho. A mobilidade inerente ao celular só é permitida devido ao seu tamanho reduzido e aí está a primeira grande questão.

As pequenas telas dos celulares não podem ser comparadas aos televisores ou monitores de plasmas ou LCD. Esse diferencial do celular acarreta em mudanças na produção de conteúdo audio-

---

9. Fábio Henrique Osaki, *O Celular e as Perspectivas da Nova Linguagem*.

visual como a utilização de planos fechados, uso de caracteres em tamanho diferenciado, ausência de movimentos de câmera bruscos, dando preferência pelos mais suaves, e trabalho com uma iluminação difusa e homogênea, com pouca variação de contraste.

Os planos fechados devem ser priorizados em detrimento aos planos abertos, pelas simples questões de facilidade de visualização de uma cena. Em planos abertos existe uma riqueza de detalhes como paisagens, personagens, detalhes cenográficos, entre outros, que jamais poderiam ser observados com precisão nas telas de celulares. Todas essas informações colocadas em um espaço reduzido se transformarão em verdadeira poluição visual.

Com o uso de planos fechados, cada cena dará destaque a poucos elementos por vez, o que permite a identificação de todos os elementos sem que se perca nenhum detalhe importante para a linha narrativa.

A Figura 1 mostra um grande plano geral utilizado na linguagem televisiva tradicional para a contextualização da cena. Na Figura 2, temos o plano máximo permitido para a contextualização da cena dentro da linguagem de captação específica para mídias móveis. A Figura 3 demonstra que a separação dos elementos em enquadramentos fechados é o ideal para uma boa identificação das imagens em mídias móveis. É possível trabalhar

Figura 1　　　　　　　　　　Figura 2

Figura 3   Figura 4

também com um plano fechado em um movimento panorâmico suave, identificando os elementos dentro do contexto. A Figura 4 é o exemplo ideal de enquadramento para a visualização em mídias móveis.

Os caracteres (GCs) utilizados nos conteúdos audiovisuais também merecem um tratamento diferenciado. Mais uma vez, o tamanho das telas dos celulares é fator determinante para essa utilização, manter o padrão utilizado pelas emissoras de TV seria como escrever com uma fonte doze em um *outdoor*! O uso de letras grandes, de fácil leitura (de preferência sem serifas) e o emprego de artes "limpas" (com poucas informações) são características que jamais podem ser esquecidas durante a edição de conteúdo para celulares.

Na Figura 5, temos um exemplo do tamanho padrão de caractere utilizado para visualização em TV tradicional. Observe que a arte se estende do canto inferior esquerdo da imagem até a metade da moto (objeto principal da cena). Já na Figura 6, a imagem mostra um caractere específico para utilização em mídias móveis. Repare que, neste caso, a arte se estende do canto inferior esquerdo da imagem até o início do pneu da frente da moto, o que pode ser considerado praticamente o dobro de tamanho do caractere utilizado na Figura 5.

Figura 5

Figura 6

Em relação aos movimentos de câmera, é preciso que se tenha uma atenção especial na hora da captação do material que será produzido. O uso de movimentos rápidos ou longos, comuns na linguagem audiovisual tradicional, não são muito indicados, pois o processo de codificação da imagem, utilizado para deixar o vídeo em um formato compatível com o celular, não consegue fazer uma leitura adequada desses movimentos, o que interfere na qualidade final do conteúdo e prejudica a sua transmissão.

Para evitar esse tipo de problema, uma das soluções é deixar a movimentação por conta do que está sendo captado, principalmente em cenas de grande movimento (como esportes ou gêneros de ação).

Dentre os elementos primários que compõem o processo de gravação, a iluminação também merece destaque. Ela é essencial para a captação de uma boa imagem, sem ela, não é possível que a lente das câmeras faça a leitura das informações e as transforme em pulsos eletromagnéticos para posterior armazenamento ou transmissão. Além dessa função vital da iluminação, que determina a profundidade na captação de vídeo, é possível, através de algumas técnicas de direção de fotografia, trabalhar com variações de contraste e diferentes tipos de luz, artifícios bastante utilizado em teledramaturgia para reforçar sensações e emoções.

Porém, toda essa versatilidade e aplicabilidade da luz não podem ser exploradas em produções específicas para celular. Mais uma vez, o processo de codificação da imagem impede que as mesmas características do conteúdo televisivo possam ser aplicadas aos conteúdos para mídias móveis. Neste caso, a iluminação deve seguir uma linha homogênea, sem grandes variações de contraste e com uniformidade de luz e cor entre todas as cenas. Talvez a carga dramática desse tipo de material fique um pouco comprometida, porém, quanto mais simples e estáveis forem os planos, melhor será a qualidade final da informação visual transmitida.

A necessidade de adaptação na linguagem da produção audiovisual para dispositivos móveis, evidencia que a transmissão do sinal das emissoras de TV para o celular não é uma prática ideal. Um exemplo que comprova a necessidade de adaptações para a veiculação em novas mídias é a programação do canal Band News, que utiliza a aplicação de muitos caracteres para transmitir uma grande quantidade de informação simultânea. Vale destacar que a utilização desse tipo de linguagem é aplicada essencialmente em canais de TV a cabo, já que o público das emissoras abertas não está acostumado a consumir muita informação ao mesmo tempo.

Antes de expandir sua transmissão para o dispositivo móvel, a Band News já veiculava seu conteúdo na internet, tanto em seu *site* como no portal UOL. Nesse momento, já foi possível notar que a necessidade de mudança na produção do conteúdo se fazia necessária. Apesar da tela do computador ser maior do que a de um celular, ela ainda é menor que a de um televisor comum, o que por si só já seria argumento suficiente para adaptações. Quando esse conteúdo passa a ser transmitido, também, no celular, essa necessidade de mudanças se sobressai, pois a quantidade excessiva de caracteres prejudica a visualização do conteúdo geral. Veja o exemplo:

Uma outra característica do celular que deve ser levada em conta é sua instantaneidade. O usuário do celular normalmente está em trânsito, no trabalho ou em locais públicos, o que determina que o acesso ao conteúdo disponível no celular acontecerá durante pouco tempo. Não seria comum uma pessoa que está em sua casa, por exemplo, com um televisor de 29" à sua disposição, dispensar o seu tempo livre assistindo TV pelo celular!

Essa instantaneidade faz com que as mensagens transmitidas por esse meio (texto, áudio ou vídeo) sejam curtas e objetivas. As pessoas buscam saber o placar de um jogo de futebol, as principais manchetes do noticiário, dicas de entretenimento entre outras informações, sendo dispensável a disponibilidade de filmes na íntegra, capítulos de novela ou programas de auditório com duas ou três horas de duração. Já imaginou o quanto de bateria isso consumiria?

Com essa situação em mente, os produtores de conteúdo para celular devem priorizar o uso de uma linguagem rápida, moderna e clipada. Os programas a serem veiculados nos celulares (sejam eles sobre esportes, cultura, educação, tecnologia, variedades ou entrevistas) devem ter um tempo de duração bem menor em relação àqueles produzidos para outras mídias. Ainda é cedo para sugerir uma média de tempo ideal para esses programas, porém, pode-se afirmar que o poder de síntese do profissional que irá desenvolver esses conteúdos é um aspecto muito importante para o mercado de trabalho.

Além dessa característica essencial (o poder de síntese), o profissional que pretende atuar com a produção audiovisual para mídias móveis precisa de capacitação profissional e conhecimento do mercado. Dominar a linguagem audiovisual tradicional e estar sempre em contato com as novas tecnologias é fundamental para obter sucesso nessa área. Contudo, os conhecimentos técnicos e práticos não são suficientes, pois, por se tratar de algo novo e em implantação, é necessário que seja desenvolvida uma análise crítica intensa, capaz de detectar os aspectos que funcionam, ou não, nesse novo mercado. Ser capacitado, informado em relação ao mercado, curioso e crítico, são características necessárias para que o profissional obtenha sucesso em seus projetos.

FORMATOS DE ARQUIVOS E FORMAS DE TRANSMISSÃO

Algumas formas para exibição e transmissão do conteúdo audiovisual para celular já estão sendo trabalhadas, são elas: *streaming, donwload, on demand* e ao vivo.

Streaming é a tecnologia que permite o tráfego de informações multimídia através de uma rede de computadores (como a internet), tornando mais leve e rápida a execução de áudio e vídeo. Nesse sistema, o envio da informação ocorre por meio de pacotes de dados, permitindo que sua visualização aconteça enquanto o sinal transmitido ainda não foi totalmente concluído ou finalizado. No *streaming* o conteúdo não é "baixado" no computador ou celular do usuário, ele fica disponível apenas em seu local de origem.

Já na transmissão de conteúdo multimídia, sem essa tecnologia, é utilizado o processo de *download* de arquivos, em que é necessário "baixar" o conteúdo inteiro no computador para só depois conseguir visualizá-lo. Nesse caso, o conteúdo fica disponível não só em seu local de origem, mas também no computador do usuário.

No caso da transmissão "ao vivo" de conteúdo multimídia, o funcionamento é bem semelhante ao das emissoras de rádio e televisão convencionais, porém, por meio da internet ou de mídias móveis. Nele, os conteúdos têm horários específicos para sua exibição e o consumidor precisa estar atento, caso queira assisti-los dentro dessa grade de programação.

Já no formato *on demand*, todo o material audiovisual é armazenado (arquivado) e pode ser visualizado pelo consumidor, via *streaming*, na hora em que ele quiser e onde lhe for mais conveniente. Esse é o grande diferencial desse sistema.

O *streaming* pode ser encontrado tanto na transmissão de conteúdo ao vivo quanto *on demand* (sob demanda). Já o processo de *download* é empregado somente para o formato *on demand*.

Atualmente, uma grande quantidade do conteúdo está disponível *on demand* para *download*, ou seja, o usuário baixa um conteúdo específico e fica com ele pelo tempo que quiser. Neste formato estão disponíveis notícias, gols, *trailers*, musicais, desenhos, entre outros.

Um outro tipo de produto é a transmissão de TV ao vivo, em que é possível assistir aos canais de TV aberta pelo celular (um exemplo é a parceria feita entre a operadora Vivo e a TV Bandeirantes, em que o usuário pode assistir à programação da tv sem custo adicional). Porém, como já foi discutido anteriormente esse tipo de conteúdo audiovisual não deve ser o priorizado pelo mercado, devido as características específicas que o celular possui.

A linguagem de programação utilizada também varia entre as operadoras. João Ramirez afirma que

o Java é a linguagem mais comum nas operadoras que utilizam a tecnologia GSM, é através dessa linguagem que são desenvolvidos os princi-

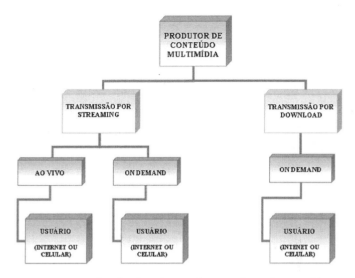

Representação gráfica das duas formas de transmissão de conteúdo para internet e mídias móveis.

pais aplicativos. Em operadoras que utilizam o padrão CDMA (como a Vivo), é utilizada uma tecnologia proprietária da Qualcomm, chamada Brew, para desenvolvimento de aplicativos.

CONCLUSÃO

Já se sabe que a produção de conteúdo audiovisual para mídias móveis deve ser específica e diferenciada em relação ao que vem sendo produzido para outras mídias como a televisão. Contudo, um outro aspecto do processo que ainda merece uma atenção especial é a finalização desse conteúdo e a codificação do vídeo em um formato de arquivo que seja compatível com o mercado em geral.

Dentre os vários problemas encontrados para a definição desse formato único, vale a pena destacar a concorrência entre as operadoras de telefonia móvel bem como o grande número de aparelhos celulares, das mais diferentes marcas, que levam consigo uma enorme quantidade de especificações tecnológicas que impedem a convergência para um único formato de vídeo que seja compatível com todos eles.

As configurações dos aparelhos são tão específicas, que não é difícil encontrar diferenças tecnológicas para visualização audiovisual entre modelos de uma mesma marca ou empresa.

Como solução para esse impasse, algumas produtoras de conteúdo audiovisual adotaram como padrão o envio do material para as operadoras de telefonia em um único formato, normalmente com grande compatibilidade e com boa resolução (720x480 – DV/NTSC – *avi* ou *mov*). A partir daí, cada uma delas fará o processo final de codificação do vídeo, sempre levando em consideração a marca do aparelho e as suas diversas especificações.

Neste período de implantação da TV digital e de sua ramificação para mídias móveis, é intenso o debate sobre todos os aspectos que envolvem o tema. Tanto o mercado quanto a academia buscam respostas para as dúvidas que definirão as regras desse novo universo midiático. Realizar análises críticas, desenvolver conteúdo de teste e observar as tendências do mercado são as ações que devem ser tomadas pelos profissionais interessados nessa área. O debate está aberto e a corrida mercadológica já teve seu início. Agora é tempo de seguir as primeiras diretrizes e de auxiliar a construção dessa nova etapa da história das comunicações.

REFERÊNCIAS

LEMOS, André. "Cibercultura e Mobilidade". *Razón y Palavra*, ed. 41, 2004. Disponível em: http://www.cem.itesm.mx/dacs/publicaciones/logos/anteriores/n41/alemos.html. Consulta realizada em 8 ago. 2007.

MORIMOTO, Carlos. "Uma Análise Crítica do iPhone". *Guia do Har-*

dware.net, 2007. Disponível em: http://www.guiadohardware.net/ analises/iphone/. Consulta realizada em 7 ago. 2007.

OSAKI, Fábio Henrique. *O Celular e as Perspectivas da Nova Linguagem*. São Paulo, Centro Universitário Senac, 2006.

PAMPANELLI, Giovana A. "A Evolução do Telefone e uma Nova Forma de Sociabilidade: O Flash Mob". *Razón y Palavra*, ed. 41, 2004. Disponível em: http://www.cem.itesm.mx/dacs/publicaciones/logos/anteriores/n41/gazevedo.html. Consulta realizada em 8 ago. 2007.

STRAUBHAAR, Joseph & LAROSE, Robert. *Comunicação, Mídia e Tecnologia*. São Paulo, Pioneira Tomson Learning ed., 2004.

Desenvolvimento de Conteúdo Audiovisual para Internet

SAMMYR S. FREITAS

INTRODUÇÃO

Podemos definir comunicação audiovisual como todo meio de comunicação expresso com a utilização conjunta de componentes visuais (signos, imagens, desenhos, gráficos etc.) e sonoros (voz, música, ruído, efeitos onomatopeicos etc.), ou seja, tudo que pode ser simultaneamente visto e ouvido. A partir dessa definição, vamos abordar, a seguir, como as formas de comunicação audiovisual estão se inserindo na internet. E uma das razões de este texto estar sendo escrito é justamente o fato de que a produção de conteúdo audiovisual tornou-se viável nos últimos anos na rede, com o advento e a relativa popularização das conexões de banda larga (seja por cabo, ADSL ou *links* dedicados) no mundo e do aumento considerável de usuários da internet, como veremos a seguir mais detalhadamente. Iniciaremos contextualizando esse universo, mostrando quem são os usuários e como eles dominam tais tecnologias. Para completar, serão apresentadas algumas iniciativas criadas até o momento, principais empresas/serviços, possibilidades mercadológicas e sugestões para quem quer seguir carreira nesse promissor mercado.

A implantação das redes digitais criou condições para a convergência de vários serviços e meios (veículos e formas) em uma única "central multimídia". Os produtos audiovisuais disponibilizados na internet podem ser visualizados em inúmeros *gadgets* que oferecem recursos de *hardware*, tornando possível a visualização de inúmeros arquivos digitais, dentre eles os vídeos. Marcelo Zuffo, em referência ao crescimento da internet, escreveu:

> Podemos observar a rápida e inexorável introdução e disseminação das tecnologias digitais de informação nas várias camadas populacionais e nos diversos setores da sociedade [...] A plataforma inicial desta revolução foi a internet, que se expandiu vertiginosamente a partir da constatação pela sociedade de que ela não era apenas uma ferramenta confinada ao uso exclusivo da comunidade científica (Zuffo 2001).

O objetivo aqui não é apresentar todas as empresas que disponibilizam os serviços de distribuição/transmissão de conteúdo audiovisual na internet, nem dar tutoriais de como inserir corretamente tais arquivos na rede. Este texto tem a intenção de situar o aluno/profissional nesse mercado em ascensão e fornecer um panorama geral, com objetividade e sem ter a intenção de esgotar o assunto. Aliás, este trabalho é um ponto de partida para fazer com que pessoas interessadas nessa área busquem se informar e conhecer ainda mais sobre esse fascinante universo. Veremos ainda que, nos últimos anos, com o desenvolvimento e a popularização de tecnologias digitais, a distribuição de vídeos na internet tem se expandido exponencialmente, com taxas diárias de crescimento acima de qualquer capacidade de previsão. Novos negócios e formas de acessar/ adquirir/ interagir/visualizar/ conteúdo audiovisual são criadas com uma frequência muitas vezes difícil de acompanhar.

PERFIS DIGITAIS

Podemos verificar que, hoje, existem basicamente três perfis de pessoas que lidam com as novas tecnologias digitais, a saber:

Os Nativos Digitais, ou seja, pessoas nascidas nos últimos 15 anos, que cresceram junto com o nascimento ou desenvolvimento de muitas das recentes tecnologias que revolucionaram as comunicações (diga-se a popularização e a portabilidade da telefonia, o advento da internet e seu exponencial aumento da velocidade, o surgimento de inúmeros *gadgets*, com poder de processamento similar a muitos computadores *desktop* (PDAS, *games* portáteis, celulares, GPS, MP3, MP4 etc.).

Esse perfil já nasceu imerso nas novas tecnologias digitais e, portanto, não conviveu intensamente com o mundo analógico. Segundo a revista *Época* n. 486 (de 10 de setembro de 2007), os nativos digitais não têm receio de navegar e descobrir as funções de um novo programa na prática, acreditam que os *sites* têm mais informações que os livros e enciclopédias impressas, trocam informações através de comunicadores instantâneos e *sites* de relacionamento, não necessitando da presença física para se comunicar e leem tudo, do noticiário a livros em arquivos digitais. Não se incomodam com a tela pequena (comum em inúmeros *gadgets*, que leem arquivos diversos), muitas vezes ignorando a ordem do texto original ao ler.

O crescimento do volume de mídia (arquivos de áudio ou vídeo) disponibilizado pelos usuários na internet, ou o que também é chamado de *user generated content* (usuário gerador de conteúdo), vem criando um novo fenômeno na internet, sendo considerado uma nova revolução no mundo de conteúdo digital e, consequentemente, uma ameaça às empresas tradicionais. A distribuição de áudio e vídeo na internet tem se expandido de forma rápida. As novas tecnologias (como a internet) criaram um novo rótulo para os jovens dos dias de hoje, a geração M. Esse novo rótulo surgiu de um estudo da Kaiser Family Foundation em 2005, chamado, *Generation M.* Tal pesquisa foi financiada pela Kaiser Family Fundation e dirigida pela Stanford University. Foram aplicados 2032 questionários com estudantes nos Estados Unidos, entre oito e dezoito anos, e também 694 diários de uso de mídia que duraram sete dias, com o objetivo de avaliar o consumo de mídia dos adolescentes em casa.

Young people's use of computers in 2004 and 1999

Computer activity	2004	1999
Playing games	0:19‡	0:12
Visiting Web sites	0:14‡	0:07
Visiting chat rooms	0:04	0:05
E-mail	0:05	0:04
Instant messaging	0:17	NA
Graphics	0:04	NA
Total computer time	1:02‡	0:27

‡ Differs statistically from the average time spent in 2004. Data are for recreational computer use only.

Uso de computadores por jovens em 1999 e 2004. A figura mostra o tempo médio de permanência de um usuário jovem nos principais serviços da internet.

De acordo com a pesquisa, temos os seguintes tipos de mídia:

• *Noninteractive screen media*

São mídias não interativas com saída em tela ou projetor, sendo estas analógicas e digitais. Exemplo: televisão, fitas de videocassete, filmes de cinema. Devemos apenas ressaltar que, em algumas dessas mídias, a interação se dá pelo controle remoto ou outros meios.

• *Print media*

Mídia impressa. Exemplo: revistas, jornais e livros.

- *Audio media*
Mídias reprodutoras-difusoras de áudio. Exemplo: rádio, CDs, fitas-cassete, MP3 *players*, dentre outros.
- *Interactive media*
Mídias interativas. Exemplo: computadores e *videogames*.

Devemos estar bastante atentos a estes termos, pois pelas definições dessa pesquisa da Stanford University, mídias interativas vão além dos controles de volume, mudança de canal, avanço e retrocesso de um vídeo.

A pesquisa constata que um típico jovem americano tem acesso a um número bastante expressivo de *players* de mídia digital. Ele possui, em média, duas televisões, três rádios, três *players* de videocassete ou DVD, dois *videogames* e um computador. Cinquenta por cento dos jovens americanos possuem TV a cabo em casa e 30% têm acesso à banda larga.

A pesquisa mostra ainda que os jovens têm o seu dia cercado por mídias. Eles gastam quase seis horas e meia usando alguma mídia (em sua grande maioria digital), sendo que durante esse tempo estão expostos a mais de oito horas e meia de mensagens midiáticas, como comunicadores instantâneos, mensagens SMS, ligações via celular ou Voip (voz sobre IP), dentre outros. Isso se deve ao fato de que, em 26% do tempo, os jovens utilizam duas ou mais mídias simultaneamente (ouvindo música no MP3 *player* e trocando mensagens na internet, por exemplo).

A pesquisa aponta ainda que as novas tecnologias, principalmente a *web*, mudaram a forma de consumir mídia dessa nova geração. Anteriormente, o consumo de mídia ocorria de forma separada: em um momento se assistia televisão, em outro se lia revistas, depois se ouvia o rádio. Agora o adolescente navega pela internet em busca de informação, enquanto assiste televisão, compartilha opiniões com amigos através de ferramentas populares para os internautas como o Messenger ou o Orkut. A geração M é uma geração multimeios, ou seja, utiliza

In-Home Media Availability in 2004 and 1999

Percentage of children living in homes with 1 or more and 3 or more of each medium

	1+		3+		Mean	
	2004	1999	2004	1999	2004	1999
TV	99%	99%	73%	70%	3.5[‡]	3.1
VCR	97	98	53[‡]	26	2.9[‡]	2.0
DVR	34		6		0.6	
Radio	97	98	63[‡]	73	3.3	3.4
CD/tape[1]	98	95	66		3.6	
Video game	83	81	31[‡]	24	2.1[‡]	1.7
Computer	86[‡]	73	15[‡]	8.0	1.5[‡]	1.1
Cable/satellite TV	82[‡]	74				
Premium channel	55[‡]	45				
Internet	74[‡]	47				
Instant messaging program	60					

[1] Differences in question format preclude comparisons of means and proportion with 3+ CD/tape players.

[‡] For this and all following tables, a double dagger (‡) indicates that the difference in proportions for 1999 and 2004 is statistically reliable at p.< .05. For example, a significantly higher proportion of youths reported a household computer in 2004 than in 1999, and a significantly lower proportion reported 3+ radios.

Pesquisa mostra o crescimento de mídias e serviços como a internet de 1999 a 2004.

vários meios simultaneamente, para se informar, socializar ou entreter.

Mesmo no Brasil, percebe-se entre os jovens de classe A--B-C, guardadas as devidas proporções, que essa já é uma realidade. Essa é a opinião de algumas empresas de comunicação que têm como foco nas crianças e adolescentes. No *Proxxima*, um dos principais eventos de comunicação digital do país, Rafael Davini, da Turner Internacional (programadora que entre outros canais distribui o Cartoon Network), define a geração M vinda de "Multiconectados, multi-informados, multiligados e multi-impactados. Resumidamente, eles levam uma vida multitarefa". Programas do governo do estado de São Paulo, como o "Acessa SP", possibilitam o acesso à internet de forma gratuita dentro de muitas estações de metrô. Computadores são vendidos por menos de mil reais, pagáveis em dezenas de prestações. No *site* www.americanas.com, por exemplo, é possível adquirir um computador completo (com monitor e *kit* multimídia) com processador acima de 2.5 Ghz e gravador de CD e DVD por R$ 899,00 ou doze parcelas de R$ 74,92 (fonte: www.americanas.com.br-prod--588690-eacom). Preços menores ainda podem ser encontrados sem grandes dificuldades.

As crianças e jovens utilizam a internet para fazer pesquisas escolares e para participar de *chats*, além de jogar *online* com dezenas de outras pessoas, entreter-se, sociabilizar-se ao mesmo tempo que consomem outros meios de comunicação. A adaptação dos meios de comunicação para essa nova tendência já é uma realidade. Os meios de comunicação se complementarão, formando comunidades de interesse comum, com conteúdo em várias plataformas, seja ela a TV, o impresso, a internet ou o celular.

Os naturalizados digitais, que nasceram há pelo menos 30--25 anos atrás, chegaram a presenciar e viver utilizando muitas tecnologias analógicas, como os discos de vinil, mas se adaptaram facilmente ao surgimento das tecnologias digitais.

E finalmente, os imigrantes digitais. São pessoas que nasceram há mais de 35-40 anos, que conviveram profundamente com as tecnologias analógicas, e que nem sempre se adaptam facilmente à nova realidade digital. Ainda tendo como exemplo a matéria da revista *Época*, os imigrantes digitais provavelmente ainda guardam uma agenda em papel (por segurança) com seus contatos, mesmo que as informações estejam replicadas em um celular ou PDA; raramente experimentam um novo *software* antes de ler o manual, sempre tendo a sensação de que o sistema vai travar ou que vão perder seus arquivos. Consultam, primeiro, os livros e atlas para depois fazer a busca na internet; encontram seus amigos marcando encontros por telefone e dificilmente utilizam comunicadores instantâneos para fazê-lo; cansam-se rapidamente ao lerem longos textos na tela, preferindo imprimi-los.

Com esses perfis apresentados, certamente haverá uma identificação de qualquer um deles por parte do leitor. Veremos nas páginas seguintes que há uma predominância dos nativos digitais na criação, distribuição e visualização de conteúdos audiovisuais inseridos na internet.

CODIFICAÇÃO E DECODIFICAÇÃO

Podemos verificar que grande parte dos vídeos inseridos na internet possuem uma qualidade, muitas vezes, abaixo do tolerável, enquanto outros conseguem produzir materiais curtos com qualidade respeitável. O tipo de material inserido na internet é amplamente variado, tanto em qualidade quanto em origem de produção. Podemos encontrar arquivos capturados da TV, filmes em trechos ou mesmo completos, comerciais de todas as partes do globo, cenas curiosas e engraçadas, videoclipes, vídeos feitos por usuários captados de simples celulares, passando por câmeras digitais até vídeos de produtoras conhecidas, feitos com tecnologia de ponta. O fato é que esses vídeos são visualizados na internet graças (principalmente) aos *codecs* de vídeo, que permitem altas taxas de compressão, fazendo com que este tipo de arquivo seja visualizado mesmo em conexões de internet não muito rápidas. Vamos entender mais sobre os *codecs* a seguir:

CoDec é o acrônimo de Codificador/Decodificador, dispositivo de *hardware* ou *software* que codifica/decodifica sinais. O compressor de vídeo é um algoritmo que avalia redundâncias nas informações de áudio e vídeo e as suprime, evitando transmissão de informações desnecessárias (invisíveis ao olho humano). Um exemplo de redundância é quando um apresentador fala para a câmera frente a um fundo fixo. Não é necessário enviar a informação do fundo em todos os quadros do vídeo, porque se trata da mesma informação de um quadro para outro, assim o algoritmo envia apenas as diferenças nas imagens entre quadros sucessivos.

Existem dois tipos de *codecs*: os sem perdas (*lossless*, em inglês) e os com perdas (*lossy*, em inglês). Os *codecs* sem perdas são *codecs* que codificam som ou imagem para comprimir o arquivo sem alterar de forma perceptível a integridade do som ou imagem original. Se o arquivo for descomprimido, o novo arquivo será idêntico ao original. Esse tipo de *codec* normalmente gera arquivos codificados que são entre duas a três vezes menores que os arquivos originais. São muito utilizados em rádios e emissoras de televisão para manter a qualidade do som ou imagem.

Exemplos desse tipo de *codec* são o *flac, shorten, wavpack* e *monkey's audio*, para som. Para imagem, HuffYUV, MSU, MJPEG, H.264 e FFmpeg Video.

Codecs com Perdas (VBR ou Variable Bit Rate)

Os *codecs* com perdas são os que codificam som ou imagem, gerando uma certa perda de qualidade (ajustável) com a finalidade de alcançar maiores taxas de compressão. Essa perda de qualidade é balanceada com a taxa de compressão para que não sejam criados artefatos (ruídos na imagem) percebíveis.

Por exemplo, se um instrumento muito baixo toca, ao mesmo tempo que outro instrumento mais alto, o primeiro é suprimido, já que dificilmente será ouvido. Nesse caso, somente um ouvido bem treinado pode identificar que o instrumento foi suprimido.

Os *codecs* com perdas foram criados para comprimir os arquivos de som ou imagem a taxas de compressão muito altas. Por exemplo, o OGG Vorbis e o MP3 são *codecs* para som que facilmente comprimem o arquivo de som em dez a doze vezes o tamanho original, sem gerar artefatos/perdas qualitativas significativas.

Exemplos de codecs com perdas são o OGG Vorbis, MP3, AC3 e WMA, para som. Para imagem, temos o Xvid, DivX, RMVB, WMV7, WMV9 (Windows Media Video), Theora e Soreson.

Taxa de bits

A taxa de *bits* ou *bitrate*, em inglês, é uma das medidas da qualidade de um arquivo comprimido com um *codec* com perdas. A taxa de *bits* representa o tamanho final desejado para o arquivo e, normalmente, é apresentada como kbit/s (*kilobits*).

1 kbit/s significa que a cada segundo, o *codec* tem mil *bits* do arquivo final para utilizar, ou seja, se um arquivo de som tem oito segundos e é comprimido a uma taxa de 1 kbit/s, o arquivo final terá 8 kbits ou 1 *kbyte*. Conclui-se, então, que quanto maior for a taxa de *bits*, melhor será a qualidade do arquivo final, já que o *codec* terá mais espaço para poder comprimir o arquivo original, necessitando de descartar menos "detalhes" do arquivo.

Com a popularização do MP3, a taxa de *bits* de 128 kbits/s (128 mil bits/s = 16 kbytes/s) foi muito utilizada, já que, no início, essa era a menor taxa de *bits* que o MP3 poderia utilizar gerando um arquivo final com boa qualidade. Veremos a seguir uma descrição dos principais codecs de áudio e vídeo.

MP3

O MP3 é uma abreviação de MPEG 1 Layer-3. Foi um dos primeiros tipos de compressão de áudio com perdas quase imperceptíveis ao ouvido humano. Os *layers* (camadas) referem-se ao esquema de compressão de áudio do MPEG-1. Eles foram projetados em número de três cada um com finalidades e capacidades diferentes. Enquanto o *layer* 1, que dá menor compressão, destina-se à utilização em ambientes de áudio profissional (estúdios, emissoras de TV etc.), onde o nível de perda de qualidade deve ser mínimo, devido à necessidade de reprocessamento, o *layer* 3 se destina ao áudio que será usado pelo cliente final. Como se espera que esse áudio não sofrerá novos ciclos de processamento, a compressão pode ser menos conservadora e aproveitar melhor as características psico-acústicas do som, limitando-se apenas pela qualidade desejada para o ouvido humano.

A compressão típica do *layer* 1 é de 1:2, enquanto o a do *layer* 3 é de 1:10. É importante lembrar que essa diferença da compressão não tem nada a ver com um *layer* ser mais avançado que o outro tecnologicamente, mas sim com o objetivo da aplicação do áudio ser processado.

Um erro comum é confundir o MP3 com MPEG-3. MPEG-3

é um formato morto, pois o formato MPEG-4 o suplantou com muitas vantagens. Enquanto o MPEG-3 deveria ter sido um formato para compressão tanto de áudio quanto de vídeo, o MP3 responde apenas pela compressão de áudio do MPEG-I.

Na Alemanha, MP3 gera mais de dez mil postos de trabalho e aproximadamente trezentos milhões de euros em impostos. Os alemães gastam em média 1,5 bilhões de euros em MP3 *players* e produtos relacionados.

Após o notável crescimento da internet, nos últimos anos, o MP3 causou grande revolução no mundo do entretenimento. Assim como o LP de vinil, o cassete de áudio e o CD, o MP3 se fortaleceu como um popular meio de distribuição de canções. O sucesso desse formato ainda de deve aos tocadores digitais de MP3, como o Ipod, que já vendeu mais de 110 milhões de unidades. A questão-chave para entender todo o sucesso do MP3 se baseia no fato de que, antes dele ser desenvolvido, uma música no computador era armazenada no formato WAV, que é o formato padrão para arquivo de som em PCs, chegando a ocupar dezenas de *megabytes* em disco.

Na média, um minuto de música corresponde a 10 MB para uma gravação de som de dezesseis *bits* estéreo com 44,1 KHZ, o que resulta numa grande complicação a distribuição de músicas por computadores, principalmente pela internet. Com o surgimento do MP3, essa história mudou, pois o formato permite armazenar músicas no computador sem ocupar muito espaço e sem prejudicar notoriamente a qualidade sonora das canções. Geralmente, um minuto de música corresponde a cerca de 1 MB em MP3 (MPEG-I/2 Audio Layer 3). Ao se popularizar, o formato MP3 deixou consequentemente a indústria fonográfica preocupada com seus lucros. O MP3 alcançou um sucesso tão grande que, quando as gravadoras se deram conta, o formato já estava presente em milhões de computadores em todo o mundo, seja através da distribuição pelas redes P2P, seja pela compra das canções em lojas *online*.

Codecs de vídeo

Formato H.264

O H.264 é uma tecnologia de compressão de vídeo no padrão MPEG-4 (estabeleceu-se 1988 o MPEG, Moving Picture Experts Group, grupo de trabalho da ISO, ou International Standardisation Organization, responsável por desenvolver padrões para a compressão de áudio e vídeo digitais), também conhecido como MPEG-4 Parte 10. O H.264 pode unir a qualidade do MPEG-2 com um terço ou metade de taxa de dados, e até quarto vezes o tamanho do frame do MPEG-4 Part 2, com a mesma taxa de dados. O H.264 também apresenta boa qualidade de vídeo, através do espectro completo da largura de banda – de 3G (aparelhos móveis, como celulares) a HD (alta definição para transmissões na TV digital, HD DVDs e Blu-ray), podendo atender ainda a demandas diversas, oferecendo resultados através de uma grande variedade de largura de banda (de 40 kbps a 10 Mbps). O H.264 alcança a compressão adequada para uma variedade de aplicativos, como *broadcast*, DVDs de alta definição, videoconferência, vídeo em demanda, transmissão e mensagens multimídia. Esse *codec* foi qualificado para as especificações do Blu-ray e High Definition DVD (os dois formatos para DVDs de alta definição) e ratificado na última versão do DVB (Digital Video Broadcasters) e do padrão 3GPP (3rd Generation Partnership Project). Para entender melhor a diversidade de cenários de uso, veremos a seguir um gráfico que mostra o tamanho do *frame* (resolução), e outras informações referentes a muitas das possibilidades existentes:

Cenário de Uso (padrão)	Resolução	Quadros por segundo
Conteúdo Móvel	176x144	10-24 fps
Internet	320x240	15-24 fps (valores variáveis)
NTSC analógica *(PAL-M)	720/704/640x480/ 486/512	29.97/30/59.94/60

Cenário de Uso (padrão)	Resolução	Quadros por segundo
Média Definição	1280x720, 24p (progressivo)	60/59.94
Alta Definição * (HDTV SMPTE 274 M)	1920x1080, 24p (progressivo)	30/29.97/25/24

* A TV no Brasil tem a mesma resolução da NTSC, mas o padrão de cor é PAL.
* SMPTE = Society of Motion Picture and Television Engineers.

Trata-se de um avançado recurso de codificação de vídeo que oferece uma qualidade alta com taxas de dados abaixo da média. Ratificado como parte do padrão MPEG-4 (MPEG-4 Part 10). O H.264 busca oferecer alta qualidade a partir da menor quantidade possível de dados de vídeo. Isso significa economia em largura de banda, custos de armazenamento e processamento, em comparação às gerações anteriores de codificadores de vídeo. É um dos padrões de compressão mais modernos e robustos. Em função disso, foi adotado pelo Fórum do Sistema Brasileiro de TV Digital como padrão de codificação de áudio e vídeo da TV digital brasileira.

H.26L, AVC e JVT

Esses nomes também são usados para se referir ao codificador de vídeo H.264. O H.264 é o resultado de esforços combinados de duas corporações padrão – a ITU (International Telecommunication Union) e a ISO MPEG (International Organization for Standardization's Moving Picture Experts Group) – que juntas formam uma corporação chamada Joint Video Team (JVT). A ITU originalmente se refere a esta tecnologia como H.26L, enquanto a MPEG se refere originalmente à tecnologia como AVC. Durante o desenvolvimento do padrão, alguns profissionais também referiam-se ao codificador como JVT. O H.264, entretanto, está emergindo como o nome mais comumente usado.

H.263

O H.263, criado pela ITU, é primeiramente conhecido como um codificador de vídeo desenvolvido para cenários de aplicativos de videoconferência de baixa latência. O H.264 hoje oferece qualidade superior ao H.263, pelo espectro completo de largura de banda, graças aos avanços de tecnologia desde a introdução do H.263, uma década atrás. O H.264 já está sendo adotado em soluções de videoconferência.

DivX

O DivX ® é um *codec* de vídeo criado pela DivX, Inc. Produzido para ser usado em compactação de vídeo digital, deixando os vídeos com qualidade, apesar da alta compactação, utilizada para ocupar menos espaço no disco rígido. Para alcançar tal compactação, é necessário muito processamento, o que pode fazer com que um computador tecnologicamente defasado demore para realizar a operação ou tenha dificuldades para realizar a exibição. O DivX é compatível com Windows, Linux, Solaris e Mac OS X. Atualmente os arquivos DivX estão amplamente presentes nas redes dos programas de P2P e até em diversos aparelhos de DVD de mesa, devido ao seu potencial de compactação e à boa qualidade. O método de compactação DivX funciona como uma espécie de MP3 para vídeo. Mas, ao contrário do MP3, que apaga sons sobrepostos que nosso cérebro não conseguiria reconhecer, o DivX torna repetitivas as imagens que não se modificam no decorrer dos frames (quadros) que formam o vídeo. Simplificando: tomando-se uma cena onde a câmera é estática e fundo não se modifica, o *codec* DivX grava um único *frame* dessa imagem e repete-o até a imagem sofrer alguma alteração. Na mesma cena, caso haja uma pessoa andando, somente os *pixels* em que sua imagem se sobrepõe são modificados. O resto da cena pode ser considerado, grosseiramente, como uma foto estática ao fundo do vídeo. Dessa forma, são guardados muito menos dados pelo vídeo compactado, resultando um arquivo de tamanho reduzido com uma perda de qualidade pequena, dependendo da configuração feita.

FLV

É o formato de arquivo de vídeo originário do Adobe Flash Player utilizado a partir da versão seis do *software*. Este formato se tornou muito comum na internet em *sites* como o YouTube, Google Video, entre outros. Comumente, arquivos com a extensão .flv contêm vídeos que são uma variante do padrão H.263. O Flash Player 8 e versões superiores suportam também o formato On 2 TrueMotion vp6. Um canal de transparência (alfa) é suportado incluindo um segundo fluxo de vídeo somente codificando a transparência. Arquivos .flv de áudio são geralmente codificados em mp3.

Verificamos, através da apresentação dos principais *codecs* utilizados no mercado, que essa tecnologia de compressão é fundamental para tornar viável a distribuição e visualização de arquivos de áudio e vídeo na internet. Existem ainda inúmeros *codecs* de áudio e vídeo disponíveis no mercado. O próximo passo é analisar brevemente os principais programas utilizados para a criação, composição, edição e finalização dos produtos audiovisuais publicados na internet e em outras mídias, como por exemplo, a TV e o DVD.

FERRAMENTAS

Na sequência este texto apresenta ferramentas utilizadas na criação e disponibilização de conteúdo audiovisual para internet. Para colocar um vídeo ou um áudio na *web*, a parte de criação envolve, logicamente, a concepção e captação do áudio ou do vídeo, mas abarca também *design* digital, diagramação, e eventualmente, animação. São diferenças substanciais em relação à produção para TV, que se centra no áudio e no vídeo.

Final Cut Pro

Site: www.apple.com.br/finalcutstudio.

É um consagrado programa de edição de vídeo, com uma interface intuitiva e com o mesmo padrão de organização dos painéis dos principais programas de edição/animação do mercado, como o Adobe Premiere Pro e o Adobe Flash (interface com *timeline*, área de criação/edição e painéis flutuantes com recursos diversos). Pode ser usado tanto para produções em SD (Standard Definition) como em HD (High Definition). Também possui pré-configurações para dispositivos móveis e vídeos na internet. Faz parte da suíte Final Cut Studio, que também conta com os programas Sountrack Pro 2, DVD Studio Pro 4, Compressor 3, Color e Motion 3, possibilitando integração com esses *softwares*. A suíte sofreu uma atualização em maio de 2007.

Adobe After Effects

Site: http://www.adobe.com/products/aftereffects/.

Software de animação e composição de imagens em movimento, também usado para pós-produção (correção de cor, aplicação de efeitos especiais, GC etc.) de material filmado ou captado em vídeo. É o programa que o mercado usa para criar efeitos especiais e gráficos em movimento (*motion graphics*). Com ele é possível compor elementos bidimensionais em um espaço tridimensional com nível profissional. Uma grande variedade de *plug-ins* ajuda a aumentar o potencial do aplicativo.

Adobe Photoshop

Site: http://www.adobe.com/br/products/photoshop/photoshop/.

O editor de imagens mais popular, amplamente utilizado nas mais diversas aplicações, da internet à mídia impressa, passando pelo vídeo, multimídia, *games*, dentre outros. Com ele é possível criar gráficos em camadas e importá-las no Final Cut, Premiere ou After Effects, por exemplo.

Adobe Flash

Site: http://www.adobe.com/br/products/flash/.

O Flash é um programa utilizado amplamente para a criação de gráficos vetoriais estáticos ou animados, aplicações multimídia *on* e *off-line*, mídias instrutivas (*e-learning*), *sites*, programas para dispositivos móveis, games e outros aplicativos. Isto porque o mesmo possui recursos de desenho e animação associados a uma linguagem própria de programação, o *action script* (atualmente na versão 3.0). Possui ainda suporte para áudio e vídeo, e foi o formato escolhido pelo Youtube. O Flash pertence à Macromedia, que foi comprada pela Adobe, e o programa está agora na versão 9, ou CS3. Vamos destacar a parte referente ao vídeo, por ser o tema em questão. Os recursos de vídeo estão sendo gradativamente melhorados, principalmente desde a versão 6, ou MX. O Flash vem acompanhado, desde a versão 8,

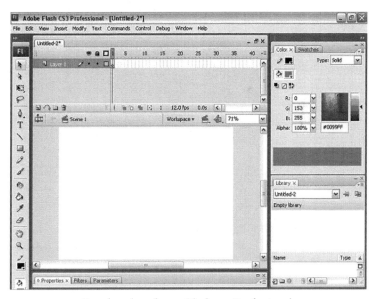

Interface do software Flash CS3 Professional.

de um vídeo *encoder*. A ferramenta controla a taxa de exibição, ajusta o *bitrate* do áudio embutido, manipula a qualidade do arquivo e inclui *keyframes*. Na hora de codificar os vídeos, existem duas opções de *codec*, o Sorenson Spark (utilizado desde a versão 6) e o On2vP6 (utilizado desde a versão 7). O formato de vídeo FLV, o Flash Player e o vídeo *encoder* são soluções incorporadas ao *software* Adobe Flash.

Adobe Dreamweaver

Site: http://www.adobe.com/uk/products/dreamweaver/.

Aplicativo indicado para a criação de páginas simples ou dinâmicas na internet. Próprio para criação, desenvolvimento e manutenção de *websites* e aplicações para *web*. Desenvolvido para *designers* e desenvolvedores, o Dreamweaver CS3 oferece a ambos uma interface visual adequada para a construção de projetos de mídia digital baseada na internet. Possibilita a integração com a suíte de aplicativos Adobe CS3.

Maya

Site: http://www.autodesk.com/maya.

Conhecido *software* de modelagem 3D, é usado pelos grandes estúdios de Hollyhood em produções conhecidas, como a franquia *Jurassic Park*. É conhecido também pela flexibilidade no que diz respeito a *plug-ins* e *codecs*: o Maya permite alterar sua interface, adicionar novos recursos, adaptando-se às necessidades do usuário.

Pro Tools

Site: http://www.digidesign.com.

Editor e masterizador digital de áudio, o Pro Tools permite tipos de recursos para suas músicas, como sintetizadores, equalizadores, distorções, ecos, adições de outros instrumentos etc. Foi um dos primeiros programas do tipo com edição não destrutiva, isto é, que permite recuperar a faixa original, mesmo depois de ter inserido dezenas de efeitos em cima do mesmo. Com ele, é possível dar o tom certo à trilha que, depois, pode ser inserida em um *software* de edição como o Final Cut.

Audacity

Site: http://audacity.sourceforge.net/.

Editor de áudio gratuito escrito por uma equipe de desenvolvedores que utilizam recursos do Sourceforge, um serviço *online* para projetos de código-fonte aberto. Traz diversos recursos, como *fade in/out*, equalização, exportação dos arquivos em WAV e MP3, além de outros recursos. É recomendado para edições de nível básico/intermediário e para projetos de baixo custo.

PROFISSIONAIS

Como vimos, existem soluções profissionais de ponta com o custo de algumas dezenas de millhares de dólares até programas *open source* (gratuitos) que muitas vezes atendem à necessidade. Cabe ao usuário saber qual é o grau de especialização que quer atingir, o quanto pode investir e as profissões que existem no mercado que abrangem essas áreas. Para conhecermos melhor essas especializações, veremos a seguir algumas das profissões que tratam da criação e desenvolvimento de produtos audiovisuais. É importante ressaltar que, devido à alta competitividade de mercado, a procura por um curso superior é altamente recomendável, pois se trata de um diferencial obrigatório na grande maioria dos casos. Como exemplo, podemos citar os cursos de graduação em Radialismo (Rádio e TV), Cinema Digital, Design Digital, Mídias Digitais e, se desejar, complementar o aprendizado com algum curso. Começar sua careira no mercado de audiovisual significa, como em qualquer outra profissão, ir atrás de uma especialização. "O primeiro passo é se habilitar na área em que você deseja trabalhar, fazer um curso de Final Cut se você quer editar, ou de After Effects se você quiser fazer pós-produção, por exemplo", diz Marcelo Loschiavo, do DRC.

Veremos agora as principais profissões que esse profissional pode ser inserido:

Sound designer

É responsável por todo o áudio do filme que não diz respeito à trilha sonora musicada. Esse profissional trata o som de diálogos, cria efeitos sonoros, elimina ruídos alheios ao filme, reforça sons que não ficaram suficientemente perceptíveis etc. Também pode exercer o papel de supervisor de trilha sonora, no cinema. Programas mais utilizados: Pro Tools, Logic, Reason, Sound Forge, Soundtrack.

Video composer

Trabalha com os *softwares* de pós-produção do tipo *motion graphics*, e se dedica a inserir efeitos especiais e outros tipos de camadas em vídeos já montados. É ele o responsável por fazer com que os personagens criados pelos profissionais de 3D interajam bem com os cenários, com os atores humanos, por exemplo.

Programas mais utilizados: After Effects, Motion, Combustion.

Editor de vídeo

É quem recebe o material gravado para compilá-lo em uma sequência que tenha apuro estético e que seja coerente com o roteiro. Cabe a ele saber reconhecer (e eliminar) o que ficou insatisfatório, escolher qual material sacrificar para que o trabalho fique com o tempo previsto inicialmente, contornar *takes* malfeitos ou desnecessários etc. No caso do profissional *free-lancer*, o editor de vídeo é multitarefa e também cumpre os papéis de *sound designer* e pós-produtor, para entregar o trabalho completo.

Animador 3D

Um trabalho em 3D é feito em equipe: a animação depende da modelagem, que depende da textura e todas são importantes para o pessoal de luz, que, depois influencia a composição etc. A posição de animador 3D figura aqui por ter cada vez mais intervenções no vídeo, seja na construção de vinhetas e efeitos, seja na produção de projetos de animação para diversas mídias. Esse profissional cuida para fazer com que os personagens, objetos e afins criados em ambientes 3D contem a história idealizada no roteiro. Programas mais utilizados: Maya, Blender, Lightwave 3D, Cinema 4D, 3D Studio Max, Eletric Image.

Web designer

Este profissional é o responsável por inserir os arquivos de áudio e vídeo na internet, fazer o *design* do *player* de vídeo (se este for desenvolvido em Flash, por exemplo), escolher o formato mais adequado, conhecer os *codecs* disponíveis, entender de conceitos de *design* e programação, criando as páginas do *site*, dos esboços iniciais à publicação final.

DVD *designer*

Este profissional realiza as funções de menus de DVDs, com efeitos de transição, vídeos no plano de fundo, sons especiais para cada ação, ícones animados etc. O *designer* é o responsável por criar e organizar todos estes elementos, utilizando-se de editores de imagem para produzir as texturas e camadas e de *softwares* específicos de alteração, como o DVD Studio PRO. É uma profissão em ascensão no mercado.

Programas utilizados: DVD Studio Pro, Encore DVD.

SERVIÇOS

Já vimos o perfil dos usuários, como funcionam algumas tecnologias, os principais programas e profissões para atuar neste mercado. Chegou a hora de conhecermos as aplicações mais notórias que surgiram na internet nestes últimos anos.

Youtube

Site: www.youtube.com.

Trata-se de um serviço de hospedagem de vídeos que vem sendo incorporado ao dia a dia das pessoas como uma nova forma de ver e fazer TV, já que são os próprios internautas que produzem os clipes que alimentam o *site*. Criado por Chad Hurley (na época com 29 anos) e Steven Chen (na época com 27 anos) em maio de 2005. Em julho de 2006 o *site* alcançou a respeitável marca de cem milhões de vídeos exibidos por dia. A cada 24 horas, os internautas colocam no ar, em média, 65 mil novos arquivos em formatos que vão do AVI e MPEG ao DivX e XviD, com uma duração média entre dois e cinco minutos de duração. As formas de acesso aos vídeos são várias: Pode ser por meio de um *link* enviado por *e-mail*, *scrap* do Orkut, ou incorporado dentro do *site-blog*.

O YouTube utiliza o formato Macromedia Flash para disponibilizar o conteúdo. É o mais popular *site* do tipo (com mais de 50% do mercado em 2006) devido à possibilidade de hospedar quaisquer vídeos (exceto materiais protegidos por *copyright*, apesar deste material ser encontrado em abundância no sistema). Hospeda uma grande variedade de filmes, videoclipes e materiais caseiros.

Possivelmente interessado em expandir o mercado de publicidade de vídeos através de seu AdSense e também em se consolidar como um dos maiores serviços de internet do mundo, foi anunciada em 9 de outubro de 2006 a compra do YouTube pelo Google, pela quantia de US$ 1,65 bilhão em ações. A revista americana *Time* (edição de 13 de novembro de 2006) elegeu o YouTube a melhor invenção do ano por, entre outros motivos, "criar uma nova forma para milhões de pessoas se entreterem, se educarem e se chocarem de uma maneira como nunca foi vista".

Interface do YouTube, o *site* de vídeos mais popular da internet.

Reforçando o que foi dito anteriormente, um fator importante para a popularização do vídeo na internet foi o aumento do número de usuários que utilizam uma conexão de banda larga. Devido às exigências de banda, é praticamente inviável navegar em *sites* como o YouTube com conexão de linha discada. O Ibope-NetRatings calcula que, no primeiro semestre de 2006, havia nove milhões de usuários residenciais com banda larga no Brasil (apenas usuários caseiros). Este número vem crescendo, enquanto o de usuários de linha discada decresce lentamente. Somando-se tudo (usuários em empresas e escolas) há mais de trinta milhões de brasileiros com acesso rápido à internet. São todos potenciais consumidores de vídeo *online*.

Estima-se que haja mais de 150 *sites* dedicados ao vídeo *online*. Entre eles, podemos citar nomes como o Google, que detém os direitos da marca YouTube, mas possui outro serviço similar, o Google Video (www.video.google.com), o Yahoo! (www.

video.yahoo.com) e o MSN (www.video.msn.com). Nenhuma delas, entretanto, se aproxima do YouTube em termos de *market share*. Juntos, os três serviços somam 19,7% dos vídeos exibidos na internet, contra 42,2 do YouTube (segundo o instituto de pesquisas Hitwise). Os três também não ultrapassam o segundo da lista, a rede de relacionamentos MySpace (www.myspace.com), que possui share de 26,1%, .

O investimento em tecnologia e largura de banda aplicado no YouTube é alto. Estima-se que o gasto mensal do *site* passe de um milhão de dólares. "Muitos dos *sites* de vídeo vão desaparecer do mapa se não encontrarem um patamar viável de usuários que possam ajudá-los a criar um modelo de negócios sustentável", afirma LeeAnn Prescott, diretor de pesquisas do instituto Hitwise.

O número de brasileiros que visitam o *site* é expressivo: segundo pesquisa do ibope-Net Ratings, 2,6 milhões de usuários domésticos visitaram o YouTube em julho de 2006 (ver dados mais recentes). O número é quase o dobro do verificado pelo mesmo instituto em maio de 2006, quando foram registrados os acessos de 1,4 milhão de usuários aos vídeos do *site*. É importante informar que esses dados não incluem aqueles que navegam no trabalho, na escola ou em *lan houses*.

FizTV

Site: http://www.fiztv.com.br.

Iniciativa do grupo Abril, o FizTV se propõe a fundir de forma inédita internet e TV, veiculando *online* vídeos produzidos por sua comunidade de usuários e levando para a TV os mais bem avaliados. A comunidade de usuários, produtores e consumidores de conteúdo tem voz ativa na definição dos rumos do canal, podendo até mesmo definir sua grade horária.

Buscando ser mais do que reprodutores do que já está na internet (ou uma espécie de reprise do YouTube), o FizTV já assumiu a postura de estimular a produção do vídeo livre no Brasil, para depois organizá-la e distribuí-la. Universitários, pequenas produtoras e cineastas independentes terão no canal uma possibilidade de veiculação nacional. Cada uma começará com a exibição dos dados de quem é o responsável por sua produção.

A equipe editorial do canal será responsável por unir os vídeos em programas temáticos como o: Fiz.em casa, Fiz.curta, Fiz.anima, Fiz.doc e Fiz.notícia, este provavelmente o primeiro telejornal nacional formado apenas com participação colaborativa da audiência.

Marcelo Botta, gerente de conteúdo do FizTV, coordena a equipe que irá definir seu formato. Ele garante que o objetivo não é criar uma rede de besteirol, de videocassetadas ou *performances* pitorescas. "Se a gente tiver a postura de só esperar receber material, a maioria será vídeo comédia. Mas estamos indo atrás de universidades, de festivais, fazendo parcerias", aponta.

Concursos que terão como prêmios equipamentos, *softwares* ou cursos estimularão a produção dos usuários, enquanto todo vídeo que fizer a transição da internet para a TV renderá dinheiro a seu criador.

Home page do FizTV.

Especialistas em áreas como direção e fotografia analisarão vídeos exibidos pelo Fiz e apontarão rumos, criticando de forma construtiva o trabalho. Além disso, um "blogueiro" a serviço do canal terá a função de acompanhar e analisar permanentemente os vídeos veiculados.

JOOST

Site: http://www.joost.com.

É importante constatar que muitas das grandes ideias da *web* 2.0 ainda estão em fase beta. Uma das mais recentes responde pelo nome de Joost. O programa de distribuição de vídeo, criado pela dupla Niklas Zennström e Janus Friis, sugere mais uma proposta do que deve ser a TV do futuro. Utiliza a arquitetura do BitTorrent (P2P – *peer to peer*), em que o cache é feito na máquina de quem baixa o filme. Isso possibilita melhorar a qualidade do vídeo porque, enquanto fazemos o *download*, já vamos servindo os outros usuários, sem atrasar a entrega.

As redes de distribuição de vídeos P2P nascem sob a dinâmica da *web* 2.0. Não tem limite para o número de canais, é personalizável, admite busca por menus e notificação de programação, além da gravação de vídeo digital e entrega sob demanda. Se estiver em outra cidade, baixe um cliente no PC e faça o *streaming* do programa que quiser. Também poderemos programar o receptor do sinal da TV pelo celular e mandar gravar enquanto chegamos em casa. Ou seja, o controle remoto estará nas mãos do usuário, onde quer que ele vá.

A dupla Zennström e Friis – criadores dos programas KaZaa e Skype querem revolucionar a televisão, mas desta vez com as bênçãos da indústria. Confira, a seguir, cinco motivos para acompanhar o Joost, o serviço de TV pela internet criado pela dupla escandinava. Como diferenciais deste serviço, temos:

Propriedade intelectual – diferentemente do YouTube e de outros *sites* de vídeo com conteúdo colaborativo, o Joost tem apenas programas devidamente licenciados pelos proprietários e não possui ferramentas de *uploads* de vídeos de usuários. Esse modelo de negócios é pouco vulnerável a problemas relativos à propriedade intelectual, o que é um atrativo para a indústria de entretenimento. Os criadores do serviço Joost já afirmaram que o serviço não terá ferramenta de *upload* de vídeo.

Portabilidade – cerca de 80% da tecnologia do Joost foi montada com base em componentes *open source*. A estrutura do serviço inclui componentes feitos em XUL (linguagem de interfaces criada pela Fundação Mozilla), códigos do Ubuntu Linux e de padrões abertos como o SVG (Scalable Vector Graphics). O *codec* de vídeo é uma implementação de H.264.

Porta Curtas

Site: http://www.portacurtas.com.br.

Centenas de filmes de curta metragem brasileiros estão disponíveis para visualização gratuita, na íntegra. Inclui sucessos como *Ilha das Flores*. Utiliza a tecnologia Windows Media para a visualização dos vídeos. Possui 116 179 usuários cadastrados e 8 356 803 exibições de curtas até o momento

IPTV USP

Site: http://iptv.usp.br.

A versão experimental da IPTV USP (Internet Protocol Television, na sigla em inglês), canal de televisão encapsulado no protocolo IP, foi lançada no dia 21 de agosto de 2007, na capital paulista, com o objetivo de disseminar as atividades de ensino, pesquisa e extensão realizadas em todos os *campi* da Universidade de São Paulo.

A grade de programação tem cinco canais segmentados nas áreas de saúde, ciências, tecnologia, humanidades e arte e cultura, além de um canal principal. São mais de duas mil horas de gravações digitalizadas entre aulas, palestras e videoconferências.

"A proposta é transmitir vídeos sob demanda, eventos ao vivo e também uma programação predefinida", disse Regina Melo

Silveira, coordenadora do Grupo de Assessoramento Tecnológico (GAT) da Comissão de Implantação da IPTV USP Experimental. "Os canais segmentados começarão a operar esta semana com uma programação limitada, de cerca de duas horas diárias, cujo volume será aumentado de acordo com a demanda dos vídeos."

A transmissão da IPTV USP será feita a partir de servidores dos *campi* da capital, de Ribeirão Preto e de São Carlos. Em março de 2008, quando a fase experimental for concluída, os docentes e profissionais responsáveis pela iniciativa farão uma avaliação dos serviços de transmissão e da aceitação pelos usuários, de modo a implantar a segunda fase do projeto.

"Nesse período, vamos analisar as possibilidades de ampliação da rede de vídeo, o que poderá ocorrer tanto pela alocação de mais servidores em outros *campi* da universidade como por meio de parcerias com emissoras educativas", explicou Regina, que também é professora do Departamento de Engenharia de Computação e Sistemas Digitais da Escola Politécnica.

O canal principal veiculará ainda parte da programação da TV USP, transmitida pelo Canal Universitário e sintonizada nos canais 15 da NET ou 71 da TVA. "A ideia é ampliar o acesso à TV USP pela internet e trabalhar em parceria para a geração de conteúdos exclusivos para a IPTV, como programas especiais, debates e entrevistas", disse Regina.

Segundo Regina, o projeto foi inteiramente desenhado com foco na informação, e não na qualidade da imagem. "Esse modelo de transmissão de vídeo pela internet vem sendo utilizado com sucesso por universidades de todo o mundo, principalmente as americanas", explicou.

"Nosso interesse principal é transmitir conhecimento ao maior número de pessoas, inclusive aos próprios alunos dos *campi* da USP, por exemplo, que não têm acesso aos conteúdos audiovisuais de ensino e pesquisa disponíveis em videotecas das faculdades localizadas no interior e na capital", disse. O projeto é realizado em parceria com a Coordenadoria de Tecnologia da

Informação da USP e com a Rede Nacional de Ensino e Pesquisa (RNP).

CONCLUSÃO

Conhecemos, de forma introdutória, o mercado de audiovisual para a internet e verificamos as principais aplicações, *codecs*, programas de criação, inovações e quem faz o conteúdo. Esse universo não é exclusividade de profissionais e nem de amadores. Ele faz parte do conceito de conteúdo feito pelo usuário, e o que conta neste tipo de material é a mensagem a ser transmitida.

Comunicação & Sociedade / Programa de Pós-Graduação em Comunicação Social; Universidade Metodista de São Paulo. – n. 1, n. 48. São Bernardo do Campo: Umesp, jul. 1979, ISSN 0101-2657. Semestral.

Congresso / Broadcast & Cable, #16, 2007. Centro de Exposições Imigrantes / São Paulo, set. 2007.

Coleção Info Exame, n. 44. São Paulo, ago. 2007. Mensal.

Época, n. 486. Rio de Janeiro, set. 2007. Semanal.

LEÃO, Lúcia. *O Labirinto da Hipermídia. Arquitetura e Navegação no Ciberespaço*. São Paulo, Iluminuras, 2001.

LEVY, Pierre. *Cibercultura*. São Paulo, Editora 34, 1999.

Macmania, n. 127. São Paulo, jul. 2006. Mensal.

RIBEIRO, João Henrique Ranhel. *TV Digital Interativa e Hipermídia: Jogos e Narrativas na TVi*. Dissertação para obtenção do título de Mestre em Comunicação e Semiótica. São Paulo, PUC/SP, 2005.

ROBERTS, Donald; FOEHR, Ulla & RIDEOUT, Victoria. *Generation M: Media in the Lives of 8-18 Tear-olds*. Stanford, A Kaiser Family Foundation/ Stanford University Study, 2005.

ZUFFO, Marcelo Knörich. *A Convergência da Realidade Virtual e Internet Avançada em Novos Paradigmas de TV Digital Interativa*. Tese de livre docência. São Paulo, Escola Politécnica USP, 2001.

www.americanas.com.br-prod-588690-eacom. Acessado em 18 ago. 2007.

http://iptv.usp.br. Acessado em 3 set. 2007.

http://pt.wikipedia.org/wiki/codec. Acessado em 7 ago. 2007.

http://pt.wikipedia.org/wiki/Flv. Acessado em 7 ago. 2007.

http://fiztv.abril.com.br/tv/?idAreaAtual=2. Acessado em 20 ago. 2007.

A Publicidade em Novos Meios e as Perspectivas para TV Digital no Brasil

ALIA NASIM CHAUDHRY

INTRODUÇÃO

Nos últimos anos, a publicidade tradicional – TV, rádio, impresso e *outdoor* – passou a ficar obsoleta. Com o avanço da tecnologia e das técnicas de *marketing* surgiram as novas mídias. Com isso, o consumidor passou a ser mais exigente, reagindo prontamente ao bombardeamento de informações. Dessa forma, começou a consumir não só os produtos, mas os próprios anúncios.

Há alguns anos, o *marketing* de ponto de venda era distinto da publicidade convencional. Com as novas tecnologias e mudanças na forma de fazer as campanhas publicitárias, passaram a ser complementares. Os pontos de venda ganharam interatividade com terminais, onde o consumidor fica mais próximo do produto e, consequentemente, da publicidade. Ao mesmo tempo em que experimenta o produto, assiste ao vídeo no terminal e, ainda, interage na tela através de jogos e curiosidades.

O telefone celular, inexistente no Brasil há quinze anos e considerado supérfluo há menos de dez anos, passou a atender necessidades diárias de comunicação que não existiam no século passado. Atualmente pessoas de todas as classes sociais têm acesso à telefonia celular, para fins e funções diferentes. Essa evolução transformou o mesmo em mídia, o que pode ser percebido pela quantidade de campanhas televisivas que têm a telefonia celular como foco.

A desconhecida internet dos anos de 1990 sempre foi um problema na hora de avaliar e interpretar o alcance dos anúncios. Isso mudou em poucos anos e já gera capitais consideráveis para anunciantes, com a venda direta e *sites* direcionados, além de ser um grande canal de retorno dos consumidores, revelando as suas características específicas, modo de vida e hábitos de consumo. A internet virou não só ferramenta de *marketing* e de publicidade, mas um meio adicional de chegar ao *target*[1]. Praticamente todas as grandes empresas mantêm *site* de *e-commerce*[2], com investimentos e retornos consideráveis no balanço anual. Com a *web* 2.0, os consumidores passaram a ser colaborativos, participando das propagandas *online*. Anúncios incentivam a participação de diferentes modos, que variam entre o envio de vídeos, fotos, mensagens, integração em *sites* de relacionamento, podendo, inclusive, fazer o comercial que vai ao ar na televisão ou em intervalos de eventos esportivos.

Essa hodierna dinâmica vai chegar na TV Digital brasileira, que não ficará atrás em termos de qualidade da publicidade veiculada. Entretanto, antes de estabelecer relações e interpretações sobre esse novo mercado, é fundamental clareza nas definições das políticas públicas, especialmente no que se refere à segurança do tráfego e acesso às informações. Às emissoras, tanto abertas quanto fechadas, cabe definir diretrizes especialmente sobre a veiculação de comerciais interativos, que podem competir entre si, e sobre o uso do canal, em relação à alta definição e multiprogramação.

1. *Target*: público-alvo.
2. *E-commerce*: comércio eleltrônico.

Este artigo discute caminhos e oportunidades da publicidade nessa nova tecnologia, num cenário em que o desenvolvimento de outras mídias digitais, como o celular e a internet, mostram as tendências da TV digital num futuro próximo. Exemplos estrangeiros também são incorporados à análise.

O MIX DE MÍDIAS

A publicidade tradicional sempre se comportou como a antiga frase do futebol-arte: "Uma coisa é uma coisa, outra coisa é outra coisa". Porém, hoje, com a quantidade de meios disponíveis, essa frase poderia ser adaptada para: uma coisa é uma coisa, e outra coisa também.

Percebeu-se, no mercado publicitário, que a efetividade das campanhas não depende exclusivamente dos meios convencionais. Para chegar ao *target* é necessário usar diversos meios, relacionados aos hábitos e perfis de consumo. Isso demandou uma visão nova tanto dos produtos oferecidos, cuja marca pode chegar pela internet, celular, MP4, iPhone, como dos clientes, que passaram a ser tratados de forma quase individual.

Um grande exemplo desse *mix* de mídias é o projeto criado pela fábrica de refrigerantes Coca-cola para reforçar a marca. A empresa desenvolveu o Estúdio Coca-cola, com o objetivo de atingir o perfil de jovens amantes de música e potenciais consumidores da marca.

No início, a campanha começou com o patrocínio de um programa de mesmo nome, na emissora MTV, promovendo encontros musicais entre músicos de diferentes "tribos musicais". Além da TV, a campanha incluiu vídeos no *site* da emissora, com fotos e informações de bastidores do programa. Na guia de propaganda do programas de mensagens instantâneas da Microsoft, MSN Messenger, foram disponibilizados alguns vídeos do programa de TV. Ao mesmo tempo, no *site* da Coca-cola, foi criada uma seção para o projeto com o *slogan* "viva o lado coca-cola da vida", com diversas informações sobre bandas, *making off*, e ainda um *link* para uma comunidade no *site* de relacionamento Orkut. Ainda complementam a campanha inserções em outras emissoras de TV, rádio e anúncios em revistas. Fechando a campanha, conteúdos para *pod cast*.

Esse *mix* de mídias chegou a um ponto em que a inexistência da mídia deixou de ser problema. Se a mídia não existe, ela pode ser criada, como no caso da Sul América Seguros, que, em parceria com a Rádio Band FM, criou em São Paulo uma emissora específica em informações do trânsito da região. Dessa forma, o ouvinte pode se informar sobre as condições do trânsito e tirar dúvidas sobre rotas alternativas. Logo nas primeiras semanas a rádio obteve picos de audiência, e no primeiro mês a empresa comemorou um aumento de 30% na venda produtos da Sul América, segundo informou a própria seguradora.

Exemplos de sucesso referentes a campanhas que usaram várias mídias para promover marcas e produtos são abundantes. Apesar disso, as bibliografias referentes ao assunto ainda não trazem fórmulas ou métodos prontos que garantam o funcionamento de todas as campanhas. A elaboração da campanha e a consideração dos veículos que irão compor o *mix* de mídias vão determinar a efetividade da ação. O uso de vários meios para chegar ao *target* possibilita campanhas mais efetivas, personalizadas para cada perfil.

O PLANEJAMENTO DE MÍDIA

Uma das funções menos conhecidas dentro do mundo da publicidade é o planejamento de mídia. Restrito a escolhas sobre mídias de veiculação, esse setor desempenhava um trabalho quase rotineiro, buscando pequenas soluções diante do pequeno número de veículos. As escolhas estavam limitadas à televisão, ao rádio, aos jornais e às revistas.

Figuras 1, 2, 3 e 4: *Mix* de mídias da Coca-cola – Campanha Estúdio Coca-cola.

Nos últimos anos, o processo do planejamento de mídia ganhou corpo, tendo que incorporar uso de novas tecnologias, muitas delas sequer consolidadas comercialmente. Além do cinema, do telefone celular e da própria internet, onde a publicidade já tem modelos consolidados, novas mídias são criadas conforme as necessidades do anúncio. Dessa forma, tudo pode ser mídia, desde telefones públicos, ônibus, jogos de computador, garagens de prédios, elevadores, entre outras inúmeras possibilidades. Além disso, novos produtos eletroeletrônicos são lançados diariamente, representando, por um lado, novas oportunidades, e por outro, um desafio à criatividade do planejamento de mídia e da criação.

Com essas novas possibilidades, os anúncios tradicionais, na TV, no rádio e em revistas e jornais de circulação nacional, passaram a ter sua efetividade contestada. Percebeu-se que anunciar para uma grande quantidade de consumidores não era tão eficiente quanto segmentar o público segundo perfis de consumo. Para conseguir êxito em campanhas, uma boa segmentação dos públicos garante mais impacto e frequência do que anunciar em grandes veículos.

Dessa forma, o planejador de mídia deixa de usar as suas velhas planilhas, em que o único critério para veiculação era verba disponível *vs.* alcance do meio, e passa a usar inúmeros *softwares* analíticos para segmentar os seus públicos, simular valores, impacto e frequência. Para isso, institutos de pesquisa fornecem dados e métodos de análise para alimentação desses *softwares*. Os *softwares* são, em muitos casos, customizados para as demandas de cada agência. Assim, os resultados das análises de público contemplam direta e individualmente os clientes, seus produtos e marcas.

Com a TV digital, o rol de opções de mídia aumenta. A proporção do aumento depende da existência da multiprogramação. Já a interatividade representa novas oportunidades, tanto na alta definição quanto em multiprogramação e mesmo multicâmera.

A INTERATIVIDADE NA PUBLICIDADE DIGITAL

O conceito de interatividade na publicidade, durante muito tempo. foi ligado à reação do consumidor diante da ação da publicidade, sendo apenas passiva. Com a chegada dos meios digitais, os consumidores passaram a ser ativos, isto é, agora eles reagem às informações recebidas e ainda criam novas ações, gerando um ciclo entre o anunciante, a publicidade e os consumidores.

A internet é o principal exemplo de interatividade em meio digital. No início essa interatividade tinha como principal objetivo criar bancos de dados com informações dos consumidores. Com a chegada da *web* 2.0, a internet colaborativa, os consumidores passaram de espectadores a construtores da publicidade *online*, através do envio de mensagens, vídeos e fotos para compor o *site* de um determinado produto ou serviço.

A TV Digital tem tudo para oferecer publicidade interativa para praticamente 100% da população. Entretanto é necessário que o mercado esteja disposto a criar novos formatos de publicidade, bem diferentes dos que já existem hoje, inclusive na internet. O desafio é grande e paradigmas consolidados, há mais de meio século de televisão, terão de ser questionados.

As operadoras a cabo e satélite no Brasil, que já possuem tecnologia para tanto, há vários anos, ainda não disponibilizam soluções em publicidade, mesmo tendo um público alvo de maior poder aquisitivo e educacional, portanto, mais ligado a inovações tecnológicas.

Os conversores de sinal de TV digital apresentarão vários níveis de complexidade. Especula-se que haverá um leque de *set top boxes* com diferentes características técnicas, começando por aqueles capazes unicamente de converter o sinal digital até opções com interatividade e gravação. Os preços serão compatíveis com os recursos de cada receptor, o que pode afastar o grande público no início da implantação. No entanto, como acontece com qualquer tecnologia, os preços caem com o passar do tempo, tornando os equipamento acessíveis à população em geral.

São justamente os problemas de inclusão digital que diferem o Brasil de outras nações que utilizam a interatividade na TV como meio de publicidade. Entretanto, não se pode esquecer como foi absorvida a tecnologia do telefone celular, que chegou às camadas mais baixas, e atualmente garante sucesso a campanhas interativas através desses meios.

PUBLICIDADE NO CELULAR

O telefone celular foi uma das grandes surpresas para a publicidade, pois além de chegar às grandes massas, transformou-se num importante veículo de publicidade, o que garante uma alta abrangência em rede nacional. Graças à obrigatoriedade do cadastro de todas as linhas de celular no país, a segmentação do público é facilitada, pois as próprias operadoras de telefonia fornecem bancos de dados aos anunciantes, embora esta prática seja motivo de discussões éticas.

A absorção da tecnologia celular permitiu que fossem criados perfis de acordo com a complexidade dos aparelhos dos consumidores, e, dessa forma, criar diferentes campanhas baseadas no nível de interatividade disponível nos aparelhos.

As campanhas de mensagens através de SMS têm se consagrado neste meio. Um exemplo disso foi a campanha realizada pelas Lojas Colombo, que, ao enviar uma mensagem com ofertas, dobrou a quantidade de consumidores na loja no dia seguinte do envio da mensagem. Essa campanha teve baixo custo em relação a outras mídias, pois foi arcado apenas o custo do envio das mensagens.

O telefone celular também é um ótimo canal de retorno para campanhas conjugadas com outros meios, principalmente com a televisão. Com uma simples mensagem enviada do celular, o consumidor pode se inscrever em uma promoção e/ou receber algum conteúdo, ou ainda votar em determinada promoção. Um caso de grande sucesso foi a promoção "Seleção do Faustão", da TV Globo, no período da copa do mundo de 2006, em que o consumidor enviava uma mensagem semanal para uma central, e, em troca, recebia notícias sobre a copa do mundo em seu celular e concorria a uma gama de prêmios. Outras emissoras continuam usando este tipo de campanha para promover a sua grade de programação.

Um outro modelo de campanha muito comum é a publicidade através das operadoras de telefonia celular. Elas se colocam como veículo, e disponibilizam conteúdos para celular, tais como imagens, sons, vinhetas e vídeos do anunciante, muito utilizada para divulgação de eventos e filmes.

Este é um meio muito eficiente, porém, é necessário muito cuidado no uso do celular como mídia, pois a existência de fraudes e *spam* no celular são reais, o manuseio do banco de dados deve ser feito por pessoas de extrema confiança, para que seja um trabalho limpo e transparente.

PUBLICIDADE NA INTERNET

Sem dúvidas, a revolução da internet mudou o modo de fazer publicidade de uma vez por todas. Com poucos recursos no começo da década de 1990, foram feitos os primeiros anúncios de venda *online* e anúncios em formatos de *banner*, que logo faturaram muito, porém, ainda para um público pequeno. Rapidamente houve um grande crescimento da internet, que a tornou um grande meio de comunicação global, e passou a atingir um número cada vez maior de usuários pelo mundo, e por consequência, gerar um capital proporcionalmente maior.

No Brasil a história não foi diferente, ainda que este meio esteja restrito às camadas mais altas da população. Justamente por esse motivo, torna-se um meio rentável, uma vez que o volume de capital é maior. A internet é um meio que reúne segmentação, acessibilidade, flexibilidade, interatividade e canal de retorno, e assim torna-se um grande universo para novas criações publicitárias.

Os primeiros casos de sucesso nacional surgiram através de portais como o UOL, Terra, entre outros, que conquistaram os usuários pelo imediatismo da compra direta através do anúncio. Na sequência, surgiram novos formatos, cada vez mais sedutores aos olhos dos consumidores, com promoções especiais apenas para internet.

Dos novos modelos de publicidade na internet, o modelo criado pela Microsoft para o *software* de mensagens instantâneas MSN Live, mostra a gama de possibilidades que a internet oferece. Em uma única interface, vários anúncios chamam a atenção do usuário. Todo o *software* é composto por anúncios, dos mais diversos tipos.

Figura 5: telas do *software* MSN Live.

Nas imagens constata-se que, através da aba lateral da tela principal, o usuário tem acesso a onze diferentes conteúdos publicitários. Cada um deles possui um conteúdo adequado ao segmento de público desejado, e ainda cada um disponibiliza ao usuário diferentes formatos, com vídeos, *games*, testes e notícias. Nas telas de conversa do *software* também há publicidade através de *links* e no carregamento de imagem, caso o usuário use *webcam*.

Com o sistema colaborativo adotado na internet nos últimos anos, as marcas começaram a fazer parte da rotina dos usuários. Para aproximá-las de seus consumidores, foram criadas campanhas em que o internauta pode compor o projeto publicitário com o seu próprio conteúdo. É o que acontece no *mix* de mídias proposto pelo refrigerante Sprite para o público adolescente: com a ajuda de anúncios de TV o usuário é convidado a enviar seus próprios vídeos.

O costume rotineiro que muitos usuários têm de disseminar piadas, vídeos, animações, imagens e textos via *e-mail*, com conteúdo de autoria nem sempre confiável, foi a base para a criação das

Figura 6: Ação colaborativa para internet do refrigerante Sprite.

campanhas virais[3]. Embora seja uma tática perigosa, pois se trata de um *spam* formalizado, tem feito muito sucesso. Um exemplo é a campanha "Tatuagem da Boa", lançada pela cerveja Antártica.

Funciona como uma brincadeira bem humorada, onde o usuário preenche um formulário com o próprio nome e *e-mail* e também do destinatário, em seguida, no próprio *site* é montado um vídeo com um efeito, em que a atriz mostra o nome do usuário em uma tatuagem e chama um garçom, cuja tatuagem tem o nome do destinatário.

A possibilidade de mensurar o efeito da campanha quase que imediatamente representa uma grande vantagem desse meio em relação aos tradicionais. Com a instantaneidade da internet, é possível criar novas ações no meio, dependendo da *performance* anterior, o que também é ambicionado no meio televisivo. Atualmente demora-se, em alguns casos, semanas para perceber o efeito de campanhas publicitárias. Isso pode mudar totalmente com as novas tecnologias.

Até aqui foram relatados alguns exemplos da enormidade de formatos existentes na internet. Este é um meio de constante desenvolvimento e renovação a uma velocidade exorbitante, em que a publicidade não fica atrás. Com base nessas experiências, a TV digital não pode ser encarada como um meio concorrente da internet. Ela é uma mídia complementar, com relação simbiótica, que se desenvolve concomitante às outras tecnologias.

Figura 7: Imagens da campanha viral "Tatuagem da Boa".

3. A publicidade viral refere-se a técnicas de *marketing* que tentam explorar a internet para produzir aumentos exponenciais em conhecimento de marca, com processos similares a extensão de uma epidemia, através de mensagens eletrônicas.

A PUBLICIDADE NA TV DIGITAL

A chegada da tecnologia da TV digital no Brasil foi, e ainda é, palco de muitas discussões. Os primeiros passos foram as definições políticas, em relação a qual sistema deve ser usado, como será feita a conversão do sistema no período de transição, e qual será o investimento das emissoras. Apesar da aprovação de algumas normas, pouco foi convencionado sobre o funcionamento da publicidade nessa nova tecnologia.

O grande pilar de sustentação da TV no Brasil sempre foi, e continuará sendo, a publicidade. Diante dos vários formatos e possibilidades, o principal e mais rentável é o comercial de trinta segundos, e continuará sendo até que surjam novas alternativas.

Baseados nos formatos atuais da TV e com a utilização da tecnologia digital em outros países, destacam-se alguns modelos mostrando uma certa tendência num futuro próximo:

- *Merchandising*

Muito utilizado na TV na década de 1970, e com um forte retorno nos anos de 1990. Hoje este formato já está convencionado dentro dos padrões de publicidade na TV atual. Na programação há duas formas de *merchandising*, o direto e o indireto.

Figura 8: Miltom Neves faz *merchandising* da Brahma, Figura 9: Claudete Soares apresenta *merchandising* da câmera fotográfica Tek Pix.

Anunciado dentro da programação da TV, mas fora do conteúdo, o *merchandising* indireto é o modelo mais usado, principalmente em programas de auditório, variedades e esportes. O espaço da publicidade é bem claro e separado do conteúdo do programa, com tempo definido. O apresentador do programa faz o anúncio, ou convida um terceiro para demonstrar o produto. O custo desse formato é muito variável, dependendo do tempo e da programação.

Hoje os canais televisivos de compra para os produtos, anunciados em *merchandising* indireto, são o telefone e a internet. Caso seja possível realizar uma compra direta pelo controle remoto, como nos modelos americanos, a tendência é que seja um modelo muito rentável nessa nova tecnologia.

Ao contrário do modelo anterior, o *merchandising* direto também aparece na programação, mas dentro do conteúdo também. Adotado inicialmente pelo cinema, chegou à televisão principalmente em novelas e séries. O anúncio acontece nas cenas do programa, realizado pelo próprio elenco. O custo desse formato é bem maior que o indireto, pois além de custear os atores, o roteiro do anúncio deve ser adaptado ao conteúdo da programação.

Em geral esse tipo de anúncio é relacionado com conteúdo institucional das empresas, visando fixar a marca na mente dos

Figura 10 e 11: Irene Ravache encena *merchandising* da Natura na novela *Belíssima*.

consumidores. Com a tecnologia digital será possível inserir mais informações através de interatividade pelo controle remoto.

• Alta definição

Atualmente, os anúncios convencionais em sua maioria já são produzidos em alta definição. Porém, os televisores da maioria dos consumidores não têm este recurso, o que acaba não fazendo diferença para o telespectador médio. Por isso são convertidos para menor resolução suportada pelo sinal analógico e, consequentemente, pelos aparelhos de TV convencionais.

Este pode ser um grande problema da transmissão em alta definição, quando a imagem digital, transmitida no formato de tela 16x9, for codificada para o formato 4x3. Esse processo pode incorrer em distorções na imagem final, trazendo problemas aos anúncios da TV.

Entretanto, segmentando faixas de consumidores de poder aquisitivo maior, com portadores de receptores digitais de alta definição, basta enviar comerciais personalizados para esses equipamentos. Isso implica em custos maiores de produção, mas garante que receptores 3x4 recebam comerciais feitos para esse formato, enquanto que televisores 16x9 mostram campanhas feitas em alta definição. Isso é possível graças à adaptabilidade do *middleware* Ginga. Isso possibilita à publicidade ganhos em imagens com maior qualidade, importante para anúncios com apelos visuais e emotivos.

• Multiprogramação

A multiprogramação possibilita a transmissão de vários canais de TV em uma frequência onde só é possível alocar um canal analógico. Dessa forma, a emissora pode disponibilizar mais canais diferenciados, aumentando e segmentando a grade de programação. Lembrando que a multiprogramação pode conviver com a alta definição, sendo possível, por exemplo, um canal de alta definição e mais dois de definição *standard*.

Para usar a multiprogramação, as emissoras deverão produzir mais conteúdo, e, consequentemente, aumentar a grade publicitária para que possam manter a nova programação. Será um desafio para emissoras criar novos modelos de venda de anúncios publicitários, com mais descontos e pacotes promocionais. Canais específicos estarão relacionados a consumidores específicos, o que é um ótimo negócio para a publicidade, que cada vez mais precisa de públicos mais segmentados.

O aumento de receita para as emissoras pode ser obtido por intermédio da interatividade focada e segmentada. Dessa forma, é possível incluir na publicidade televisiva empresas menores que antes não tinham condições de anunciar para públicos maiores. Com a adaptabilidade do conteúdo interativo, é possível, por exemplo, transmitir um comercial apenas para determinada região ou bairro, o que é muito mais atrativo para o anunciante.

• Interatividade

Desde o início dos estudos de TV Digital no Brasil a interatividade foi um dos fatores mais comentados e pesquisados. Sem dúvidas a maior revolução na chegada da tecnologia digital, o modo de assistir não será mais o mesmo, uma quantidade muito maior de informações chegarão até o consumidor.

A absorção da tecnologia no Brasil ainda é algo a ser estudado, não se sabe até que ponto o usuário irá interagir com o controle remoto, porém, sabe-se que não será algo tão difícil. Apesar dos avanços tímidos no começo, o celular e o DVD se popularizaram. Hoje estão presentes nos lares brasileiros, a custos acessíveis e facilmente operáveis para a maioria da população.

Com o conversor de sinal digital não deverá será diferente. Caro e com menos recursos a princípio, terá o preço reduzido à medida que o consumo de televisores capazes de receber o sinal digital crescer e fortalecer o mercado, gerando escala.

O modo de produzir os anúncios de TV também sofrerá uma grande mudança, tanto na agência de publicidade que faz o planejamento e a criação da campanha, quanto nas produtoras. Ambas deverão trabalhar com profissionais especializados na tecnologia digital, que devem manter um diálogo entre si e com as emissoras, para que não ocorra nenhum problema na transmissão final e no entendimento dos objetivos da aplicação interativa.

No Brasil a tecnologia já existe em programadoras de TV por assinatura, ainda de forma incipiente em alguns canais, que disponibilizam conteúdo direcionado ao seu público. Até o momento nada foi de fato veiculado em relação à publicidade. Apenas testes foram feitos, com a disponibilização de tabelas com estatísticas de eventos esportivos, e notícias, algumas delas contendo as logomarcas dos patrocinadores da programação.

Juntamente com o áudio e o vídeo, a interatividade será decodificada, gerando uma interface sobre o vídeo, para que o usuário possa acessá-la. O funcionamento se dá através de um *software* que disponibiliza as informações, e reage diante das ordens dadas via controle remoto, permitindo uma infinidade de formatos de anúncios interativos.

Fatores como tempo de funcionamento do *software*, cobertura da tela total ou parcial e canal de retorno são determinantes para a publicidade. É necessário que cada emissora, juntamente com as operadoras da TV fechada, regulamente o uso da interatividade em anúncios publicitários. A compatibilidade com a TV por assinatura é essencial para efetivar as campanhas nos públicos de maior poder aquisitivo.

Em relação ao tamanho, o anúncio pode utilizar desde toda tela até um pequeno ícone para interagir com o telespectador, entretanto, este é um fator que deve ser amplamente analisado pelos criadores da peça publicitária. Ao utilizar todo o espaço da tela de TV, o anunciante toma o lugar da programação, o que pode não agradar o usuário. Por outro lado, anúncios muito pequenos não cobrem a programação, mas sua leitura pode ficar prejudicada.

Além disso, o tempo ganha contornos relativos na publicidade interativa. Um comercial transmitido em trinta segundos, mas com a possibilidade de acessar informações adicionais, após o término do tempo compete com o anúncio veiculado na sequência. Ou seja, o telespectador poderá estar interagindo com um comercial, enquanto outro é veiculado e não visto. Assim, a própria noção de tempo perde a clareza na medida, pois não é possível prever o tempo em que a pessoa ficará interagindo. Como conciliar essas questões ainda é um debate em aberto, incluindo formas de cobrar a transmissão do anúncio em vídeo e em aplicação interativa.

O uso do canal de retorno, embora se mostre necessário para que as próprias emissoras possam medir a audiência de forma mais confiável, ainda não é concreto. Nesse caso, os formatos de publicidade serão baseados apenas no envio de informações, tais como informativos, jogos e material promocional.

Já com o canal de retorno disponível, é possível travar um diálogo com o consumidor através de formatos de pesquisa, *quiz*[4], campanhas de *marketing* de relacionamento, ou jogos interativos.

Na publicidade interativa com canal de retorno, os consumidores têm a oportunidade de se aproximar dos anunciantes para, dessa forma, expressar a sua opinião pela TV. No caminho contrário, esses dados são importantes para que o anunciante possa medir as informações e agir de acordo com o sucesso da campanha.

Fora do Brasil alguns modelos de anúncios já estão consolidados, e servem para exemplificar o que poderá ser feito com a entrada da TV digital no país. O modelo criado na Holanda tem como anunciante um cassino. A princípio o vídeo aparece na tela convidando o telespectador a interagir, em seguida entra uma interface cobrindo 3/4 da tela, mantendo a programação ao vivo, inclusive outros anúncios. Vários tipos de informações sobre

4. Jogo de perguntas e respostas.

Figura 12: Anúncio Holland Cassino – Holanda.

o anunciante podem ser acessadas, o usuário pode preencher um formulário com nome e *e-mail* e concorrer a uma entrada gratuita. Dessa forma o anunciante pode formar um banco de dados e fazer anúncios via internet.

A cerveja Grolsch surpreende com um anúncio veiculado no Reino Unido. O vídeo começa com o convite para interagir "por um copo"; o vídeo continua por mais quinze segundos, e então aparece na tela uma outra barra para adquirir um copo de brinde, e finalmente entra uma interface de aproximadamente 3/4 da tela, com a programação aberta em um quadro, com uma mensagem sobre a cerveja e o formulário para preencher. A tática de oferecer brindes para adquirir dados dos usuários é eficiente, porém deve ser bastante estudada e com planejamento de mídia com pouca margem de erro, para que a solicitação dos brindes não ultrapasse a demanda.

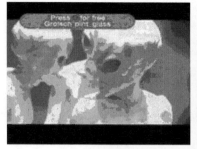

Figura 13: Anúncio cerveja Grolsch – Reino Unido.

A campanha realizada na Holanda pela montadora Nissam para apresentar o modelo Qashqai, inicia o vídeo com algumas perguntas, convidando o usuário a interagir. Em seguida entra uma tela da interface interativa, com novas opções de interação, mantendo, ao lado direito superior, um pequeno quadro com programação ao vivo. Na interface o usuário pode acessar conteúdo sobre o produto e também responder um formulário com seus dados para receber o catálogo completo do veículo. Este anúncio possui um apelo visual muito forte, tanto no vídeo quanto na interface de interatividade, convencendo o usuário a interagir e buscar mais informações sobre o produto, e assim enviar informações para o anunciante.

Figura 14: Anúncio Nissan Qashqai – Holanda.

- Vídeo sob demanda

Com a tecnologia do vídeo sob demanda, o usuário pode acessar sua programação, no momento que lhe convier, e inclusive descartar alguns tipos de publicidade. No Brasil esse tipo de serviço já está à disposição pela internet e por algumas empresas de telefonia. Ainda não existem soluções para publicidade, uma vez que a programação é a mesma veiculada nos pacotes de TV paga que não possuem essa opção.

A canadense ETC TV é uma empresa que produz soluções de tecnologias digitais para vídeo sob demanda (VOD, na sigla em inglês). O seu anúncio, veiculado em canais de operadoras que possuem o serviço, contém exemplos dos recursos que disponibiliza nas campanhas.

 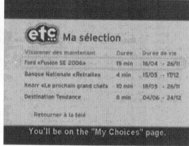

Figura 15: Anúncio ETC TV – Canadá.

No exemplo citado pela empresa, o usuário acessa um "canal de compras", onde está o anúncio do veículo Ford Fusion. Logo no começo do anúncio aparece um pequeno ícone para acesso, em seguida aparece uma tela com opções de retornar ao vídeo, entrar no conteúdo, ou acessar mais tarde. Acessando o conteúdo mais opções aparecem, dentre elas, salvar o conteúdo juntamente com a programação selecionada, para ser visto novamente mais tarde. No momento que o usuário desejar pode acessar todo conteúdo.

- Gravadores digitais

A empresa americana Tivo produz um *set top box* para recepção do sinal digital que também é gravador de conteúdo da TV. Conectado ao televisor, este equipamento permite gravar a programação, que pode ser acessada pelo usuário mais tarde, em

Figura 16: Exemplo de anúncio do equipamento Tivo – Estados Unidos.

qualquer horário. A partir da gravação, os vídeos ficam à disposição da demanda do usuário, que, ao assisti-los, pode descartar o conteúdo publicitário entre os blocos da programação. O equipamento oferece funções que permitem pular intervalos comerciais com alguns toques no controle remoto, o que gerou uma série de contestações no mundo publicitário.

Para evitar o fim da publicidade na TV, a empresa oferece pacotes que podem ser acessados, enquanto o usuário pula os intervalos comerciais, usando a função *fast forward*. Nesse momento é apresentada na tela uma interface interativa. A partir de uma ação do usuário inicia a interatividade. A programação normal da TV fica pausada no final do intervalo comercial, voltando normalmente ao término da interação.

- Portabilidade e Mobilidade

Levar o conteúdo da TV para todos os lugares é uma das oportunidades da tecnologia da TV digital no Brasil. O padrão japonês de modulação, adotado no sistema ISDB-Tb, permite a mobilidade e a portabilidade com excelente qualidade de sinal, concomitante à alta definição ou multiprogramação. Será possível captar o sinal da TV através dos celulares e de terminais móveis como carros, ônibus e trens urbanos.

As emissoras de TV investirão nesse modelo de recepção, o que acrescenta a audiência considerável público, que está em movimento e, portanto, sem acesso à TV convencional. Todos os setores das emissoras precisam estar aptos e treinados para trabalhar com formatos diferenciados, inclusive a área comercial.

O formato publicitário da recepção móvel e portátil será diferente da televisão, visto que os equipamentos são pequenos e com definição reduzida. Logo a publicidade também será diferente com formatos mais adequados ao equipamento de acesso.

No caso dos celulares é provável que os formatos já existentes sejam adotados. O conteúdo publicitário vem juntamente com a programação e poderá ser acessado através de tecnologia GPRS, com o canal de retorno nessa mesma tecnologia, ou ainda através de SMS.

Uma das aplicações possíveis de publicidade interativa para mobilidade e portabilidade é a veiculação de comerciais que se adaptam à localização do receptor. Dessa forma, podem ser oferecidas promoções que mudam conforme o percurso do ônibus. É mais um desafio para a criatividade do mercado publicitário.

CONSIDERAÇÕES FINAIS

Os meios convencionais de veiculação de conteúdo publicitário têm se mostrado obsoletos para a nova realidade digital. O consumidor médio absorveu o uso de tecnologias como a telefonia celular e a internet, bem como os formatos de publicidade contidos em seus conteúdos.

Da mesma forma, está diferente o modo dos profissionais de publicidade trabalharem com estes novos meios. As campanhas publicitárias são mais segmentadas e formatadas para vários meios, sendo muito mais eficientes que os antigos métodos tradicionais.

A mudança no modo de fazer e receber a publicidade nos meios digitais, juntamente com os exemplos dos modelos estrangeiros para esta tecnologia formam a base para a construção de modelos eficientes para a TV digital brasileira.

Ainda há muito que se discutir e estabelecer em relação a essa tecnologia. Quando os parâmetros da TV digital brasileira, tais como interatividade, multiprogramação, alta definição, mobilidade e portabilidade estiverem mais concretos, será possível de fato investir em formatos mais próximos dos consumidores e mais rentáveis às agências e aos anunciantes.

REFERÊNCIAS

AZEVEDO JUNIOR, A. C. *Tendências da Comunicação Publicitária na Era Digital*. Congresso Brasileiro de Ciências da Comunicação. Brasília, 2006.

BRITTOS, Valério Cruz. "TV Digital, Potencialidades e Disputas". *Revista Brasileira de Ciências da Comunicação*, vol. 28, n. 1, 2005.

CASTELLS, Manuel. *A Sociedade em Rede: A Era da Informação: Economia, Sociedade e Cultura*. 6ª edição. São Paulo, Paz e Terra, vol. 1, 2003.

CASTRO, C. E. & BARBOSA FILHO, A. *O Caso Brasileiro de TV Digital e a Proposta de Nova Plataforma de Comunicação para os Países Emergentes*. Congresso Brasileiro de Ciências da Comunicação. Rio de Janeiro, 2005.

CAVALLINI, Ricardo. *O Marketing depois de Amanhã*. São Paulo, Digeratti Books, 2006.

FILHO, Francisco Machado. *TV Digital: Uma Nova Mídia e um Novo Modo de Recepção em uma Sociedade em Rede*. Marilia, 2006. Tese (Mestrado em Comunicação) – Universidade de Marília.

IDS. The New Medium of Television – Demystifying IA. Interactive Advertising Guidelines.

KOZZEL JR., José. *O Top do Marketing Brasileiro*. São Paulo, Sipione Cultural, 2005.

PINHO, J. B. "A Internet como Veículo de Comunicação Publicitária". *Revista da Famecos*. Porto Alegre, n. 10, pp. 86-93, 1999.

SAMPAIO, Rafael. *Propaganda de A a Z; como Usar a Propaganda para*

Construir Marcas e Empresas de Sucesso. Rio de Janeiro, Campus ABP, 1997.

ZANICHELLI, Davide. *The Future of TV Advertising.* Zurich, 2005. Tese (Doutorado em Administração de Negócios) – SBS (Swiss Business School).

Referências Eletrônicas

http://adverlab.blogspot.com/
http://www.broadbandbananas.com/
http://br.youtube.com/watch?v=dLeh-m430M4
http://br.youtube.com/watch?v=dLeh-m430M4
http://br.youtube.com/watch?v=Ho7FFZLQt3w
http://br.youtube.com/watch?v=j6u-pviopUs
http://www.digitaltv-weblog.com
http://etc.tv/home.htm
http://www.idigitalsales.co.uk/
http://www.mmonline.com.br
http://www.portaldapropaganda.com
http://www.researchandmarkets.com/reportinfo.asp?report_id=339086
http://www.tecmedia.com.br/novidades/artigos/publicidade-digital-amadurece-devagar-e-sempre
http://www.tivo.com/abouttivo/advertisingwithtivo/index.html

Usabilidade e Interação Humano-computador na TV Digital Interativa

VALDECIR BECKER

INTRODUÇÃO

A evolução das tecnologias e suas presenças cada vez mais constantes no dia a dia, das pessoas requer novos planejamentos e novas acomodações no plano do uso e da interação. A diversidade de opções, seja de formas ou de utilidades, deriva de um planejamento de quem oferece as tecnologias no intuito de se aproximar da necessidade do consumidor. Essa tarefa se torna mais complexa, quando falamos das tecnologias digitais, cada vez mais presentes e em formas antes inimagináveis, muitas vezes, sem a percepção dos usuários.

A televisão digital traz novos ingredientes ao tema, convergindo radiodifusão, informática e telecomunicações num único serviço: televisão interativa. Experiências internacionais mostram a falta de clareza do quer vem a ser essa nova TV. Parte das dúvidas pode ser explicada pela incompreensão do tema em sua plenitude, com base em teorias que se aplicam à informática/internet, mas não à televisão.

Já a evolução da informática, e a consequente disseminação dos computadores pessoais para pessoas cada vez menos familiarizadas com o funcionamento de tecnologias digitais, além de *softwares* cada vez mais complexos, trouxe desafios sobre a compreensão de como o usuário utiliza esse *software* e de como ele se comporta diante das novidades. A incorporação de novos recursos, o que inclui a interatividade, na televisão, e o aprendizado da operação do *software*, visando melhorar a experiência do usuário, passam por um projeto de interface eficiente e eficaz.

A relação do ser humano com a tecnologia varia conforme o contexto em que ocorre, iniciando na distinção entre trabalho e lazer. As necessidades e os desejos diferem inclusive na utilização do mesmo *software* em circunstâncias diferentes. Além disso, durante a execução de tarefas no trabalho, o contexto social, em que o usuário está inserido, molda a forma de uso, interferindo no resultado do trabalho final. Por outro lado, a televisão é majoritariamente uma ferramenta de entretenimento, em que os telespectadores não têm qualquer atitude exceto assistir às imagens em questão.

Essa oposição de contextos de uso das tecnologias traz desafios às teorias clássicas da interação humano-computador (IHC) e, mais especificamente, da usabilidade. Em alguns casos, ferramentas tradicionais têm dificuldades em contemplar a nova realidade da TV interativa, avaliando a interface como se fosse de uso individualizado, à curta distância da tela, e não de uso coletivo, a distâncias maiores, como é o caso da TV.

Colocando num contexto mais amplo, a engenharia da usabilidade, tradicional referência da área, alcançou o estágio de uma indústria madura, com um arcabouço teórico, objetivos, processos e conhecimento comum estabilizado. Ao longo dos últimos quinze anos, a usabilidade tem sido uma ferramenta poderosa e eficaz de auxílio para a produção de tecnologias cada vez mais sofisticadas. Nesse novo ambiente, as tecnologias da informação são tratadas como simples produtos, acessíveis a quem puder arcar com os custos. Por isso, a usabilidade passou a ser um fator chave no sucesso de um produto, onde as expectativas do consumidor incluem qualidade e facilidade de uso.

Entretanto, o objeto da usabilidade mudou com o surgimento de novas tecnologias digitais, mais sofisticadas e que chegam a ambientes como cozinha, sala de estar, automóvel e televisão.

Longe de ser apenas uma peça chave no projeto de aplicações do software baseado em computadores PC e dispositivos e periféricos para escritório, a usabilidade é agora um objeto central no *design* de uma ampla variedade de tecnologias, particularmente sistemas pessoais móveis usados longe da organização, e novos cenários de aplicação, particularmente aplicações de comercio eletrônico baseadas na internet e acessadas de casa e em comunidade[1].

Consequentemente, a engenharia de usabilidade, cuja principal obra é de 1993[2], quando a internet engatinhava em experimentos acadêmicos, a telefonia celular ainda era um sonho distante, no Brasil, e nem se falava em TV interativa, começou a ter seus métodos questionados. O mesmo acontece com as tentativas de construção de uma teoria da interação humano-computador, que explicaria e guiaria, de forma geral e completa, todo o desenvolvimento de produtos e tecnologias digitais. Esse questionamento produziu conclusões referentes à necessidade de testar, tanto a teoria, quanto a interface das aplicações, com usuários reais e em ambientes reais, uma vez que os testes de usabilidade tradicionalmente ocorrem apenas em laboratórios.

É neste contexto que começa a discussão sobre usabilidade na TV interativa. O presente texto analisa essa relação truncada entre teoria e prática na IHC, buscando entender se as aplicações interativas, na televisão, demandam novas ferramentas e adequações teóricas para poderem ser compreendidas sob um aspecto mais amplo e pleno. Dessa forma, faz-se uma introdução teórica, resumindo as primeiras visões sobre interface e a evolu-

---

1. Peter Thomas, Robert Macredie e Bonnie Nardi, "The New Usability", p. 126.
2. Jacob Nielsen, *Usability Engineering*.

ção do *design*. Na seção quatro, aborda-se a teoria da atividade como base para o entendimento da relação entre o ser humano e a tecnologia, incluindo o contexto em que a relação ocorre, o que demanda, se não novas, pelo menos diferentes visões sobre usabilidade. As seções cinco e seis tratam da IHC na TV digital e da usabilidade na TV interativa, respectivamente. Finalizando, a seção sete apresenta algumas conclusões e aponta alguns desafios para estudos futuros sobre o tema.

2. PRIMEIRAS VISÕES SOBRE A INTERFACE

A informática começou a ser desenvolvida, na primeira metade de século XX, com a produção dos primeiros computadores. Conforme a produção ia avançando, mais pessoas tinham acesso às máquinas. No entanto, uma característica predominou até a década de 1980: a necessidade de programar as máquinas para cada uso. Alguns sistemas, quando desligados, perdiam as informações, ou os programas, que precisavam ser reprogramados sempre que o computador era ligado. Dessa forma, desafios de uso de interface se manifestavam durante a programação, feita por especialistas que detinham o acesso à tecnologia.

Com o desenvolvimento de sistemas operacionais baseados em janelas, no início da década de 1980, aliado à diminuição do tamanho dos computadores, a informática passou a se disseminar, aumentando o número de usuários. Dessa forma, a programação dos aplicativos, a cada ativação do computador, passou a ser substituída por *softwares* providos em larga escala e utilizados de modo uniforme por muitos usuários.

Esse novo processo de fabricação de *softwares* passou a demandar estudos sobre como o usuário reage e interage com as interfaces dos sistemas. Problemas com os objetivos do *software* e a maneira de realizar as tarefas para executar determinadas atividades trouxeram novos desafios para o desenvolvimento das interfaces. Percebeu-se que a maneira do usuário utilizar o *software* diferenciava muito da percepção sobre esse uso que o "desenvolvedor" tinha. Além disso, a maneira de executar as tarefas se diferenciava entre os próprios usuários, conforme conhecimentos prévios e familiaridade com tecnologias anteriores que se prestavam a objetivos semelhantes. Atualmente, o mercado de *software* foca usuários cada vez menos familiarizados com a informática, sua linguagem e estrutura de desenvolvimento.

Com o passar dos anos e do desenvolvimento tecnológico, a informática e, principalmente, os computadores pessoais, foram absorvendo tarefas antes executadas pelos usuários, o que automatizou algumas dessas tarefas. Dessa forma, a necessidade de interfaces claras, concisas e facilmente inteligíveis para o usuário aumenta consideravelmente.

3. A EVOLUÇÃO DO DESIGN

O *design* das interfaces acompanhou a evolução da informática e dos diferentes dispositivos digitais. Assim, foi evoluindo e incorporando novas teorias que poderiam explicar melhor como o usuário se comporta diante da tecnologia e como ele reage a determinadas situações, diante de um computador, onde atividades de trabalho e de lazer se intercalam.

A primeira percepção que os desenvolvedores tiveram, ainda na década de 1980, sobre a necessidade de melhorar o uso dos *softwares* e outros recursos informáticos estava focada no produto. Buscou-se melhorar o produto para que este atendesse às necessidades impostas pelas tarefas a serem realizadas. Com isso, houve uma melhoria considerável dos recursos oferecidos.

No entanto, essa visão centrada no produto passou a ser questionada, anos mais tarde, com argumentos de que haveria diferentes formas de usar o *software*, com adaptações feitas por usuários que não haviam sido considerados pelos desenvolvedores. Foi incorporado ao processo de desenvolvimento o processo de interação e de uso, onde a variável "usuário" começava a aparecer. A visão de uso único da interface passou a ser substituída pela possibilidade de diferentes processos de interação e de uso, definidos pelo usuário.

Essa abordagem evoluiu a ponto de incorporar também o próprio usuário que, além de determinar diferentes processos de interação, também tem características diferentes e visões variadas sobre as tarefas a serem executadas com um *software*. Dessa forma, surgiu o *design* centrado no usuário, considerado, atualmente, pela literatura de IHC como a técnica mais próxima do real e mais eficiente.

O *design* centrado no usuário incorpora o processo de interação, relacionando-o com as tarefas (sinônimo de atividade na literatura) para a geração dos requisitos do *software*. Nesse caso, o requisito, definido como uma série de atividades que o *software* deve executar, baseia-se no sequenciamento previsto das tarefas. Alguns requisitos obrigatórios em todas as interfaces: facilidade de aprendizagem e utilização, eficácia, facilidade de memorização, eficiência, satisfação[3].

4. A TEORIA DA ATIVIDADE E A INTRODUÇÃO DO CONTEXTO

Durante o processo de desenvolvimento de recursos que facilitem o desenvolvimento de interfaces, evitando enormes esforços de *design* e de criação, durante o desenvolvimento de novos produtos, surgiram uma série de teorias tentando explicar e facilitar a concepção e os testes de uso. Várias tentativas foram feitas no intuito de padronizar e organizar essas regras de criação de interfaces, buscando aglutinar características comuns.

No entanto, uma crítica muito comum a essas teorias é a distância entre as referências teóricas e a prática. Argumenta-se

3. Jacob Nielsen, *op. cit.*

que do ponto de vista teórico, a IHC é uma ciência consolidada, fundamentada por cursos e paradigmas solidificados em diversas instituições de ensino e pesquisa. Essas abordagens, usualmente baseadas na psicologia cognitiva, têm consistência e argumentação lógica, baseadas inclusive em experimentos empíricos[4].

Por outro lado, há inúmeras soluções adotadas em IHC, funcionando plenamente, mas que não podem ser explicadas por essas teorias. Kuutti critica enfaticamente essa distância, alegando que vários guias de estilo, usados no desenvolvimento de *software* e com eficácia comprovada pela prática, não têm qualquer *background* teórico que sustente seus usos e suas aplicações. Resumindo: por um lado, falta vida real nas teorias; por outro, faltam teorias na vida real.

Essa disfunção ocorreu em função de um tratamento e de uma interpretação inadequada da ação humana diante da tecnologia. A psicologia cognitiva, e as teorias relativas à usabilidade de maneira geral, interpretam o ser humano como um conjunto de atributos que vai usar determinado sistema. Dessa forma, chega-se a caracterizar a interação como um processo, no qual um sistema é utilizado por outro. O primeiro é definido pelos projetistas e *designers* de interface, enquanto que o segundo foi definido pela psicologia.

Assim, elabora-se um conjunto de características e objetivos que o usuário do sistema teoricamente tem, como problemas a resolver, limitações perceptuais e cognitivas, dificuldades de memorização. Essas dificuldades precisam ser minimizadas para evitar o mau uso da interface e gerar desgostos e insatisfações no usuário. Assim, surgem interfaces adaptadas a essas necessidades. Ou seja, estamos num ambiente em que o usuário da tecnologia é um ser passivo, incapaz e sem autonomia. O sistema projetado para ele deve resolver todos os problemas.

4. Kari Kuutti, "Activity Theory as a Potential Framework for Human-computer Interaction Research".

Essa visão começou a ser questionada por Bannon[5], para o qual o ser humano é um ator ativo e não apenas um conjunto de atributos. O autor sugere usar o termo atores humanos em detrimento de fatores humanos. Este último embasa toda escola ergonômica americana, que fundamenta os estudos nas características físicas e psíquicas, em detrimento dos contextos de uso das tecnologias. "Usando o termo atores humanos enfatiza-se a pessoa como agente autônomo que tem capacidade para regular e coordenar seu próprio comportamento, deixando de ser um simples elemento passivo num sistema humano-máquina"[6].

Dessa forma, o autor propõe uma nova relação entre pessoas e computadores, baseada em cenários reais de uso e não em laboratórios, simulando situações reais. Além disso, propõe que há colaboração entre o sistema e os usuários, com troca de informações que atendam aos objetivos traçados por pessoas para máquinas. O tráfego de informações não é unidirecional. Pode-se, inclusive, inferir que há um aprendizado no uso das tecnologias, o que melhora a eficiência e a eficácia das tarefas em execução.

Essa nova visão contextualiza a interação humano-computador sob diferentes aspectos, em que características sistêmicas passam a fazer parte do planejamento das interfaces. Isso levou a uma busca por novas teorias, visando explicar esses cenários identificados de uma maneira mais clara, a partir das críticas sobre compreensão anterior do ser humano.

Do ponto de vista epistemológico, a ergonomia da atividade – escola francesa que se contrapõe à ergonomia baseada nos fatores humanos – aproxima-se de uma abordagem mais sistêmica, ao incorporar o contexto do uso das ferramentas ao processo do trabalho. Ao diferenciar tarefa de atividade, o trabalho prescrito e o trabalho executado passam a ter dimensões diferentes, com

---

5. L. Bannon, "From Human to Factors Human Actors: The Role of Psychology and Human-computer Interaction Studies in System Design".
6. *Idem*, p. 29.

características próprias, o que não acontece na visão reducionista da escola de ergonomia baseada nos fatores humanos[7]. No entanto, a ergonomia da atividade ainda é muito incipiente no tratamento da interface dos programas de computador. Na literatura referente à IHC, uma nova linha de pesquisa tem despontado nos últimos anos, buscando conceitos na teoria da atividade de Leontiev, que continuou os estudos de Vygotsky na escola russa de psicologia. Essa nova visão busca o desenvolvimento de teorias que expliquem a IHC e subsidiem um *design* centrado na atividade, que parta, não do usuário, mas das atividades necessárias para executar as tarefas objeto do *software*[8]. Seria algo parecido com a junção do *design* centrado no processo com o *design* centrado no usuário, considerando contexto de uso do *software* e da execução das tarefas, a partir de uma nova visão das atividades envolvidas no processo.

A teoria da atividade busca entender a unidade da consciência e a atividade. É uma teoria social da consciência humana, construindo consciência como o produto de uma interação individual com pessoas e artefatos num contexto de prática das atividades cotidianas[9].

A atividade é considerada a categoria mais básica; a análise da atividade abre a possibilidade de entender adequadamente tanto assuntos quanto objetos. [...] Não existem propriedade do assunto e do objeto antes ou depois da atividade[10].

Como uma teoria social da consciência humana, na qual a atividade busca explicar a percepção do objeto pelo sujeito dentro de contexto social, algo como a relação da sintaxe com a semânti-

---

7. Yves Clot, *A Função Psicológica do Trabalho*; Pierre Falzon, *Ergonomia* e Maria J. S. Benini, *Uma Agenda de Intervenção para a Ergonomia da Atividade na Concepção de Sistemas Computacionais Interativos*.
8. Kari Kuutti, *op. cit.*
9. Bonnie Nardi e Victor Keptelini, *Acting with Technology*, p. 8.
10. *Idem*, p. 31.

ca na linguística, a teoria da atividade parte das relações humanas, que, de certa forma, definem e delimitam as ações das pessoas.

As atividades humanas, mesmo que realizadas individualmente, estão relacionadas às práticas estabelecidas histórica e coletivamente na sociedade. Uma atividade sempre responde às necessidades e é direcionada por motivações específicas. Dessa forma, uma atividade, que se baseia em uma necessidade ou uma motivação, desencadeia uma ação, que tem um objetivo. A ação demanda uma operação, no caso objeto deste texto, um *software*, que está inserido em um contexto de restrições e condições, como *performance* do computador. Essa relação é apresentada na Figura 1.

Já Engeström aprimorou essa teoria e propôs um sistema de atividade, no qual o sujeito busca um resultado através de um objeto. Ou seja, a relação sujeito-resultado é mediada por um objeto que, por sua vez, tem outras mediações: instrumentos, usados na produção, comunidade, na qual está inserida, divisão do trabalho, que define a relação com a tarefa, regras, que delimitam o uso dos instrumentos e regulam a vida na comunidade. Esse esquema também é mostrado na Figura 1.

Essa teoria permite compreender melhor as relações sistêmicas envolvidas em um ou mais sistemas de atividade, que podem ser estendidos para todas as etapas do desenvolvimento do *software* ou da interface, conforma mostra a Figura 2. Além disso, a representação gráfica facilita o reconhecimento dos múltiplos relacionamentos que se estabelecem entre sujeitos, comunidades, o objeto da atividade e seus resultados.

Os processos de concepção, utilização e produção têm um sujeito atuando, que gera um resultado, ou um produto, em cada etapa. Esse resultado é questionado constantemente pelos sujeitos das duas outras etapas com base nas atividades inerentes a cada uma. Dessa forma, a interação entre os sujeitos permite aprimorar constantemente o produto, a interface ou mesmo o próprio *software*, gerando um ciclo virtuoso.

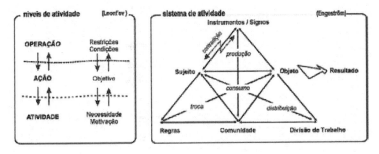

Figura 1. Níveis de atividade e sistema de atividade.

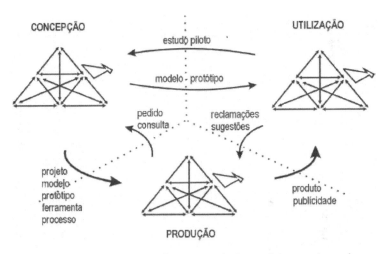

Figura 2. Modelo de interação do processo de desenvolvimento de artefatos.

4.1. A nova usabilidade

Essa reinterpretação das bases para uma teoria da IHC teve reflexos imediatos na usabilidade. Ao se perceber que as novas tecnologias demandavam estudos de contexto para entender e planejar o uso, vários autores começaram a propor as bases para um nova usabilidade. Nessa visão, os artefatos são planejados a partir do contexto em que podem ser usados, considerando ainda que o escopo de uso é praticamente infinito. Só para ficar na TV digital, onde a mobilidade e a portabilidade já são realidades palpáveis e sistemas de multidispositivos[11] em breve o serão: onde se assiste TV? Como se assiste TV? Em que circunstâncias as aplicações interativas são usadas?

As respostas para essas perguntas são variadas, ao contrário de um computador, por exemplo. Na informática, é claro e evidente o ambiente de trabalho em que uma interface de *software* é usada. A TV interativa apresenta cenários inimaginados nos testes de usabilidade atuais. A navegação, usando o controle remoto, difere drasticamente de uma navegação com *mouse*. Dessa forma, as interfaces são muito mais simples e com acesso a uma informação transmitida por um canal de dados dentro do próprio canal de radiodifusão. A possibilidade de interagir, navegar pela tela da TV e completar informações do programa, usando o aparelho celular para visualizar as interfaces, enquanto outra pessoa, sentada ao lado, usa o controle remoto e a tela da TV para acessar as mesmas informações, é um contexto totalmente novo, que conflita com as atuais ferramentas de desenvolvimento e teste de interfaces. Essa prática, por exemplo, não existe na informática, exceção feita aos jogos, que acontecem em outro contexto.

A recepção da aplicação em dispositivos móveis, sejam transmitidos por redes distintas ou não, representa um novo desafio na concepção tanto da aplicação quanto da interface. Uma aplicação *One-Seg* é totalmente diferente de outra, *Full-Seg*[12],

---

11. O sistema de multidispositivos na televisão interativa é uma inovação brasileira, na qual qualquer aparelho eletrônico, como um celular, com interface sem fio, pode ser usado para comandar a televisão e ainda receber as interatividades. No exemplo do celular, cada pessoa pode interagir isoladamente com a TV interativa, usando a tela do próprio aparelho para visualizar as aplicações.

12. *One-Seg* é o nome técnico para a transmissão de televisão que usa um dos treze segmentos da modulação japonesa OFDM-BST, recebido por dispositivos portáteis.

apesar das duas terem os mesmos objetivos e atenderem às mesmas tarefas para o usuário. Enquanto que a recepção fixa se restringe a ambientes fechados, a recepção móvel pode ocorrer num carro, num ônibus, com interatividade individual via aparelho de celular. Já a recepção portátil pode ocorrer em qualquer lugar, onde tenha um celular ou um PDA ligado. A noção de tempo e de espaço se dilui; com a gravação dos programas de TV, com equipamentos cada vez mais potentes. A própria noção de grade de programação pode perder o sentido. Exceção dos programas ao vivo.

Sem entender esses contextos de uso, o que inclui a própria informação e o sentido do tráfego dela,

o que acontece é que os *designers* vão, inevitavelmente, usar métodos e *guidelines* existentes de fatores humanos – o que inevitavelmente vai se provar inaplicável para as novas tecnologias. Eles, também, irão procurar conhecimentos emergentes sobre *design* de interação na internet, enquanto compartilham algumas das mesmas características[13].

Dessa forma, o desafio da nova usabilidade é responder, rapidamente, às tecnologias e aplicações emergentes. O desenvolvimento de produtos eletroeletrônicos acontece numa velocidade acelerada, levando ao surgimento quase que diário de novas aplicações. Essa velocidade está chegando à televisão, na qual um novo mercado de *set top boxes* se delineia, baseado nas ferramentas e aplicações interativas residentes. Isso se aplica, também, à já dinâmica indústria de telefones celulares, que agora também são aparelhos de TV.

Pensando nisso e estendendo o raciocínio para outros eletroeletrônicos domésticos, Thomas e Macredie apontam os questionamentos da agenda da nova usabilidade:

Já *Full-Seg* usa os outros doze segmentos para transmissão do sinal para receptores fixos ou móveis.

13. Peter Thomas e Robert Macredie, "Introduction to The New Usability".

1. Qual o papel dos testes de usabilidade e sua relação com inspeções e pesquisas de usabilidade para formular metodologias de engenharia de usabilidade e ferramentas que possam ser aplicadas com sucesso nas tecnologias e aplicações emergentes?

2. O que a nova engenharia de usabilidade e metodologias de teste demandam para a criação de tecnologias e aplicações altamente usáveis para os dispositivos e ambientes futuros da informação?[14]

Essa agenda começou a ser discutida por alguns autores, mas ainda de forma muito incipiente.

5. INTERAÇÃO HUMANO COMPUTADOR E TV DIGITAL

Buscando trazer a discussão para um ambiente mais prático, e fazer a ponte entre a abordagem teórica que ocupa cientistas e a prática em IHC, vivida pelos *designers*, é preciso estabelecer as relações que baseiam explicações genéricas e como elas podem se manifestar no desenho das interfaces. Resumidamente, a IHC trata da relação entre homens e computadores, focada principalmente da interface entre ambos[15]. A evolução, não só dos computadores, mas de vários outros itens com componentes digitais, demandou, por um lado, estudos sobre a melhor forma de usar esses sistemas, e por outro, projeções para melhor atender às necessidades dos usuários. Um dos itens mais estudados e amplamente difundido é a usabilidade, que trata justamente da melhor forma de usar algo.

Assim como a internet, a TV digital interativa representa a possibilidade de acesso a um mundo virtual de informações e serviços. Diferente da *web*, a TV digital pode liberar as pessoas da necessidade de possuir um computador em casa e de saber

14. *Idem.*
15. Heloísa Vieira da Rocha e Maria C. Calani Baranauskas, *Design e Avaliação de Interfaces Humano-computador.*

operá-lo e mantê-lo em funcionamento. De fato, a TV digital interativa "esconde", em si, um sistema informatizado que é operado como uma TV, por meio de um controle remoto. Esta nova tecnologia representa o mais significativo avanço em direção a uma informática imperceptível e onipresente, na medida em que a televisão é um meio de difusão de informação e de entretenimento de massa, especialmente no Brasil, onde está presente em 90% dos domicílios. Os computadores deixam de importunar o cotidiano das pessoas comuns e passam a enriquecê-lo, suavemente, através das TVs digitais e interativas.

A norma ISO 9 241, que trata da ergonomia de programas de computadores para o trabalho em escritórios, define usabilidade como medida da eficácia, da eficiência e da satisfação que um usuário tem ao interagir com um sistema. É, assim, a principal qualidade de um sistema sob o ponto de vista de seu usuário. Por ser ampla e genérica, essa definição é válida, também, para a TV interativa. Para que a usabilidade na TV digital seja efetiva, é necessário incluir todo o tipo de pessoas, desde as altamente intectualizadas até as de baixa alfabetização, as excluídas pelas novas tecnologias e as portadoras de necessidades especiais. Assim, ao garantir usabilidade para o sistema de TV digital se estará possibilitando, aos tecnologicamente desabilitados, o acesso a informações e serviços capazes de lhes tornar a vida menos difícil.

Por outro lado, a usabilidade não é uma qualidade inerente aos controles gráficos interativos e à informação multimídia que povoam as telas da TV digital interativa. De fato, a simples existência de recursos enriquecidos de atributos e possibilidades (cores, estilos, formatos, sons etc.) aumenta a complexidade de decisões de projeto. Os desenvolvedores passam a ter maiores dificuldades em configurá-los de modo a colocá-los em acordo com as altamente variadas características físicas, cognitivas e sociais dos usuários.

Um dos temas que tem gerado grande debate nos fóruns de desenvolvedores de aplicações para TV digital está relacionado ao uso e a compreensão dos novos recursos. Segundo Souto Maior, "um dos maiores desafios da TV interativa é aprender a trabalhar com ela"[16]. Isso pode ser retratado tanto do ponto de vista dos telespectadores quanto das empresas de radiodifusão, pois o desafio está na descoberta da "maneira de comunicação mais apropriada para que este novo meio tenha sucesso"[17].

Essa questão se torna mais crítica se considerarmos a heterogeneidade dos atuais telespectadores da televisão, futuros usuários dos sistemas interativos. Há um consenso na área da comunicação e, principalmente, do jornalismo, que afirma que a televisão é para todos. Logo, o público alvo é composto por diferentes níveis de formação, em que alguns não necessitam de treinamento, já sendo altamente alfabetizados digitalmente, e outros, sem nenhuma alfabetização. Atualmente, mesmo os analfabetos totais, que não conseguem sequer relacionar um número um ao significante alfanumérico, entendem a televisão. Segundo Crócomo[18], a televisão conversa com as pessoas, fazendo-se entender por ela mesma. Essa é uma característica que não pode ser perdida com a televisão digital interativa, sob pena de elitizar uma das poucas tecnologias democráticas existentes no país hoje.

Já a acessibilidade, essencial para pessoas portadoras de necessidades especiais, é um pouco mais complexa. Envolve desde questões de interface e usabilidade, até estudos mais avançados de linguagem e convergência tecnológica. O ponto de partida para o desenvolvimento das aplicações interativas é a televisão, como a conhecemos hoje. Mas poucos autores se arriscam a apontar o ponto de chegada, e os que se arriscaram, até o momento, têm previsões que vão desde o desaparecimento da televisão até o fracasso total da interatividade nesse meio.

16. Marcelo Souto Maior, TV *Interativa e seus Caminhos.*
17. *Idem.*
18. Fernando Antônio Crócomo, TV *Digital e Produção Interativa: A Comunidade Recebe e Manda Notícias.*

Nesse contexto, a usabilidade, entendida aqui como a melhor maneira de usar os novos recursos, tem papel central. Nielsen[19] define usabilidade como uma medida da qualidade da experiência do usuário ao interagir com alguma coisa, que pode ser um *site* na internet, um aplicativo de *software* tradicional, ou qualquer outro dispositivo que o usuário possa operar e usar de alguma forma. Assim como a definição da ISO 9 241, essa definição também é genérica o suficiente para ser aplicada à TV interativa. Além disso, o autor entende que a usabilidade é composta por componentes, mas pode ser resumida em cinco atributos:

- Facilidade de aprendizado – o usuário rapidamente consegue explorar o sistema e realizar suas tarefas;
- Eficiência de uso – tendo aprendido a interagir com o sistema, o usuário atinge níveis altos de produtividade na realização de suas tarefas;
- Facilidade de memorização – após um certo período sem utilizá-lo, o usuário não frequente é capaz de retornar ao sistema e realizar suas tarefas sem a necessidade de reaprender como interagir com ele;
- Baixa taxa de erros – o usuário realiza suas tarefas sem maiores transtornos e é capaz de recuperar erros, caso ocorram;
- Satisfação subjetiva – o usuário considera agradável a interação com o sistema e se sente subjetivamente satisfeito com ele.

A completa compreensão desses atributos e das demais recomendações de usabilidade são fundamentais para a definição das interfaces a serem desenhadas para as aplicações. De maneira geral, cada *middleware* define o número de cores, a tipologia, resolução e demais componentes fundamentais para o desenvolvimento das aplicações[20].

---

19. Jacob Nielsen, *op. cit.*
20. MHP – *Multimedia Home Plataform*, 2005.

6. A USABILIDADE DA TV INTERATIVA

Para facilitar o desenvolvimento de aplicações, não só na TV interativa, mas em outros ambientes digitais, foram desenvolvidos guias de estilo com uma série de regras que devem ser respeitadas pelos desenvolvedores. A busca desses padrões de referência em usabilidade parte da compreensão das características da aplicação, dos usuários, suas tarefas, e interfaces tecnológicas, visando satisfazer as características e atender as expectativas dos usuários. O guia de estilos mais conhecido é o da britânica BBC[21].

No que se refere à tecnologia, a TV interativa é vista, na usabilidade, como a combinação da TV digital com a tecnologia de interatividade, por meio de telefone, cabo, satélite ou mesmo sem canal de retorno (interatividade local), viabilizada por *softwares* instalados no terminal de acesso. A tecnologia digital permite reproduções perfeitas de som e imagem, além de uma maior compactação dos sinais digitais e o aproveitamento da largura de banda. A interatividade permite ao usuário solicitar e receber informações em tempo real, independente do programa que está sendo visto. Ela pode ser interna ou local, quando o usuário interage com informações no próprio terminal de acesso. Ou externa, quando ela é feita via um canal de interatividade direto com a transmissora do sinal ou com um provedor de serviços.

A interface da interatividade e a imagem da TV podem coabitar de maneira mutuamente exclusiva, concorrente ou pausada. No primeiro caso, a tecnologia não permite que a tela da TV seja repartida entre a TV normal e a interface do computador. O usuário deve selecionar uma das duas. Na visualização concorrente, a TV normal e a interface do computador repartem a tela do aparelho. No modo de operação pausada, o usuário interrompe o programa da TV normal para acessar a interface das aplicações.

---

21. BBCi, *BBCi Style Guide.*

Em relação a um PC, a TV interativa apresenta uma série de diferenças importantes: tela de menor resolução e com área periférica sujeita a distorções, não oferece rolagem horizontal, propõe dispositivos bastante limitados para o controle da entrada de dados e, normalmente, não está conectada a uma impressora. Além disso, a tecnologia atual ainda apresenta deficiências como lentidão nas respostas e frequentes bloqueios, com a necessidade de recarregar o sistema. A menor resolução faz com que a informação tenha que ser apresentada em grandes formatos em uma pequena área segura da tela. Além disto, um espectador assiste TV sentado a uma distância bem maior (sete a oito vezes a altura da tela) do que aquela verificada por um usuário de computador (50-75 cm). Estes dois fatores combinados fazem com que a imagem percebida, na retina do espectador de TV, seja bem menor do que a percebida por um usuário de computador.

No que se refere ao público da TV interativa, a primeira constatação evidente é de que ele é muito mais variado do que os usuários de computadores e mesmo da internet, com uma parcela importante de espectadores não tendo qualquer experiência com computadores. Pesquisas realizadas com espectadores ingleses revelam que o público inicial da TV interativa é composto por jovens de classe A e B, com acesso à internet e a um computador. Muitos entre os "possíveis" e "improváveis" veem a TV interativa como algo muito caro e complicado, não querem investir seu tempo para aprender a usar um sistema e raramente leem manuais. Esse público é composto por pessoas mais velhas, acima de 55 anos, de classe menos favorecidas, sem crianças ou adolescentes em casa e portadores de algum tipo de necessidade especial. Por outro lado, as vantagens ou possibilidades de melhoria de qualidade de vida e de integração social que a TV interativa poderia trazer, para esse tipo de público, são evidentes. Fora a questão econômica, uma boa usabilidade poderia atrair pessoas que se beneficiariam bastante com essa nova tecnologia.

Em geral, o público da TV digital interativa a utiliza, principalmente, para entreter-se, assistindo um programa ou filme que selecionou entre as centenas de opções em paralelo, através de um guia de programação eletrônico (EPG). Um usuário de TV digital interativa pode não só assistir, mas também participar, à distância, como concorrente remoto de programas de jogos sociais de teste de conhecimentos. Ele pode votar em personagens favoritos de um filme, alterar a câmera de visualização de um jogo de futebol, pode se informar e adquirir serviços e produtos cujo comercial acaba de assistir na TV. Ele pode trocar mensagens instantâneas, cartas e participar de bate-papos com colegas distantes, assistindo um mesmo programa. Ele pode instruir-se, obter treinamento, procurar emprego, obter informação sobre saúde, marcar consultas, responder a pesquisas, votar em consultas populares e em candidatos a cargos políticos etc. Todas essas tarefas se fazem a partir de interações básicas como navegar entre itens ou opções de comando e entre coleções de itens e menus, escolher e selecionar um item ou uma opção de comando, digitar ou ler um texto, preencher formulários etc. Nessas interações, os usuários podem enfrentar problemas de falta de orientação, de convite e de *feedback,* assim como de sobrecarga de trabalho, devido à necessidade excessiva de navegação. Nas telas, eles podem ter dificuldade de leitura e de entendimento devido à pouca legibilidade e à falta de significado de títulos, mensagens, figuras e ícones. Ao mesmo tempo, eles podem confundir-se com a grande quantidade de informação que lhes é apresentada. Porém, a dificuldade, inicial e mais frequente, pode estar no formato, organização, afastamento, denominação e atribuição das teclas do controle remoto que acompanha sua TV digital e interativa.

Por isso, a usabilidade dos programas e dispositivos da TV digital interativa é algo extremamente importante para garantir uma melhor qualidade de vida para a população em geral, bem como para os idosos e para as pessoas menos alfabetizadas tecnologicamente. O sucesso nesse empreendimento pode depender da existência de padrões de usabilidade predefinidos de acordo com as características e expectativas da população-alvo do programa. Os padrões de usabilidade podem aumentar as chances de sucesso de um projeto "tecnologicamente guiado", como a TV digital interativa e evitar que ele venha a se constituir em mais um fator de divisão e exclusão social em nosso país. Em resumo, a usabilidade pode definir o sucesso de projetos como alfabetização digital e a consequente inclusão digital.

6.1. Elementos Textuais de usabilidade

As interfaces das aplicações interativas começam e terminam pela compreensão das informações dispostas na tela da TV. Por isso, todos os manuais e guias de estilo descrevem tipologias que preenchem requisitos mínimos de leitura. Há muitas semelhanças entre fontes e tamanho da letra, entre as aplicações interativas que foram ao ar na Europa.

Em estudos anteriores, Becker *et al.*[22] fez uma análise tipográfica das aplicações veiculadas pela programadora de satélite brasileira Sky, onde foi possível perceber que seus elementos textuais fazem uso de tipos que muito se assemelham à variante condensada da família de tipos Frutiger, do *designer* suíço Adrian Frutiger (Frutiger 2005). Já a emissora britânica BBC sugere, em seu guia de estilos, o uso dos tipos Gill Sans, de Eric Gill (Gill 2005), e Tirésias, projetada pelo núcleo de pesquisas liderado pelo Dr. John Gill, do Royal National Institute for the Blind (Tirésias 2005). O quadro abaixo, em escala 1:2, traz exemplos de tipos dessas famílias em corpos 36, 24 e 18 pontos.

É importante ressaltar que a fonte Tirésias foi projetada pelo Royal National Institute for the Blind para que tivesse caracteres facilmente distinguíveis uns dos outros. Segundo o instituto bri-

---

22. Valdecir Becker *et al.*, "Recomendações de Usabilidade para TV Digital Interativa".

Tiresias 36 Tiresias 24 Tiresias 18	Gill Sans 36 Gill Sans 24 Gill Sans 18	Frutiger 36 Frutiger 24 Frutiger 18
ABCDEFGHIJKLMN OPQRSTUVWXYZ& abcdefghijklmnop qrstuvwxyzàçéóñ 1234567890 £$	ABCDEFGHIJKLMN OPQRSTUVWXYZ& abcdefghijklmnop qrstuvwxyzàçéóñ 1234567890 £$	ABCDEFGHIJKLMN OPQRSTUVWXYZ& abcdefghijklmnop qrstuvwxyzàçéóñ 1234567890 £$

Quadro 1: Famílias de tipos utilizados pelas emissoras BBCi e Sky.

tânico, "o projeto foi realizado com atenção específica às pessoas com deficiências visuais, com a filosofia de que um bom projeto para deficientes visuais é um bom projeto para todos" (Tirésias 2005). Devido a essas características, o tipo Tirésias foi adotado como fonte padrão para as aplicações em MHP e, por essa razão, já vem sendo implementado nos *set top boxes* de diversos fabricantes europeus.

Em seu *styleguide*[23], a BBC traz sete importantes considerações a respeito da legibilidade em monitores de televisão. Segundo a emissora britânica:

1. O corpo dos textos, na maioria dos casos, não deve usar tipos menores que 24 pontos;
2. Nenhum texto, em qualquer circunstância, deve ter tipos menores que dezoito pontos;
3. Textos claros em fundos escuros são ligeiramente mais legíveis na tela;

23. BBCi, *op. cit.*

4. Textos na tela necessitam de entrelinhas maiores que textos impressos;
5. Quanto tecnicamente possível, o espaço entre os caracteres deve ser aumentado em 30%;
6. Uma tela completa de textos deve conter o máximo de noventa palavras aproximadamente;
7. Os textos devem ser divididos em pequenos blocos para que possam ser lidos instantaneamente;

Ao analisar a programação da Sky interativa veiculada, no Brasil, é possível perceber que diversas sugestões da emissora britânica não estão sendo seguidas, no Brasil, como se pode observar no quadro abaixo.

Das sugestões trazidas pela BBCi, as três primeiras são as menos seguidas nas aplicações brasileiras. Em todas as interfaces de aplicações veiculadas pela Sky, nota-se o uso de textos de tamanhos inferiores aos sugeridos pela emissora britânica.

Quadro 2: Interfaces de aplicações veiculadas pela Sky interativa no Brasil.

De um modo geral, os textos principais e os menus de opções são apresentados com vinte pontos, ou seja, 15% menores do indicado. Já os títulos de seções variam entre vinte e 24 pontos, ficando, também, em alguns casos, abaixo do padrão britânico. Porém, o caso mais grave fica por conta dos botões que indicam ações importantes como sair, retornar, confirmar e ajuda. Na grande maioria das interfaces analisadas, esses botões eram representados com dezesseis pontos. Em muitas aplicações, os textos dos botões eram diminuídos a apenas doze pontos e raramente chegavam a dezoito pontos – tamanho mínimo sugerido pela BBCi.

Outra regra a ser também desconsiderada, em solo brasileiro, é a do emprego de textos claros em fundos mais escuros, pois, em muitas das interfaces analisadas, estes são apresentados de forma justamente oposta.

Apesar das interfaces analisadas não seguirem à risca os padrões britânicos, alguns testes de legibilidade – realizados em televisores de catorze polegadas – revelam que os textos principais dessas interfaces são perfeitamente legíveis (Iida, 2006) a cerca de um metro de distância. Entretanto, é importante observar que, em virtude de seu tamanho, o mesmo não se aplica aos textos dos botões. Cabe lembrar, ainda, que a distância de leitura observada para os textos principais das aplicações, em televisores de catorze polegadas, chega quase ao dobro da distância de observação recomendada para esse tipo de aparelho.

7. CONCLUSÃO E TRABALHOS FUTUROS

Como pôde ser percebido, ao longo deste texto, tanto a área de IHC como um todo, quanto a usabilidade, num âmbito mais restrito, tratam a relação entre o homem e o computador do ponto de vista das interfaces, visando melhorar essa relação. Do ponto de vista teórico, a área retrata o uso da tecnologia, e não a interação que gera conhecimento através da troca de informações.

Se o foco for restringido à IHC e à usabilidade da TV interativa, a lacuna do contexto em que os programas de TV são assistidos sobressalta claramente. As técnicas utilizadas, atualmente no projeto de interfaces, se baseiam em ferramentas de informática que, por sua vez, têm seus fundamentos ainda na psicologia cognitiva, cujos problemas foram rapidamente discutidos na seção 4.

Os manuais de usabilidade e guias de estilo disponíveis, tanto sobre TV digital quanto programas genéricos de computador, apresentam sugestões técnicas de como a interface deve ser e de como a pessoa realiza determinadas tarefas. São manuais técnicos que não abarcam a diversidade de ações de que são capazes os seres humanos em diferentes contextos, usando a mesma tecnologia.

Sob uma nova óptica, e com um pouco de ousadia, poderíamos afirmar que não há interesse das pessoas em simplesmente usar a tecnologia, mas sim, trocar informações, buscar conhecimento ou entretenimento. Isso fica evidente, na televisão. Afinal, até agora a TV tem sido pouco abordada pelos estudos de usabilidade, devido a sua simplicidade, em que o conhecimento necessário para a operação é mínimo. Ligar, desligar, trocar de canal e alterar o volume são tarefas simples, que não demandam atividades complexas.

Por outro lado, a relação com a informação agrega um novo viés ao "assistir televisão". O poder de persuasão e de intimidação que esse meio de comunicação tem foi amplamente estudado, na área da comunicação, do jornalismo e da sociologia política. Uma das características mais estudadas trata dos fatores que conferem esse poder ao meio. Uma das respostas foca o entendimento que a televisão tem com os telespectadores. Além de mostrar, ela também explica, o que confere credibilidade[24].

Esse foco no telespectador levou ao que Arlindo Machado chama de diálogo, um gênero televisivo baseado na conversa, na

24. Fernando Antônio Crócomo, *op. cit.*

sensação da troca de informações entre a TV e o telespectador[25]. Já Fernando Crócomo explica que a televisão conversa com o telespectador, mantendo uma relação próxima que gera confiança e que motiva. Essa conversa está diretamente relacionada à origem do meio que, no Brasil, evoluiu do rádio, um veículo contador de histórias por natureza. A evolução fez com que os programas de TV se tornassem parte do quotidiano brasileiro. As pessoas confiam no que escutam e enxergam na telinha[26].

Por isso, na televisão interativa as linhas da simplicidade tecnológica da televisão e o relacionamento do telespectador com a informação se cruzam. Por um lado, a televisão fica mais complexa, agrega componentes digitais e se aproxima da informática; por outro, amplia o leque de possibilidades de novos conteúdos, que reforçam a veia do diálogo que o veículo mantém. Para manter a simplicidade dos programas atuais de TV, a interface das aplicações interativas desempenha um papel central. Barros[27] alertou para esse problema, quando analisou interfaces incompatíveis e inconsistentes entre si. O autor concluiu que a consistência das interfaces é fundamental para facilitar o aprendizado e o entendimento da interatividade, o que é fundamental para manter um mínimo de simplicidade.

Experiências mostram que a TV interativa não pode ser tratada apenas como um aglomerado de interfaces, semelhante à *web*[28]. O interesse na informação e o respectivo uso diferem na televisão e na internet. Enquanto que aquela é majoritariamente um meio de entretenimento e de informação, este é um meio de trabalho. A televisão é ativa, age através do oferecimento dos programas, sem precisar de nenhuma atitude do telespectador,

---

25. Arlindo Machado, *A Televisão Levada a Sério*.
26. Fernando Antônio Crócomo, *op. cit.*
27. Gil Barros, *A Consistência da Interface com o Usuário para a TV Interativa*.
28. Valdecir Becker, *Concepção e Desenvolvimento de Aplicações Interativas para Televisão Digital*.

que fica passivo. Ao contrário da internet, que é passiva; o usuário, ativo, precisa agir para gerar interação.

Portanto, uma nova usabilidade precisa abranger as características intrínsecas aos meios convergentes, que agregam linguagens de diferentes áreas para formar a TV interativa. A separação entre conteúdo e interface, comum na usabilidade da *web*, mostra-se ineficiente. Aos atributos definidos por Nielsen, precisam ser acrescentados itens como compreensão e aquisição da informação, utilidade do conteúdo, nível de entretenimento e qualidade da informação, itens fundamentais na produção de qualquer programa televisivo.

Mudando o enfoque para um ponto de vista mais teórico, os modelos de Leontiev e de Engeström já estão sendo incorporados no *design* de produto, e de forma bem incipiente, no *design* de interfaces. Esses modelos têm muito a contribuir, na medida em que acrescentam ao processo de concepção e desenvolvimento de *softwares* o contexto social, na qual é baseada a relação e a percepção do objeto pelo sujeito. É nesse contexto que acontece o uso do *software* e que surge a necessidade de interfaces mais próximas das necessidades dos usuários e que representem soluções e não problemas, durante o uso e a execução das tarefas. Como afirmam Kaptelinin e Nardi, "na teoria da atividade as pessoas atuam com tecnologias; tecnologias são ao mesmo tempo desenhadas e usadas num contexto de pessoas com intenções e desejos"[29].

Esse novo arcabouço teórico tem muito a contribuir tanto para a ergonomia da interface, quanto à usabilidade, acrescentando o contexto da atividade ao desenvolvimento e ao uso. A percepção de que as tarefas são executadas num determinado contexto não é nova na ergonomia da atividade, porém, é incipiente na ergonomia da interface[30]. A pesquisa da viabilidade e

---

29. Bonnie Nardi e Victor Keptelini, *op. cit.*, p. 10.
30. Erlei R. Melgarejo, *Os Estímulos Subliminares – Uma Abordagem Voltada à Ergonomia de Interface de Softwares.*

dos resultados práticos da ação com a tecnologia baseada num contexto social, com intenções e desejos, representa um campo fértil de estudo na área da ergonomia.

Expandindo um pouco a abordagem, a área demanda estudos mais aprofundados dos objetos e objetivos da teoria da atividade e da engenharia semiótica, nova linha de abordagem proposta por pesquisadores brasileiros da PUC-Rio[31]. Além disso, a linguística e a neurociência podem trazer subsídios mais concretos, práticos, de como o ser humano se comporta diante da tecnologia, seja nova ou conhecida, e de como ela é incorporada ao seu dia a dia.

Em resumo, o desafio da usabilidade das interfaces da TV digital passa pela relação de teorias que englobem o contexto de uso da televisão, no qual a interatividade representa um avanço considerável para novos usos e, eventualmente, para novos contextos de uso. As interfaces, e por que não, as aplicações interativas dependem e devem ser desenvolvidas em função desses contextos.

AGRADECIMENTOS

O autor gostaria de agradecer as pessoas que tornaram possível a pesquisa apresentada ainda em estado embrionário neste capítulo. Para o entendimento da usabilidade na TV interativa, tipologias e interfaces, foi fundamental a parceria com Augusto Fornari, colega de longa data na exploração do significado da TV digital. Já a incursão teórica só foi possível com o apoio dos professores Lúcia Filgueiras, Laerte Sznelwar e Marcelo Zuffo, da USP.

---

31. Clarisse Sieckenius de Sousa, *The Semiotic Engineering of Human-Computer Interaction*.

REFERÊNCIAS

BANNON, L. J. "From Human to Factors Human Actors: The Role of Psychology and Human-computer Interaction Studies in System Design". In: GREENBAUM, J. *Design at Work: Cooperative Design of Computer Systems*. Hillsdale, Lawrence Erlbaum, 1991, pp. 22-44.

BARROS, Gil. *A Consistência da Interface com o Usuário para a TV Interativa*. Dissertação, 200 f. Programa de Pós Graduação em Engenharia Elétrica da Universidade de São Paulo. São Paulo, 2006.

BBCi. *BBCi Style Guide*. Disponível em <http://www.bbc.co.uk/commissioning/bbci/pdf/styleguide2_1.pdf> acesso em 9 set. 2007.

BECKER, Valdecir. *Concepção e Desenvolvimento de Aplicações Interativas para Televisão Digital*. Florianópolis, 2006. 100 f. Dissertação (Mestrado em Engenharia e Gestão do Conhecimento) – Centro Tecnológico, Universidade Federal de Santa Catarina.

BECKER, Valdecir; FORNARI, Augusto; HERWEG FILHO, Günter H. & MONTEZ, Carlos. "Recomendações de Usabilidade para TV Digital Interativa". In: *Anais do II WTVD 2006 – Workshop de TV Digital*. Curitiba, 2006, pp. 27-38.

BENINI, Maria J. S. *Uma Agenda de Intervenção para a Ergonomia da Atividade na Concepção de Sistemas Computacionais Interativos*. Dissertação, 128 f. Programa de Pós Graduação em Engenharia Elétrica da Universidade de São Paulo. São Paulo, 2006.

CLOT, Yves. *A Função Psicológica do Trabalho*. Petrópolis, Vozes, 2006.

CRÓCOMO, Fernando Antônio. *TV Digital e Produção Interativa: A Comunidade Recebe e Manda Notícias*. Florianópolis, 2004. 189 f. Tese (doutorado em Engenharia de Produção) – Centro Tecnológico, Universidade Federal de Santa Catarina, 2004.

ENGESTRÖM, Y. *Learning by Expanding: An Activity-Theoretical Approach to Developmental Research*. Helsinki, Orienta-Konsultit, 1987.

FALZON, Pierre (Org). *Ergonomia*. São Paulo, Blucher, 2007.

FRUTIGER CONDENSED. Disponível em <www.identifont.com/show?LZ>, acesso 28 mar. 2006.

GILL SANS. Disponível em <www.identifont.com/show?MB> acesso 28 mar. 2006.

IIDA International Interior Design Association. Disponível em <www.iida.org>, acesso 28 mar. 2006.

ISO 9241/11 – Requisitos Ergonômicos para Trabalho de Escritórios com Computadores – Parte 11 – Orientações sobre Usabilidade.

KUUTTI, Kari. "Activity Theory as a Potential Framework for Human-computer Interaction Research". In: NARDI, B. *Context and Consciousness: Activity Theory an Human Computer Interaction.* Cambridge, MIT Press, 1995, pp. 14-44.

MACHADO, Arlindo. *A Televisão Levada a Sério.* 3ª edição. São Paulo, Senac São Paulo, 2003.

MELGAREJO, Erlei R. *Os Estímulos Subliminares – Uma Abordagem Voltada à Ergonomia de Interface de Softwares.* Dissertação, 138 f. Programa de Pós-Graduação em Engenharia de Produção da Universidade Federal de Santa Catarina. Florianópolis, 2003.

MHP, Multimedia Home Plataform, disponível em <www.interactivetvweb.org/resources/links.shtml#specs>, acesso 28 mar. 2006.

NARDI, Bonnie A. & KEPTELINI, Victor. *Acting with Technology.* Cambridge, MIT, 2006.

NIELSEN, Jacob. *Usability Engineering.* Boston, Academic Press, 1993.

ROCHA, Heloísa Vieria da & BARANAUSKAS, Maria Cecília Calani. *Design e Avaliação de Interfaces Humano Computador.* Campinas, Nied/Unicamp, 2003.

SKY, disponível em <www.sky.tv.br>, acesso 28 mar. 2006.

SOUSA, Clarisse Sieckenius de. *The Semiotic Engineering of Human-computer Interaction.* Cambridge, MIT Press, 2005.

SOUTO MAIOR, Marcelo. TV *Interativa e seus Caminhos.* Trabalho final de Mestrado Profissional concluído no Instituto de Computação da Universidade Estadual de Campinas, orientado pela professora Heloisa Vieira da Rocha. Campinas, 2003.

THOMAS, Peter & MACREDIE, Robert. "Introduction to The New Usability". In ACM *Transactions on Computer-human Interaction*, vol. 9, n. 2, June 2002, pp. 69-73.

THOMAS, Peter; MACREDIE, Robert & NARDI, Bonnie. "The New Usability". In ACM *Transactions on Computer-human Interaction*, vol. 9, n. 2, June 2002.

TIRESIAS. Disponível em <www.tiresias.org/fonts/screenfont.htm> acesso 28 mar. 2006.

Quem Fez este Livro

ALEXANDRE MENDONÇA

Jornalista, formado pela Universidade Federal de Santa Catarina, atuou como repórter na filial da Rede Globo no estado (RBSTV), foi diretor de externas do SBT de São Paulo e da Band. No projeto SBTVD, foi coordenador da equipe de linguagem e apresentação do NTDI (Núcleo de TV Digital Interativa da UFSC). Lecionou a disciplina Digitalização da Produção na pós-graduação em TV digital da Universidade Metodista de São Paulo. É pesquisador da TV digital, diretor de produção de TV e Vídeo do instituto Edumed, em Campinas, e diretor da Base Comunicação e Produções, primeira produtora a produzir conteúdo experimental para TV digital interativa, durante o projeto SBTVD.

ALIA N. CHAUDHRY

Bacharel em Comunicação Social (2003) pela Unesp, trabalhou durante quatro anos na área de publicidade destacando o período em que foi diretora de atendimento/planejamento da Gorham Design (São Carlos), realizou os cursos do Grupo de

Mídia no ano de 2005, e também o curso de Gestão de Projetos na ESPM, área em que presta consultoria. Na ITV atua na área de gerenciamento de projetos, com enfoque na interatividade e novos meios de publicidade. Em 2007 compôs o corpo docente do curso de especialização "Produção para TV Digital" da Universidade Metodista de São Paulo, lecionando a disciplina "Publicidade em Novos Meios".

ALMIR ALMAS

Doutor em Comunicação e Semiótica. Videasta, diretor, produtor e realizador de audiovisual. Professor do Departamento de Cinema, Rádio e Televisão da Escola de Comunicações e Artes da Universidade de São Paulo. Pesquisador da ECA/USP e do Centro de Cultura Oriental da PUC/SP, com enfoque em televisão digital, interatividade, vídeo, cinema, arte & tecnologia e cultura japonesa. Pelo CTR/ECA/USP, foi qualificado junto à Finep para as pesquisas acadêmicas em televisão digital no Brasil. Ex-bolsista do governo japonês em duas modalidades. Publicou diversos livros, capítulos de livros, artigos em anais, revistas e jornais. Dirige e apresenta *BoTuPlaY*, programa de *webTV*.

ANA VITORIA JOLY

Pesquisa TV digital desde 1999. Foi bolsista de iniciação científica do CNPq, durante o Curso de Imagem e Som na Universidade Federal de São Carlos. Cursou especialização em Engenharia de Sistemas de TV digital, no Instituto Nacional de Telecomunicações. Trabalhou com Almir Almas na elaboração de projetos de pesquisa em TV digital, pelo CTR/ECA/USP. Em 2006/2007, com bolsa AlBan da União Europeia, fez mestrado em Gerenciamento e Produção de TV digital, na Universidade de Brighton, Inglaterra. Atualmente, faz doutorado em Tecnologias Interativas nessa mesma universidade.

CARLOS MONTEZ

Professor da Universidade Federal de Santa Catarina. Atua principalmente em temas relacionados à TV digital interativa, sistemas multimídia, tempo real e redes de sensores sem fio. Co-autor do livro TV *Digital Interativa: Conceitos, Desafios e Perspectivas para o Brasil*. Nos últimos cinco anos, publicou mais de quarenta artigos em revistas científicas nacionais e internacionais.

GUNTER HERWEG

É formado Bacharel em Ciências da Computação pela Universidade Federal de Santa Catarina. Pesquisador no Núcleo de Redes de Alta Velocidade e Computação de Alto Desempenho da UFSC desde 2004 até metade do ano de 2006, tem participação ativa nos projetos: Infra-estrutura Internet 2 para o Desenvolvimento e Teste de Ferramentas para TV Interativa (I2TV); Inclusão Digital através de Serviços de Saúde na TV Digital Interativa (IDSTV) Padrão de Referência de Usabilidade; estes dois últimos desenvolvidos no âmbito do Sistema Brasileiro de TV Digital. Tem grande experiência na concepção e desenvolvimento de aplicações para televisão digital interativa, bem como suas APIs de desenvolvimento e ferramentas de autoria como Cardinal e AltiComposer e *middlewares* para TV digital. Atualmente ministra disciplinas de desenvolvimento em televisão digital na Universidade Metodista de São Paulo, é mestrando da Faculdade de Engenharia Elétrica da UnB e é um dos diretores da ITV Produções Interativas.

FERNANDO ANTÔNIO CRÓCOMO

Natural de Piracicaba – SP, é jornalista e doutor em mídia e conhecimento pela Universidade Federal de Santa Catarina – UFSC. Trabalhou nos jornais O *Estado*, de Florianópolis – SC; *Jornal de Santa Catarina*, de Blumenau – SC e *Diário do Povo*, de Campinas – SP. Em emissoras de TV, foi produtor e editor na TV Barriga Verde e RBS TV, em Florianópolis e EPTV, em Campinas – SP. Atualmente é professor-adjunto de telejornalismo do

Departamento de Jornalismo da UFSC e um dos fundadores do Núcleo de TV Digital Interativa – NTDI – (www.ntdi.ufsc.br). Em 2005 foi coordenador de linguagem e apresentação de programas de TV interativos na área de Saúde (RFP 6), desenvolvidos para o Sistema Brasileiro de Televisão Digital (SBTVD). Foi, também, responsável pelos vídeos da área de Usabilidade (RFP 16) do SBTVD.

KARLA CALDAS EHRENBERG

Jornalista formada pela Universidade Metodista de São Paulo, com especialização em Jornalismo e Segmentação Editorial pela PUC-Campinas, atuou como coordenadora de redação de revistas da Editora Escala, como assessora de imprensa e atualmente dirige o Departamento de Jornalismo da RK28 Comunicação, com ênfase na área de comunicação empresarial e na produção de conteúdo audiovisual para internet e celulares.

LUIZ FERNANDO GOMES SOARES

Possui graduação em Engenharia Elétrica pela Pontifícia Universidade Católica do Rio de Janeiro, instituição na qual também fez mestrado e doutorado em Engenharia Elétrica e Informática, respectivamente. Fez pós-doutorado na École Nationale Superieure des Telecommunications, em 1985. Atualmente é professor titular da PUC-Rio, vice-presidente da Sociedade Brasileira de Computação, Membro do Comitê Gestor da Internet no Brasil, Membro do Conselho de Administração do Núcleo de Informação e Coordenação do Ponto Br e Invited Expert da World Wide Web Consortium. Juntamente com o professor Guido Lemos, da UFPB, coordenou o desenvolvimento do Ginga, *middleware* do ISDB-Tb, sendo responsável pela parte declarativa.

ROGÉRIO FURLAN

Radialista formado pela Universidade Metodista de São Paulo e especialista em Comunicação em Marketing pela Metrocamp de Campinas. Atuou na TV Unifesp, SBT, TV UOL e em eventos como Jogos Pan-americanos Rio 2007, Parapan-americanos Cidade do México 1999, São Paulo Fashion Week e Casa dos Artistas II. Atualmente é diretor de Audiovisual da RK28 Comunicação e docente do curso de RTV e Mídias Digitais da Universidade Metodista.

SAMMYR S. FREITAS

Graduado em Comunicação Visual (Desenho Industrial) pelo Centro Universitário das Faculdades Metropolitanas Unidas. Diretor de Arte da Expansão Consultoria em *e-learning*, atuante na área de criação de conteúdo multimídia/audiovisual. Professor do curso de Rádio e TV e de Mídias Digitais da Faculdade de Comunicação Multimídia e Desenvolvedor de projetos na Agência de Comunicação Multmídia da Umesp. Professor do projeto "Bem-te-vi" (secretaria da cultura de SP), onde realiza cursos de criação audiovisual para adolescentes carentes.

SEBASTIÃO SQUIRRA

Jornalista e pesquisador, com doutorado na ECA/USP. Estudou na Sorbonne/Paris IV (1976-1978) e na Michigan State University (EUA/1991), como bolsista da Comissão Fulbright. Realizou pesquisas de Pós-doutoramento na área da Cibercomunicação nas Universidades da Carolina do Norte/EUA e Autônoma de Barcelona/Espanha (1996). Publicou os livros *Aprender Telejornalismo* (Brasiliense, 1990); *Boris Casoy, o Âncora no Telejornalismo Brasileiro* (Vozes, 1993); *O Século Dourado – A Comunicação Eletrônica nos EUA* (Summus, 1995); *Telejornalismo-Memórias I* (Editora da ECA/USP, 1997) e *Jornalismo Online* (ArteCiência, 1998). Na pós-graduação atua na Cibercomunicação. Atualmente é Coordenador do Programa de Pós-graduação em Comunicação Social e Diretor da Faculdade de Comunicação Multimídia da Umesp e lidera o Grupo de Pesquisa Comunicação e Tecnologias Digitais (www.comtec.pro.br).

VALDECIR BECKER
É jornalista, formado pela Universidade Federal de Santa Catarina, instituição na qual também obteve o título de mestre em Engenharia e Gestão do Conhecimento em 2006, com dissertação sobre a concepção e o desenvolvimento de conteúdo interativo para TV digital. De 1999 até meados de 2006 foi pesquisador no Núcleo de Redes de Alta Velocidade e Computação de Alto Desempenho da UFSC, onde estudou o conteúdo da TV digital e interativa, incluindo formato, produção e consumo. Participou dos projetos: Redes Metropolitanos de Alta Velocidade (ReMAVfln; Infra-estrutura Internet 2 para o Desenvolvimento e Teste de Ferramentas para TV Interativa (I2TV); Inclusão Digital através de Serviços de Saúde na TV Digital Interativa (IDSTV) Padrão de Referência de Usabilidade, estes dois últimos desenvolvidos no âmbito do Sistema Brasileiro de TV Digital. É autor, juntamente com Carlos Montez, do livro *TV Digital Interativa: Conceitos, Desafios e Perspectivas para o Brasil*, primeira obra sobre o tema editada no Brasil. Atualmente é doutorando em Engenharia Elétrica pela USP, diretor-executivo da ITV Produções Interativas, empresa especializada em conteúdo e treinamento para TV digital interativa. Também é professor da Universidade Metodista de São Paulo, nos cursos de graduação em "Rádio e TV" e "Cinema Digital", e coordena o curso de pós-graduação Lato Senso "Produção para TV Digital".

Título	TV *Digital.br*
Organizadores	S. Squirra e Valdecir Becker
Editor	Plinio Martins Filho
Produção editorial	Aline Sato
Capa	Tomás Martins
Editoração eletrônica	Aline Sato
Revisão	Aristóteles Angheben Predebon
Formato	14 x 21 cm
Tipologia	Sabon
Papel	Cartão Supremo 250 g/m² (capa)
	Pólen Soft 80 g/m² (miolo)
Número de páginas	282
Impressão e acabamento	Prol Gráfica